闽台历史名人画传

2015年
厦门社科丛书

闽台历史名人画传

周旻 著

厦门大学出版社
国家一级出版社
全国百佳图书出版单位

周旻，1958年出生于漳州。高级编辑、全国广播电视十佳理论人才、厦门大学兼职教授。现任厦门市社会科学联合会党组书记、常务副主席。1978年考入厦门大学中文系，1982年毕业留校任助教、讲师、副教授，曾任厦门大学中文系古典文学教研室副主任、厦门大学新闻传播研究所副所长、厦门市委组织部知识分子工作处处长、厦门广播电视局副局长、厦门广播电视集团总裁、厦门市人大常委会委员、福建省电视艺术家协会副主席、厦门市文联副主席等职。中华诗词学会会员、福建省书协和作协会员。在厦门大学讲授过唐宋文学、中国书画、新闻传播、广告美学等多门课程，广受欢迎。1992年，在《中国社会科学》发表长篇论文《中国书画的通融性及其美学性格》，影响较大。在《人民日报》、《光明日报》、《中国广播电视学刊》等发表多篇学术论文和艺术作品，出版《厦门历史名人画传》、《诗书画缘探美》、《中国书画史话》，以及历史小说、散文随笔集、新闻传播等多种论著260万字，主编《世界艺术史话丛书》、《中国广播电视传媒管理创新丛书》等三十种。策划出品《神医大道公》等近百部电视剧、纪录片、综艺晚会，其中多项成果获全国和省部级优秀成果政府奖。周旻是创作与理论研究兼擅的书画家，所作山水画宗宋元高境与格局，书法崇帖学并上溯秦汉，创作追求诗书画印一体，有鲜明的书卷气。作品参加各类展览并获奖。

《闽台历史名人画传》简介

作者选择闽台地区从古到今300多位历史人物，以学术和艺术方式兼容的创意，完成一部历代名人与闽台关系的人物志长卷。选择历史人物的视角和标准符合专业学术规则，对历史名人与闽台关系的定位符合一般约定习惯。选题有独创性和丰富性，突破许多过去历史叙述的格局与顾忌，对各类历史人物评价客观深刻。作者以精湛的中国人物画和书法艺术形式，以及最新的历史研究学术成果，宽阔的人文历史视野，诗书画印一体，展现300多位闽台历史名人的风貌与神韵。是一部具有独特历史文化与艺术价值的学术著作和精彩的历史名人画集。这部著作的出版将推动人们对闽台地区历史人物发展规律的重新解读与思考，进而提升闽台文化在国史中的重要地位。

专家评价

周旻先生的《闽台历史名人画传》是一部具有独特历史文化与艺术价值的学术著作。周旻先生以精湛的绘画艺术和宽阔的人文历史视野，以诗书画印诸种艺术形式相融合的特有样式，向人们展现了300多位闽台历史人物的风貌与神韵。这是一部闽台地区的历史人物志，突破了许多过去历史叙述的格局与顾忌，对历史人物的评价客观深刻。这部著作的出版将推动人们对闽台地区历史人物的重新解读，以及对中国历史的更深入的思考与重构。

——著名学者、康奈尔大学博士、厦门大学历史系教授　盛　嘉

本书所选人物均为历代名人且与闽台关系密切，大体可看成一部历代名人与闽台关系的长卷。选择历史人物的视角和标准符合专业学术规则，对历史名人与闽台关系的定位符合一般约定习惯，是一个兼具专业性和普及化的文化学术工作，选题有独创性和丰富性，对于提升本土文化在国史中的重要地位有极大帮助。

——著名作家、厦门大学人文学院教授　谢　泳

序

前不久,周旻先生来函,请我为他的新作《闽台历史名人画传》作序。我很高兴周旻先生又有新作面世。周旻先生才华横溢,诗书画印俱佳,既是桃李满天下的教授、著作等身的文学理论家,又是全能型的书画大家。过去一段时间,每有新作,他总是会及时传来与我分享。为这样一位大家作序,我免不了有一些压力。但我与周旻先生是因艺而识的挚友,对他的为人和作品自然有更多的关注和赞赏。所以对他的要求,纵有千条理由,也无回绝之理。于是,由知人论世开始,兼论其艺。

周旻先生是教授、高级编辑。早年在厦门大学任教,任中文系古典文学教研室副主任,新闻传播研究所所长,讲授古典诗词与中国书画、唐宋文学和新闻传播等课程。作为学者,周旻先生知识渊博,学术上有深度,知识上有广度,思想上有高度,他讲授的课,深受学生欢迎。1987年,他在厦门大学开设了一门面向全校的选修课《古典诗词与中国书画》,他在讲课时旁征博引,亲自临摹历代书画名作上课备用,他优雅风趣的授课风格,大受学子们的青睐,每当他讲课时,教室必定满座,连过道上都站满了人,成了厦门大学第一个短学期课程的一道奇观。

周旻先生是知名文艺评论家。早在1992年就在全国社会科学最高学术杂志《中国社会科学》上发表《论中国书画的通融性及其美学性格》长篇学术论文,引起海内外学术界关注。他还出版了研究中国诗书画关联性的艺术史理论专著《诗书画缘探美》，之后又相继出版了《中国书画史话》、《宋词三百首选析》、《厦门历史名人画传》等，向大众传播书画、诗词知识，开启心智，弘扬艺术，让广大读者领略文明的真谛，感受艺术的美妙。特别是他与周宁先生共同主编的巨著《世界艺术史话丛书》，共计十册，洋洋洒洒，上百万字，将人类艺术史上那些伟大的作品、杰出的英才、重要的历史瞬间，一一形象地再现。这部丛书，立论准确，脉络清晰，是一部学习世界艺术史的好教材，是一把打开世界艺术宫殿的钥匙。周旻先生先后发表的论著达260万字。这些作品，大都成为当时的畅销书。周旻先生为读者奉献经典、高雅之作，成为一笔宝贵的精神财富，具有重要的现实意义和深远的传承价值。

周旻先生是学者型官员。有人形容他"不做学问会死"。这说明他坚持以学习型官员的标准自觉要求自己。周旻先生很多时间是在当"官"，曾任厦门电视台副台长，中共厦门市委组织部知识分子工作处处长，厦门市广播电视局副局长，厦门广电集团总裁，厦门市文联副主席，厦门市社科联党组书记、常务副主席等。这些领导岗位，都与专业人才和文化有关。他每到一处都把文化作为血液渗入到所从事的部门和领域。他勇于开拓，敢于担当，无论在什么部门，什么岗位，都能把学问和工作完美结合。从事社会科学工作，他经常研究和宣传的是历史上的清官、好官和能官，可见他的价值取向。他获得全国广播电视理论十佳人才称号。在中央电视台举办的《台长论坛》上有他出色的演讲，获得业界的好评。周旻先生因其业绩曾被《中国广播影视》作为封面人物介绍。这倒应了那句名言：文化铸造灵魂，学问成就英才！

周旻先生是全能型的画家，诗词、歌赋、书法、绘画、治印无所不能，堪称是全才、通才、奇才。仅就绘画而言，他的山水画，博大、高古、雄深、厚重，既有宋元之神韵，又有石涛、黄宾虹、黄秋园之意境。周旻先生善用皴擦点染的技法，使山水云雾浑然一体，同时又千变万化，具有强烈的冲击力。他的花鸟画，讲笔韵，重墨趣，一草一木皆有情，一花一叶皆有韵，观其所绘的花鸟，能嗅出花的芳香，闻到鸟的啼鸣，真可谓画无技巧而无处不巧，笔有神灵而无处不灵。

摆在我案头的这部《闽台历史名人画传》，选题具有独创性和丰富性，是周旻先生以学者的睿智和书画家的创意，集人物画技巧之大成之作。这是一项以大历史观架构的关于闽台历史人物志的浩大工程，具有较高的学术价值和独特的历史文化与艺术价值。至少具有以下几个显著的艺术特点：

一、以史入画，展现史学之美

周旻先生独具匠心，以人为史，以史入画，以画证史，史画合一，这是一项以大历史观架构的浩大工程，具有较高的学术价值和艺术价值。历史是人类创造的，漫长的历史如一条绵延不断的长线，杰出的人物如一颗颗闪亮的明珠。然而，历史太浩瀚，在气吞山河的历史长河中，任何伟大的人物也不过是沧海一粟，许多人早已灰飞烟灭。周旻先生常说，历史不该被遗忘，有历史贡献的名人更不应该忘记，这应当是提升文化自信的自觉意识。他身体力行，穿越闽台历史的隧道，寻觅逝去的历史精英，捕捉他们的精神光芒，让历史在一幅幅生动的画面中更加鲜活。这是需要超人的胆识、严谨的学术精神和卓越的才华才能完成的。

从开漳圣王陈元光、闽王王审知，到人才辈出的宋代苏颂、蔡襄、朱熹，再到抗倭名将戚继光，民族英雄郑成功，以及抗英禁烟的林则徐、陈化成，抗法名将林朝栋，爱国侨领陈嘉庚等等，闽台杰出的人物，穿过纷扰的尘世，生动地呈现在画面中。然而，更可贵的是，周旻先生不仅仅为英雄们立传，他的笔能触及闽台各个阶层：科学家、军事家、文学家、革命家、医学家、教育家、传教士、书画家、收藏家、歌唱家、企业家，以及唐代诗人、近代高僧、福建第一位进士、状元，等等，他都满腔热情为他们造像立传。全书302位人物，一个人物就是一段历史的最好见证，一个人物就是一个历史故事的生动演绎！众多的杰出人物汇聚在一起，成为历史的长卷，生命的咏叹，记载着一个国家、一个民族生生不息的进程，折射出对人文、历史、社会的思考，展示出民族的伟大魂魄。而这一切，不能不归功于高屋建瓴、通史览胜、以画证史的周旻先生。

二、以形传神，彰显神韵之美

丹青最难写神韵。作为人物画，神韵永远是第一位的。早在东晋，顾恺之就提出"以形写神"，给"神"赋予了极高的美学意义。神韵的突兀和张扬，这是中国画的精髓。周旻先生深谙此道，他既重造型，更注重彰显人物的神韵。他巧妙地在造型上作适当夸张，大胆取舍，绘画线条多转折顿挫，森森然斩钉截铁，或舒展大度，或细密紧致，皆能创造出最能表现人物神情的最佳瞬间画面，具有强烈的冲击力。他笔下的人物，大都风骨峻峭，个性张扬，神形俱佳。

为历史人物造像，既要形似，又要神似，既要做到人人心中所有，又要做到前人笔下所无。当代人要在精神上和古人气息相通，需要超拔于世俗的胸襟、眼界和坚持。因为，杰出的历史人物，是沙中之金，石中之玉，鸟中凤凰，人中俊杰，人人心中都有其幻想的图像，画家要画好其人物，如无独具的风采，就会落入俗套，成为一具空壳。而要让人物鲜活，就是要画中有我。文同画竹，胸有成竹，"身与竹化"。韩干画马，是"身作马形"。画中有我不仅包括画家的思想、情感、气质、学养，更重要的是画家的人品，人品高自然画品高。周旻先生汇聚百家学养，集万千智慧于一身，用自己的浩然正气、高雅之情，抒发人物胸中灵和气，笔墨自有正大光明气象。因此，他精心描绘的各类人物，精神高贵，气在天华，独具风姿，神形相依，跃然纸上，静静观赏，能感觉到人物的体温，听得到他们的呼吸。更可喜的是，这些人物身上充满正气、大气、豪气、刨气，正所谓笔底项羽，画外荆轲！生命乐章弹奏出的永远是激昂向上的正气歌，传递的永远是强大的正能量。

三、以简为佳，突出简约之美

中国画是极其讲究简略的艺术，简约出大美。高手作画，往往以一当十，以少胜多，在这方面，周旻先生做到了极致。他大胆地削繁去冗，突显主体。他画人物，通常对人物活动的场景，一概省去，斩断一切与人物有关的羁绊，几乎省略一切与人物有关的物件，人物周边，极少见一花一木、一器一物。抛弃世间的繁华复杂，突显简洁的风骨。一张四尺宣纸，一个人物，一片留白，大道至简，抱拙守朴，让笔下的人物简练再简练，纯粹再纯粹，甚至在描绘人物的笔墨上，也大胆减至无可再减，堪称简笔大家。

艺术上的最高境界，往往是大美无言，大象无形，大音希声。越简单，越难；越简单，越耐看；越简单，越显美。在这个方面，八大山人是高手，他的画以简著称，一物一景，四方八隅，唯我独大，不孤不大，唯有其孤，才有其大。周旻先生取其精华，将简约做到令人惊叹的地步。他的画，除了居中突出的人物，就是大片的空白，这实在是高明之举！一念心纯净，处处莲花开，化万物为一简，万物皆由心生，这是何等的造化！挖空心思去为人物置景造物，天地被一景一物所限，既劳心费力，又限制观画之人的想象，岂不是画蛇添足？周旻先生的画，简洁、明快，惜墨如金，堪称简约的典范。它深一点嫌浓，浅一点嫌淡，多一点嫌繁，这不能浓不能淡不能多的笔墨技巧，只有国画大家才能拿捏得恰到好处。他笔下的人物，简约突兀，独立人表，独占鳌头，如坐大雄峰，巍峨高塔，悠悠世界，唯我独显！

四、以诗书入画，吟诵诗魂之美

中国是诗的国度，大凡艺术，都以诗为魂，以诗为韵，诗意是中国画的灵魂。诗是无形画，画是有形诗，从画中读出诗，从诗中品出画，诗画合一，才是佳作。周旻先生不仅注重诗意的孕育，有的人物的评价就用诗词来展现，因此，他的画作诗情画意交融合一，气象正大。周旻先生特别注重书法在绘画中的运用。以书入画，是中国文人画的最高标准。一方面，画是用高度成熟凝练的书法线条写出来的，因此具有独特的写意性；另一方面，画面的书法构成整体作品重要组成部分，也是对于画面之外重要的内容补充。书法在绘画中具有不可替代的作用。当代许多画家，画还不错，但一题字，就露馅了，让画大打折扣。周旻先生的书法具有"童子功"，他尚帖学，追踪二王、米芾、王铎等名家，古朴典雅，幽深隽永，藏巧于拙，彪悍辛辣，为他的画增色不少。周旻先生充分利用书法的优势，为每个人物撰写大段的传记，使每幅作品既有书卷气，更有金石味。中国的绘画中，蕴含着诗歌抒情，比兴，抑扬顿挫的音韵美、节奏美等特点，而这一切，是要用书法功底来体现的。用诗意来完美地阐释中国画，形、神、线、意、趣、墨、韵等审美，离开了书法，就无法做到收放自如，错落有致。一张四尺宣纸，周旻先生长于纵笔取势，独抒灵性。他既是书画的研究者，又是实践者，几十年一以贯之，十年基础，二十年学问，三十年耕耘，四十年不倦，乐此不疲。他对笔的灵动性，墨的微妙性，纸的渗透性，印的坚硬性，了然于胸，始终保持良好的手感，能作能评。因此，他诗、书、画、印俱佳，能够以诗为魂，以书为骨，以印为睛，使其每一幅作品都是"四绝"的完美结合。使人珍之、爱之、收之、藏之。

如果细细观赏，我们还可以从《闽台历史名人画传》中读出深邃之美，豪放之美，博大之美，厚重之美，和谐之美，这一切还是让广大观众各自去品味，去探寻吧！

如果从精益求精的角度讲，这部画传中个别人物的形态和神韵还可以拿捏得更准确自然一些；由于原作缩小至印刷品，个别人物的书法传记显得冗长不够精练，不易辨读。这些都有待周旻先生在将来的创作中加以注意完善。一己之见，仅供参考。

《闽台历史名人画传》的出版，让我们记住海峡西岸有一位学者型画家周旻先生，他与三百多位闽台历史名人对话，并且留下他的解读与创作成果。在今年秋天，这部有新意的画传将带给我们读史的启迪和鉴赏诗书画创作新品的愉悦。

高为华

2015年7月23日于昆明

（高为华先生，著名艺术鉴赏家、中国十大收藏家、中国名家收藏委员会常务副主席）

导　言

在历史的画卷上，圣贤灿若星河，英雄俯拾皆是。特别是近代以来，为民族解放和复兴而不懈奋斗的仁人志士更不可胜数。然而，无论是何种情形，大多数历史人物在隐入历史的过程中往往容易被类型化或概念化，更多则淹没在历史长河里，其生动性和借鉴意义，容易被遗忘。

当代城市和人群要有内涵有底蕴，就应当多一些表现杰出人物的内容和载体，并加以传播，以承载和传承历史文化和民族精神，寻找历史正气。为闽台历史名人做画传，是研究和传播闽台历史的一种方式。

自唐开元二十一年（733年）朝廷设立福建经略使以后，福建便作为一个独立的地方行政体系而存在，历唐宋元明清，迄于近代，开拓管理福建包括开发治理台湾的官员，皆有经营边地的心智。而从福建走出去的人才，也逐步汇入中原文化的大潮，各自在历史舞台上展示才华，汇入中华文明的闽台文明创造之中。

一、汇入中原

随着北方人民继续南移，福建人口大增。据载，到唐开元、天宝前后，福建人口已跃升为93535户，为隋代的7倍多。这个阶段对开发福建有突出贡献的历史名人，首推陈元光和王审知。唐朝首任漳州刺史陈元光，封号开漳圣王。他在征服"蛮獠"的同时，积极屯田，安定社会，轻徭薄赋。由于陈元光采取有力措施发展经济，治理漳州二十五载，实现了号称乐土的安定局面。

五代后梁时期开发经营福建的闽王王审知，选拔任用优良的官吏，实行富民政策，减省刑法，珍惜费用，减轻徭役，降低税收，让百姓得以休养生息。王审知治闽期间，改善福建对外贸易条件，使福州成为当时中国对外贸易的重要基地。为改变福建文化落后面貌，他号召各地"广设庠序"，使府有府学，县有县学，乡僻村间设有私塾。王审知还重视抢救文物典籍，福建能从军阀割据、战祸连年、社会经济遭到严重破坏的动乱中，出现历史上少见的繁荣时期，王审知对福建历史发展做出了重大贡献。

与繁荣的中原文化相比，福建早期文脉传承者，数量较少，影响有限。闽南的欧阳詹中进士对福建产生过深远的影响。福建省历史上第一位状元徐晦，以其人品为世人称道。开文脉之功的"南陈北薛"有一定的知名度。薛令之，福建（时称建安郡）首位进士，官至太子侍讲，因赋诗得罪唐玄宗；唐肃宗即位，思及与薛令之的师生情谊欲召入朝，但在此前数月薛令之已卒，家赤贫，于是肃宗"敕命其乡曰'廉村'，溪曰'廉溪'，岭曰'廉岭'"。陈黯，唐朝福建南安人，隐居厦门金榜山，留下早期鹭岛文脉痕迹。朱熹到同安任主簿时，专门来金榜山考察陈黯遗迹，并且整理陈黯的诗文著作，以增广厦门的文脉延续。

二、普遍发达的宋朝

相对唐代的强势恢宏，宋代除了军事上相对弱势，这个朝代是优雅、精致和理性的。总体上看，宋代社会繁荣，民间富庶，文学艺术精美，科学技术发达，既是当时世界上发明创造最多的国家，也是中国为世界贡献最大的时期，中国历史上的重要发明一半以上都出现在宋朝。宋代社会治理体系健全，福利事业到位，文官地位极高，以理学之光选拔人才，并形成国家治理的意识形态理论依据。宋代成为中国有史以来最为普遍发达的时代。朱熹、李纲、郑樵、袁枢、宋慈、柳永、蔡襄、苏颂等名人引领时代潮流，并将福建文化推向世界。所有这些，都引起世界瞩目，也引起当时来自北方异族的羡慕和追逐劫掠。

宋代后期研制成功了世界上最早的原始炮管和大炮射弹。1126年（靖康元年），金人围攻汴京，李纲在守城时曾用霹雳炮击退金兵，成为北宋为数不多的小胜场次之一。宋朝钢铁业产量的飞涨有多种原因，主要是军事和商业用途。这与两宋很高的财政岁入和城市人口有关，当时财政岁入保持一亿（贯石匹两）以上。北宋东京有26万户，如果计入郊区的人口，南宋临安的总人口应有250万人。作为对比，那时候，伦敦、巴黎、威尼斯等西欧城市，人口不过10万。

宋代在自然科学方面，科技转化率高。曾公亮著《武经总要》，是宋代兵器制造、兵法集成的巨著；苏颂作《新仪象法要》，并制造水运天文仪，代表了中国古代天文学的成就；著名法医宋慈的《洗冤录》是法医学史上的开山名著；杨士瀛在医学理论方面的探讨引人注目；蔡襄的《荔枝谱》、《茶录》都是科学史上著名的作品。英国学者李约瑟在其著作《中国科学技术史》导论中提到："每当人们在中国的文献中查找一种具体的科技史料时，往往会发现它的焦点在宋代，不管在应用科学方面或纯粹科学方面都是如此。"马克思对宋代的三大发明也给予了高度评价。据不完全统计，宋代在世界上处于领先的科学技术达百项以上，内容涉及活字印刷、火药、指南针、天文学、数学、医药、生物学、建筑技术等领域，这些科学技术广泛应用于文化传播、军事战争、农业和手工业等社会生活领域。

宋代通过科举入仕的知识阶级，在政治、经济、法律、文化各方面取得了优势地位，在法律上也拥有许多特权，因而社会大众以中举任官为读书的首要目标，社会也就衍生出"万般皆下品，唯有读书高"的风尚。儒家的忠孝节义观念，透过社会、乡约、族规、家礼等各种方式深入民间，推广于全社会。而基层知识分子，构成基层乡绅，并成为村镇百姓与官府的沟通桥梁。他们指导公共工程，支援学校与书院，编纂地方史志，参加地方祭典，组织赈灾工作，招募地方自卫武力，提供村镇行为规范。两宋时期，透过科举孕育而成的士大夫阶级，是一个同时拥有政治权力、经济优势、学术文化素养的新兴族群。

宋代福建修学的浪潮开始较早，当其他各路民众尚在犹豫时，福建各县纷纷建立了县学，而南剑州的学者们，更是自行建立了比县学更为高级的州学。他们的行动都在官府之前。当北宋的统治者终于想到在全国推广州县学时，福建的州县学早已相当普及了，而南剑州的州学业已建立二十多年了。可见，北宋时福建对学校建立之重视，在国内各地是十分突出的。

宋代闽人的刻书业和书院教育堪称时代的典范，此举大大提升了民众的教育水平，涵养出许多高层次人才。有宋一代，各地书院式私学盛行，书院形成了私学、半官办、官办私学等多种方式。另外由于当时有学识有威望的学者，比如朱熹、陆九渊都喜欢在书院讲学，在一定程度上提高了书院式私学的威望。著名书院有石鼓书院、白鹿洞书院、嵩阳书院、岳麓书院、应天府书院和茅山书院。

宋代出版业中心有三个：杭州、成都、福建。研究出版史的学者公认：杭州的版木最精，福建的版木最多，成都在两个方面都位于中游。建阳麻沙木中的精品不论在数量上，还是在质量上，都不亚于杭州。在数量方面，建阳出书之多是公认的，定居建阳的朱熹说过，书坊之书无远不及。在赵汝括的《诸蕃志》中记载，输往朝鲜的中国物产中，"建木文字"是很主要的一项。至今在日本所保留的宋本中，也以建本最多。这都说明建本的影响是国际性的。

由于宋代完全看才能录取进士，给福建这类文化发达的省份带来了更多的机会。整个宋代，福建产生了近六千名进士，约为宋代总数的1/60，莆田县、晋江县、建瓯县，在宋代都有近千名进士，其中有多人考中状元，他们进入官僚机构，从北宋到南宋，身任宰相的闽人达50位。其中蔡襄、章得象、曾公亮、章惇、蔡确、李纲、陈俊卿、留正等皆有政声。历宋元明清四代，闽人在政治枢要中占有如此重要地位，唯有宋代。

闽学兴起，确立了意识形态理学主体的高峰。朱熹的前辈杨时与游酢，积极脉接中原洛学传统，留下了"程门立雪"的美名。在宋代，学术上造诣最深、影响最大的是朱熹。他总结了以往的思想，尤其是宋代理学思想，建立了庞大的理学体系，成为宋代理学之大成，其功绩为后世所称道，其思想被尊奉为官学，而其本身则与孔子圣人并提，称为"朱子"。朱熹一生热心于教育事业，孜孜不倦地授徒讲学，无论在教育思想或教育实践上，都取得了重大的成就。朱熹在世之时，曾经整顿了一些县学、州学，又亲手创办了同安县学、武夷精舍、考亭书院，重建了白鹿洞书院和岳麓书院，并且还亲自制定了学规，编撰了"小学"和"大学"的教材，培养了一大批知识分子，其中包括不少著名的学者，形成了自己的学派。

在元朝、明朝、清朝三代，理学一直是封建统治阶级的官方哲学，元朝皇庆二年（1313年）复科举，诏定以朱熹《四书章句集注》为标准取士，朱学定为科场程式。明洪武二年（1369年），科举以朱熹等"传注为宗"。

福建在唐五代是中国佛教的中心，宋初福建僧人达70000多人，约为全国的1/6，他们出游各地寺院，因此，全国各地的许多寺庙中，都有闽僧，这一地位迄今不变。宋代的名僧中有不少是福建人，例如华严宗的中兴教主净源。宋代福州的东禅寺与开元寺，都曾雕版印刷过卷帙浩繁的《大藏经》。宋代福建也是道教的重要基地，道教中的南宗五祖白玉蟾是福建人，他的著作很多，对道教理论的发展卓有贡献。宋代福州曾刊刻《道藏》5481卷，分装540函，这是中国历史上最早的一部《道藏》。佛道重要经典，都在宋代刊刻面世。

宋代文学艺术走向高水平，与皇室极高的艺术修养和推行的文艺政策关系密切。宋代绘画是中国绘画艺术发展的高峰。其时官办翰林书画院的地位大幅提高。浦城杨亿被称为西昆体的代表人物，崇安柳永是婉约派大师，闽人张元幹与刘克庄的词风豪放，邵武严羽的《沧浪诗话》是经典诗歌评论名著；在散文方面，蔡襄的散文"清遒粹美"；在史学领域，宋代闽人有两部众所公认的史学名著，即郑樵的《通志》和袁枢的《通鉴纪事本末》；在艺术方面，蔡襄名列宋代书法四大家，蔡京与蔡卞的《宣和书谱》与《宣和画谱》都是艺术史上的名著；《乐书》及《律吕新书》等音乐方面著作的出现，都是闽人献给中国艺术史的名著。

史实证明，吏廉则治，吏不廉则政治削。当时就有人认为，莅官之要，曰勤曰廉。岳飞更是直率地提出，文官不爱钱，武臣不惜命，天下太平矣。值得一提的是，宋朝费枢专门写了一部《廉吏传》，是我国第一部清官专史。

宋朝自960年建立，至1279年灭亡，长达320年。从总体上看，北宋在太祖、太宗和真宗前期，吏治清明，许多官吏受制于当时的严刑峻法，有所检点。至真宗后期，风气始变，贪风有所抬头。及至徽宗时期，朝廷内外吏治腐败。仅有半壁江山的南宋，步北宋之后尘，官吏贪污、行贿受贿、苞苴馈送、违法经商等不胜枚举。其间，除孝宗在位一段时间整肃吏治、严惩贪腐，其他时候，官吏贪风一如从前，日盛一日。这也从另一个角度说明即使文化繁荣、经济强盛的宋朝，也一样面临腐败的侵袭。

三、海丝之路起刺桐

福建从三国时期到宋元时期，出现三位有真实身份记载的民间保护神。他们是董奉、妈祖和吴夲。董奉在山区里行医，其医患双方的回报方式是以植杏树收杏子来表达"杏林春暖"的温暖。是山区自然经济条件下，带有桃花源式的生态环境。而妈祖和吴夲则将场景移至福建沿海。医治疾病的神医保生大帝吴夲和民间保护海神妈祖，都在与风灾、水灾与疾病的斗争中显示神威。

依山傍海，宋朝因泉州经济的发展而建造的一系列浩大的工程如洛阳桥、东西塔、安平桥、姑嫂塔、清净寺、天后宫、关岳庙、老君岩等等，当中有的不仅代表了福建乃至中国的最高水平，甚至创造了世界之最。

从地理经济上看，福建东南沿海海岸线曲折，形成许多良港，自唐宋以后，海上贸易发达。到了宋元时期，瓷器出口渐成为主要货物，因此又称作"海上陶瓷之路"。同时由于输入商品历来主要是香料，因此也可称作"海上香料之路"。海上丝绸之路是约定俗成的统称，在唐宋元的繁盛期，中国境内主要有泉州、广州、宁波三个主港和其他支线港组成，其中，泉州为联合国教科文组织唯一认定的海上丝绸之路起点。

北宋中期，苏轼当时正在和泉州海商徐戬接触，苏轼说，"惟福建一路多以海商为业"。他在《论高丽进奉状》写道："泉州多有海舶入高丽买卖。"欧阳修《有美堂记》记载了杭州商业之盛状，说"闽商海贾，风帆浪舶，出入于江涛浩渺烟云杳霭之间"，视闽商为我国商人代表以与外国商人"海贾"相提并论。宋元时期，史书有记载的泉州著名的大海商有王元懋、李充、杨客、蔡景芳、黄慎、徐戬、徐成、黄护、丁有财、许汉青、丘发林、柳悦、黄师舜、陈宝生、孙天富、陈应、吴兵、朱纺、林昭庆、朱道山海商集团等等，均有具体事迹可考。

海上丝绸之路涵盖了中国的港口史、造船史、航海史、海外贸易史、移民史、宗教史、国家关系史、中外科技文化交流史等诸多具体内容。

宋元之际，泉州经历了重大变革。阿拉伯后裔蒲寿庚的强势出现，改变了历史格局。宋元之交，主掌泉州港的蒲寿庚及其所代表的地方政治势力叛宋降元，献城献海船交于元军进攻残余宋军，加速灭宋于广东崖山。蒲寿庚的主动变节虽颇受史家非议，却在客观上使泉州港免于战火，保持繁荣。之后蒲氏又促使元廷加封妈祖为天妃，成为新的泉州海神，之后成为全国性的海神。元代海上丝绸之路的第一主港仍是泉州，意大利著名旅行家商人马可·波罗，途经泉州出海，他盛赞中国的繁荣，说泉州堪比埃及亚历山大港，是东方第一大港，引起后来欧洲人对东方的探险热。

自然地理和经济文化环境塑造了泉州民众逐利冒险与开放融合的特性。宋元时期，泉州港一度成为世界最大的贸易港之一，从而带动了福建东南沿海地区经济的迅猛发展，商品意识也比闽西北浓厚，反映在文化上则是带有海洋文化的色彩，例如逐利冒险。刘克庄《泉州南廓》中指出，泉州是一个"只博黄金不博诗"的典型商业社会。重利的价值观在泉州得到初步确立，上至巨商大贾，下至市井小民，莫不重实求利。同时，民众以开放融合的姿态对待外来文化。特别是泉州港，"民夷杂处"，居住在这里的外国人数以万计，外来文化相继传入泉州，并自由传播。同时，对外来文化博采融合。以宗教为例，宋元时期流传于泉州地区的宗教除了道教、佛教、民间宗教外，还有从外国传入的伊期兰教、基督教聂斯脱里派、天主教方济各派、婆罗门教、印度教、摩尼教等等。这些外来的宗教不但为侨民所信仰，在汉族中也拥有不少的信徒。各种传统宗教与外来宗教和平相处，互相渗透。经济的开发和外来文化在福建的传播，为台湾和澎湖地区的移垦和汉文化继续向台湾和澎湖地区延伸创造了必要的前提条件。

海上贸易历史影响久远。在明代，在众多下南洋谋生的人群中，福建长乐人陈振龙自吕宋引种番薯入福建，堪称壮举。番薯的推广在清代社会生活中的实际意义有二：其一，它成为广大下层人民弥补粮食生产不足的主要手段，成为国家在战争与灾荒时期的一种主要应对办法。如乾隆后期镇压台湾林爽文起义期间，清军购买了大量番薯和薯干，用于地方赈济。其二，在可耕地不足的情况下，也成为山区开发的重要农作物。番薯还成为城市居民日常的一种副食，如《燕京岁时记》记载，乾隆以后，京中无论贫富，都以煮番薯为美食。在清代人口猛增而可耕地减少的情况下，番薯对于清代养活亿万下层百姓，功不可没。

在清初，漳州人潘振承因海外贸易成当时世界首富，值得研究。潘振承，又名潘启，福建龙溪人，早年家贫，习商贾。青年时自闽入粤，从事海外贸易。曾往吕宋三次，贩卖丝茶。后在粤为十三行陈姓行商司事，深受信任，被委以全权。陈姓行商获利归里，潘启遂开设同文行，承充行商。在广州成为单一开放口岸后，广州商业十三行中，潘启也是一个最有远见的行商，他率先使用汇票与外国商人进行贸易结账，减少白银交易所带来的不便，进一步提高了贸易的结算效率，促进了资金的快速流转。由于诚信经营、眼界开阔、经营有方、敢为人先，积累了雄厚的财富，足可敌国，被《法国杂志》评为十八世纪"世界首富"。

从海上丝绸之路看，自宋朝一直到清代，福建一直是国内主要的对外贸易省份，中国对东南亚、日本输出的货物，长期经由福建运销海外。这个营商主体，从海外输入香料与金银，并将中国的商品输出海外，对中国及东亚、东南亚的经济发展做出了重大的贡献。如果考虑到走向南洋的移民史以及商贸史，在东南亚近一千年的历史上，到处都有福建人的身影，他们在东南亚成为商人、官员，甚至酋长和国王，虽然原因各异，情况有别，但对当地的历史都产生过重大的影响，如潘振承、陈嘉庚、黄乃裳、黄奕住、李清泉、陈六使、黄仲训等。研究中国对外交通史与海洋发展史，离不开对他们的研究。

四、除倭驱荷护海权

明代的政治生态有一些变化。明初朱元璋的严酷，而明中叶嘉靖等迷信方术，长期不理朝政，催生了叶向高这样的"独相"以及黄光升这样的尚书。嘉靖四十一年（1562年）十月，黄光升被召入北京任刑部尚书。时严嵩秉政，黄光升在任刑部尚书五年内不与私交。嘉靖四十五年（1566年），户部主事海瑞买棺材，别妻子，散童仆，以死上疏，劝说世宗不要相信陶仲文这班方士的骗术，应振理朝政，因而激怒皇帝，诏命下狱论死。宰相徐阶力救海瑞，黄光升则把海瑞上疏比拟儿子骂父，以减轻罪责，并乘机把海瑞留在狱中，营护海瑞甚力。直至同年十二月世宗驾崩，穆宗即位，才奏请释放海瑞出狱。叶向高则授予抗倭名将沈有容军事方略，还在意大利传教士利玛窦辞世后为其争取到安葬地点。这些人物关系构成明中期独特的政治生态某些特点。

在台湾海峡与东亚世界发展史上，自明清以来，台湾海峡就是东亚政治的焦点之一。倭寇对东南沿海的袭击，葡萄牙、西班牙、荷兰、英国、法国、美国、日本等国殖民者对台海两岸的图谋，都使福建成为抗击海外侵略的第一线，福建历史上产生了俞大猷、郑成功、林则徐、陈化成等民族英雄，不是偶然的。同时，与海外的关系也使福建深深地卷入东亚发展的进程中。

元末明初，日本正处在南北朝分裂时期，封建诸侯割据，互相攻伐。在战争中失败了的封建主，就组织武士、商人、浪人到中国沿海地区进行武装走私和抢掠骚扰，历史上称为"倭寇"。如何抗倭，成为明帝国必须直面的选择。

明东南沿海抗倭之战是中国历史上第一次反侵略战争。嘉靖三十四年（1555年）五月，由汉、壮、苗、瑶等族人民组成的抗倭军队，在明爱国将领张经的领导下，于王江泾（今浙江嘉兴北）大破倭寇，斩敌两千。这是抗倭战争以来最大的一次胜利，被称为"自有倭患来，此为战功第一"。可惜，战功卓著的张经竟然被冤杀。随着倭患的不断升级，福建沿海出现了民族英雄戚继光、俞大猷，他们是抗倭功臣，他们的英雄事迹得到历史和后人的传颂，而他们最后凄凉的人生结局，也得到后人的同情和惋惜。

在大航海时代，占有地缘优势的台湾成为东方世界的财富中心和风暴角。荷兰东印度公司依仗战舰纵横印度洋和西太平洋，仅用了20年时间就从葡萄牙人手中夺走了香料群岛和斯里兰卡，建立了从日本、台湾、巴达维亚、斯里兰卡到阿巴斯港的远东商业链条。台湾是荷兰东印度公司对中国、日本、韩国与东南亚各据点的重要枢纽，台湾本土商品以鹿皮为主，在1630年，荷兰人每年从台湾原住民猎鹿人那里收购的鹿皮就达10余万张。这个"海上马车夫"从台湾载着砂糖、鹿皮、鹿肉和鹿角到日本，从日本满载着黄金白银和铜到中国；又从中国装满茶叶、瓷器和丝绸运往印度，换成棉布后返回香料群岛；在这里经过精心挑选，将最好的丝绸、香料、黄金和瓷器经好望角运回阿姆斯特丹。这条用200艘帆船打造的贸易链条，如同一部永不停息的印钞机，为荷兰创造了源源不断的财富。

郑成功收回台湾，控制西太平洋海权。在荷兰人占据台湾5年后，与倭寇有着复杂历史渊源的郑芝龙海盗集团在琉球海域崛起，天启七年（1627年），基于共同的利益，明帝国水师联合昔日的对手荷兰舰队一起围剿这个新海盗集团。结果荷兰舰队和明帝国水师几乎全军覆没。崇祯元年（1628年），朝廷只好采取招安模式，册封海盗首领郑芝龙为"海上游击"，相当于海军少将。数年后，这个海盗班底的中国海军夺回了帝国水师丢失的西太平洋海权。郑芝龙从此完全控制了台湾海峡的制海权，东南沿海商船"不得郑氏令旗，不能往来"。一面令旗售三千金，连"海上马车夫"的荷兰商船也不得不购买令旗，郑氏集团因此富可敌国。在其父郑芝龙护持下，郑成功成为郑氏武装集团的新首领，他以厦门和金门为基地，逐渐发展成拥有18万军队和数千战舰的武装力量。明帝国灭亡之后，郑成功以强大的兵力优势与荷兰"红夷"展开对台湾的争夺，最终收回台湾。

郑成功、俞大猷、施琅这些历史上为数不多的海上名将辈出的背后，是中华民族历史上少见的海权意识和海权实践。海权是一个国家运用军事手段对海洋的控制力。海权诞生有几个要素：面对海洋，有出海口；生存必须依赖于对外贸易，不会做生意的民族不会有海权；对外贸易必须经过海洋。中国自觉的海权意识比西方迟了很长时间。在东南福建的海商那里，才有海权意识和海权实践的发生。郑成功除了是民族英雄外，我们还应该从航海家、海商的角度来理解他。明末清初兴起的郑氏航海集团和海商集团，表现出了一切早期国家资本主义商业文化的特征。当年，郑氏海商集团在商业上采取了"海陆十大商"分工合作的经营方式。"海五商"是指设在厦门及附近各地的"仁、义、礼、智、信"海商机构；"陆五商"是指设在浙南地区的"金、木、水、火、土"陆上采购团队，对外贸易的范围遍布东南亚各地。

郑氏集团是中国古代最典型的海上"军事商业复合体"，其水师从性质上说是一支维护海上贸易的军事力量，从最初的武装商船发展成规模巨大的海军，这和古代希腊乃至近代英国发生的情形十分相似，它的生存状态、经济运作和社会功能，同我国传统意义上的水师有质的区别。

值得重视的是，中华文脉随郑军入台。明末清初，福建知名作家卢若腾，随郑成功入台，同去的还有诗人王忠孝、沈佺期以及同安陈永华等一批名士。他们在传播和建设科举和教育制度方面，发挥了传承文脉的作用，采风问俗，传播沟通闽台社情民意。

闽台文化作为有特色的区域文化体系的最后形成是在清代乾嘉年间，与清政府统一台湾，闽人大批入台，台湾成为定居社会，以及闽台经济一体化的历史进程基本同步。

随着清政府对台湾的统一，出现了一批治理台湾、保卫台湾的能臣。他们出智慧，重实践，青史留名，如姚启圣、李光地、施琅、蓝廷珍、蓝鼎元、黄君升、甘国宝、沈葆桢、刘铭传、陈星聚等等。清后期政府开放移民活动，权势者招纳劳动力，驱逐原住民，逐渐形成"垦户、租户、佃户"三个阶级。同时原住民和汉人的融合不断进行。汉人带来了精耕农业，大量开展水利建设，稻米、蔗糖、樟脑和茶叶等成为台湾重要的出口商品。随着洋务运动的展开，台湾的产业在两三百年间，从新石器时代的水平，迅速提升到近代的水平。移民主要来自三处：泉州、漳州和粤东。不同地域的移民在不同时期进入台湾，相应的，对土地等资源的掌控也不同，形成了各自分布的三大族群，彼此之间为争夺利益频繁械斗。这种族群的分野，在今天台湾异常热络的选举活动中，也还是相当重要的干扰因素。

五、天朝变局

在林则徐的禁烟运动中，酝酿着封闭的清帝国与西方世界的被动无力的应战。民族英雄林则徐一生力抗西方入侵，但对于西方的文化、科技和贸易则持开放态度，主张学其优而用之。魏源受林则徐嘱托而编著的《海国图志》一书，对晚清的洋务运动乃至日本的明治维新都具有启发作用。

指挥鸦片战争的英军统帅璞鼎查挥师北上，这一位在印度已经声名显著的职业军人和殖民统治者，被重用到中国战场。他果然不负众望，一路舰炮开路，在中国东南沿海并无遭到强烈抵抗。伦敦一片欢呼。不过，璞鼎查在吴淞口碰上67岁的厦门同安人陈化成将军。英军的攻击遭到陈化成的顽强抵抗。英军认为这是自与中国开战以来遇到的最强对手。陈化成身上七处中伤，血流如注，但回绝他人劝降，以身殉国。

鸦片战争炮火硝烟未尽，后来徐继畲与雅稗理的对话，被称为历史性的对话。徐继畲时任福建布政使，他是一位和林则徐同在道光年间历经大事的朝廷命官。

雅稗里，随英国军舰第一时间登上鼓浪屿的美国宣教士。他是最早登陆的传教士。徐继畲到厦门，与美国领事进行一场事务性谈判。徐继畲对于谈判事物话题之外的重要信息，似乎更加感兴趣。担任翻译的雅稗里送给徐继畲《圣经》和当时的世界地图。徐继畲的提问蕴含针对性，颇具对于传统观念的拷问意味。如西方世界地理观，国家政体，民主共和观念，军队武器威力，以及科学常识自然现象等等，雅稗里一一回答了徐继畲的问题。这次厦门的会面交流，被称为徐继畲与雅裨里的历史性对话。由此，中国人始知共和政体和华盛顿。徐继畲后来继续关注这个问题，他向更多的西方人士了解调研，写出《瀛环志略》一书，始将中国定为地球一隅，突破以天朝为中心的思维模式，思考封建专制体制的国家如何应对世界变局。此书一出，极为震动。

鸦片战争的炮声之后，中国人不仅因此而遭受了来自外部世界的侵犯和压迫，更严重的是他们的自豪感和长期赖以存在的传统文明受到前所未有的挑战。中国人在应对西方文明时感到无比吃力，表达自己也困难重重，不知所措。这种境遇是促使国人持续思考并展开相关争论的源头，有关这个历史进程的研究和争论持续了100多年，从未中断。

自始至终，中国国情的复杂多样性无处不在。清代版图这个地理空间，是各代大清皇帝与不同类型的外国人或当时的非华人通过不同的方式确定的，例如同东南亚人通过朝贡贸易、同俄罗斯人通过欧洲通行的条约体系、同准噶尔人通过陆上战争、同法国人和日本人通过海战等等确定的。从这个时候开始，生活在这个空间里的中国人开始了同外部世界交往的历史，其内容相当庞杂，从政治顶端的国家安全战略到移民潮、文化交往、贸易与传教，直至无数次的战争，不断签订割让国土的条约，到底是西北陆防重要还是东南海防要紧，争论不休。中国人的世界观就是在如此复杂的结构中形成的，它肯定是五花八门并变幻不定的。应重视观察和分析中国内部的多样性。这就是天朝变局带来的现实，不可回避。

六、福建船政奇迹

1866年（清同治五年），闽浙总督左宗棠在福州马尾创办了福建船政，轰轰烈烈地开展了建船厂、造兵舰、制飞机、办学堂、引人才、派学童出洋留学等一系列"富国强兵"活动，培养和造就了一批优秀的中国近代工业技术人才和杰出的海军将士。

1867年，福建船政破例高薪聘法国人日意格担任正监督。月薪高达1000两白银。并不仅仅因为日意格与左宗棠和首任船政大臣沈葆桢有较好的私人关系，也不仅因为他是精通中国语言和礼数之人，更主要的是看中了他是一个当时愿意与中国保持合作，而不是采取敌视态度的法国人。

"船政的根本在于学堂",这是当时富于远见的指导思想和定位。船政学堂,作为近代中国新式教育的发端,是中国第一个引进西方自然科学教材和创建先进教育制度的科技专科学校,也是中国近代师资力量最雄厚的学校。孙中山先生曾计划来船政学堂读书,因阻于中法马江之战未能成行,可见这个学校影响的深远。从成立到1946年,船政学堂创建了中国第一家电报学堂、第一所海军大学、第一所飞机潜艇高等学校、第一个航空中专和第一个技工学校,它还创造了我国近代公派留学生最多的纪录。这里培养出了一代名人:有著名的思想家、翻译家、教育家严复,有铁路之父詹天佑,有著名的造舰专家魏瀚,有海军名将萨镇冰,有主持制造中国第一架飞机的福州船政局局长陈兆锵,有中国近代著名的外交家罗丰禄,有译界泰斗林纾、王寿昌,有外交家陈季同等等。他们都为中国近代化的进程写下了重要的一页。他们曾先后活跃在近代中国的军事、文化、科技、外交、经济等各个领域,紧跟当时世界先进国家的步伐,推动了中国造船、电灯、电信、铁路交通、飞机制造等近代工业的诞生与发展。他们引进西方先进科技,传播中西文化,促进了中国近代化进程。他们直面强敌,谈判桌上据理力争,疆场上浴血奋战,慷慨捐躯。

福建水师,这一洋务运动的重要成果,被一场海战无情击溃在马江。在福州马尾的闽江,发生了中法马江海战,这是中法战争中的一场战役。1884年(清光绪十年),法国远东舰队司令孤拔率舰6艘侵入福建马尾港,停泊于罗星塔附近,伺机攻击清军军舰。朝廷"彼若不动,我亦不发",于是张佩纶、何如璋、穆图善等下令"无旨不得先行开炮,必待敌船开火,始准还击,违者虽胜尤斩"。七月初三,法舰首先发起进攻,海战不到30分钟,福建水师兵舰11艘以及运输船多艘沉没,官兵760人殉国,几乎全军覆没。而法军仅5人死亡,15人受伤,军舰伤3艘,法军还摧毁了马尾造船厂和两岸炮台。

法方参战的海舰队在该年与东京湾舰队合并,东向攻打台湾,并在占领基隆后夺取该地煤矿,作为封锁台湾海峡的动力来源。这使得法军得以封锁台湾,占领澎湖,甚至北上威胁北京的清朝政府,迫使其与法国重启谈判。

日本海军将官东乡平八郎于该战后不久参访法舰,并随舰队前往基隆、厦门等地考察战况。有人认为,日后甲午战争黄海海战中,伊东佑亨率领日本海军大败北洋水师的过程也受到法军的启发。

七、甲午之殇

1894年11月21日，日本第二军仅用一天时间就攻占了有远东直布罗陀之称的中国重要军港旅顺。因为旅顺地处濒海绝地，防御崩溃之后，很多军民无从逃散，日军从21日当天开始了长达四天三夜的大屠杀，中国军民两万余人遇难。很多前往战地观战的西方媒体记者为之震惊。旅顺大屠杀事件被西方媒体报道后，日本政府立即进行各种补救措施，最后日本形成了一套解释此事的格式说明，即因为在进攻旅顺的战斗中士兵们发现有战友的尸体遭中国军队的屠戮，因而心生愤恨，所以攻占旅顺后才会发生报复性的枪杀，同时强调在旅顺被杀的主要是脱掉军服、混装为老百姓的中国军人。几十年后日军解释南京大屠杀时，也仍是类似的模式和套路。

从甲午战争的国际时评看，对甲午战争，当时的西方舆论，是分辨不太清战争爆发原委的，只看到了最后的结果。曾服役于北洋水师的马吉芬愤愤不平地在美国报刊上撰文，并各处演讲，将他所亲历的北洋海军的真实战斗情况介绍给大众。这位喋喋不休宣传中国海军也曾英勇战斗，也不缺乏牺牲精神和壮烈事迹的美国人，竟被舆论当作疯子、狂人，认为是他头部的战伤使他精神错乱。最后，马吉芬自杀，留下了"主啊，请你不要小看我"的临终忏悔词，穿着一身北洋海军军服，盛殓在铺盖着黄龙旗的棺柩中下葬。

《马关条约》割让台湾给日本，民怨沸腾。台湾举子汪春源等在北京奔走呼吁，慷慨上书，反对割台；5月23日，台湾绅士们以全体人民的名义，发表了《台湾民主国独立宣言》；许南英、吴汤兴、简大狮、丘逢甲等多以各种方式抵抗日军侵台；刘永福孤军作战。所有这些，至今令人难忘。

保台运动的领导人丘逢甲名声很大。近年来，史学家依据史料分析，认为最早提出这一想法的应该是原清政府驻法国参赞陈季同。陈季同是台湾首任巡抚刘铭传的幕僚，随其入台，早年曾留学欧洲，又担任过驻外使节，熟悉国际法。

"台湾民主国"成立的一幕，后来被一些台独分子引为台独渊源依据，实在是荒天下之大谬。所谓"台湾民主国"的用意，完全在于抵抗日本侵略的一时之策，既不是"国",也和真正的"民主"不沾边。无论是"台湾民主国"的主持者还是台湾民众,都没有丝毫的独立之意,成立这个"民主国",恰恰是要维护国家的统一。

日本人桦山资纪碰上了真正的对手——黑旗将军刘永福。刘永福在1894年9月来到台湾。时值中日甲午之战正酣,调刘永福入台是清政府加强台湾防务的重要举措。

唐景崧当了13天"总统"就仓皇弃台逃命。聚集在台南的黑旗军成了保卫台湾最后的希望,刘永福成了抗日保台的实际领导人。在这之后,侵台日军遭受了前所未有的挫折和损失。

曾文溪一战是台湾保卫战的最后一役,刘永福几乎把所剩的四千兵力全部安排到这里,准备孤注一掷,与日军决一死战。孰料,日军早已侦察到曾文溪的阵地布置,只用一天就攻破了曾文溪阵地。黑旗军和义军的有生力量消耗殆尽,再也组织不起有力的抵抗。

当夜,刘永福带领家眷和十几个亲兵,乘坐英国商船内渡厦门。1895年10月21日,日军进入不再设防的台南府城。保台之战宣告失败,台湾就此沦入敌手五十年。

甲午战争爆发后,台湾作家纷纷回到祖国大陆,其中大多都回到祖籍地福建。林尔嘉,台北板桥人。1895年离台内渡归于福建龙溪,1912年在厦门鼓浪屿买山购地,仿台北板桥别墅而建菽庄花园,并组织菽庄吟社,邀台湾内渡诗人施士洁、汪春源、许南英等名人入社。

文脉割不断。清代乾隆年起,在大陆去台作家的带动下,台湾本地作家先后响应,台湾文坛刮起一股采风问俗之风,在1851年至1885年间盛极一时。福州去台诗人刘家谋的《海音诗》展示了清代台湾采风创作的最佳状态和最高水准。福州文化名人中有刘家谋、林琴南、陈石遗等游宦、游幕、游学或者游历到了台湾,而且他们中有人长期寓居台湾,甚至终老台湾。

割让台湾,成为国家之痛。此后大大加深了中国的半殖民地化,中国国际地位急剧下降。日本得到巨额赔款和台湾等战略要地,不仅促进了其资本主义的进一步发展,而且便利了日本对远东地区的进一步侵略。《马关条约》的赔款数额达两亿两白银，而《南京条约》赔款是2100万银圆，巨额赔款严重破坏了中国财政，大大加重了中国人民的负担。清政府当时的财政收入，一年不足九千万两。为了偿付赔款，除了加紧搜刮人民外，只得大借附有苛刻条件的"洋债"。这笔巨额赔款，相当于日本全年收入的3倍多，其85％被日本政府充作军费，日本迅速发展成军事帝国主义，成为侵略中国的主要敌人之一。

日本之所以能压制中国五十年，与清政府政治上不思进取，北洋政府热衷内耗、没有为中华民族找到精神出路有很大关系。一个民族若政治不争、精神不振，则无论人数如何之多，都是毫无反抗力的"土豆"与"羔羊"。同时这场战争改变了中日在国际格局中的地位，打破了中国长久以来的自信。当然甲午战争客观上加速了中国的近代化进程，开启了中国历史走向的重大转折。

甲午战争之前，治理台湾的沈葆桢和刘铭传极有远见。当时台湾已是东南沿海现代化程度较高的省份。沈葆桢在治理台湾期间，实施了开禁、开府、开路、开矿等四大措施，他上书清廷解除了内地渡台的禁令，在台设立台北府，在台开山开路鼓励开采煤矿等资源，对地方经济的发展起了促进作用。后来，台北市政大厅命名为"沈葆桢厅"，并评价"沈葆桢开创了台湾现代化新页"。

刘铭传，清末淮军重要将领，洋务派骨干，台湾省首任巡抚。除持续整顿台湾防务外，设立西学堂、番学堂，以及铁路局、机器局、大药局、水电局、矿务局、樟脑局、抚垦局等机构，修筑基隆至新竹的铁路，开办远洋轮船，创办邮务及电报等。1891年去职。刘铭传被誉为台湾洋务运动之父和台湾近代化之父。《马关条约》签订的消息传来，刘铭传忧患郁结，口吐鲜血，不久病故。

甲午战败，台湾归属日本。日本人治理台湾的直接结果是，短短五十年台湾几乎完全被日本同化。日本人在沈葆桢和刘铭传建设台湾的基础上，进一步经营台湾。出于殖民统治的需要，后藤新平的比目鱼理论强调深度了解台湾民情，采用本地化战略。日本将台湾作为南扩的桥头堡，以台湾的农业生产来支持本土的工业化。因此对台湾努力建设，尤其是社会秩序、卫生教育和农业治理等方面，当时台湾都达到了相当高的程度，有些方面甚至超过日本本土。

台湾被日本同化的主要原因有：台湾对汉文化的依恋薄弱，庶民文化无力支撑社会；族群分类斗争长期存在，基于现实利益的地方性族群认同和归属超越了更大的文化和国家与民族认同；抵抗无力，被日本强行镇压；日本尽力建设台湾，农业、工业、教育、医疗等方面的投入和成效显著；后期发动"皇民化运动"。但同时日本对台湾的建设刻意止于物质层面，制度上台湾人民不可能享有任何与日本人平等的地位，在被殖民奴役的过程中，台湾人民的身份尴尬，权利低微。《亚细亚的孤儿》最先是台湾作家吴浊流的长篇日文小说，于1945年完稿，其内容叙述日本统治时期的台湾知识分子胡太明在台湾遭受日本殖民者的欺压，到日本留学归来后受到乡亲的嘲讽，到中国大陆后又不被认为是中国人而受到歧视。在对自身归依的无助感及许多人生挫折的打击下，最后发疯而以悲剧收场。小说面对的正是台湾人民的认同问题。而这个身份认同问题，时至今日，依然是个大问题。

八、辛亥之魂

辛亥革命的最大贡献就是推翻帝制，把国家引向共和。在推翻帝制的历史进程中，两个主体发挥了突出作用：一是黄花岗烈士的闽籍英烈，一是始终支持孙中山的华侨。

黄花岗闽籍烈士青史留名。参加黄花岗起义攻打两广总督衙门的130多人中，福建籍的占40多人，至少有23人殉难捐躯，留下了林觉民烈士感人至深的《与妻书》，以及方声洞一家"举族赴义"的佳话。吴适这位"黄花岗生还义士"的事迹，可歌可泣。

华侨对近代中国的历史贡献巨大。在辛亥革命中，一批优秀侨领在血雨腥风的岁月里，出钱出力甚至出人参加敢死队，参加起义。而胜利后他们往往不计个人名利，淡泊回归。这是一个寻求救国图存、民族振兴的历史过程，他们思考实业救国、科技救国、教育救国，并且实践终身，值得缅怀致敬。如对孙中山共和思想有启发的无字碑下的杨衢云；带领大批福州移民垦殖印尼、往返南洋和闽南地区宣传革命主张的黄乃裳；报业老总、舆论战将陈楚楠；发动数千人参加同盟会，得到孙中山表彰的缅甸华侨实业家庄银安。

1910年，陈嘉庚加入中国同盟会。陈嘉庚倾巨资办厦大，从选厦门大学校长的经过看就颇具典型性。陈嘉庚在延安和毛泽东的会面以及他关于"中国希望在延安"的政治选择，都具有时代意义。可以看出华侨这股力量在不同历史阶段参与革命的分量。毛泽东赞誉陈嘉庚乃"华侨旗帜，民族光辉"。厦门大学林文庆、萨本栋和王亚南三位校长经历不同的艰难时期，以高尚卓越的人格魅力和专业办学精神，把厦门大学办成南方之强，成为丰碑式人物。

九、鼓浪屿样本

鼓浪屿，是19世纪末20世纪初世界列强与世界最大封建帝国碰撞的一个焦点。鼓浪屿以其特殊的地理位置、社会和政治背景，在19世纪中叶到20世纪中叶的百年历史中，经历了全球化发展初期世界多国文化的交汇，成为20世纪初亚太区域内，国际化现代社区的特殊实例。这里一度形成的多国共管的体制和社会管理模式，是人类文明发展到全球化初期这一特定历史阶段的特殊产物，并成为当时世界范围内汇聚各国文化最密集的地理单元之一。一座1.88平方公里的小岛，有84万平方米的建筑，在1100多栋别墅中，70%是1940年以前建造的。有英、美、法、德、日等13个国家先后在岛上设立领事馆，因此被称为国际社区。

鼓浪屿出现公共地界以后，多国共管的体制应运而生。这个体制授权董事会组成的工部局来实施管理。工部局的主要财政收入为产业税、牌照税、屠宰费、粪捐、违警罚金等，财政支出主要包括巡捕房经费、行政费、路政工程费和卫生费等。收支基本平衡。英美租界时期的工部局对鼓浪屿的管理体现出的是"法治化的管理"、"民主化的管理"、"社区自治"等，客观上让鼓浪屿得到了进步和发展。英美时期的鼓浪屿政局稳定，经济繁荣，文化教育也得到发展。

日占时期的工部局与英美时期的工部局形成了强烈的反差，以"人治化管理"、"专制化管理"、"社区行政化"为特征。因为日本破坏了英美时期建立起来的有效管理鼓浪屿的机制，导致了日占时期的鼓浪屿一片混乱，政局动荡，经济萧条，最终以日本的退出告终。

在中国近代史上，福建的船政洋务运动实践和厦门鼓浪屿的样本，共同构成中国近代化起始的标志之一。开启中国近现代史研究的钥匙之一，可以通过把握鼓浪屿这个样本得出若干判断。

鸦片战争以后许多传教士登陆，来到鼓浪屿。传教士美籍荷兰人郁约翰，以医生、建筑设计师等身份在鼓浪屿和福建平和从事医疗工作，最后以身殉职。英国人杜嘉德在闽南地区传教23年，他忘我工作，每天抽出至少8小时研究编撰《厦英词典》，指出厦门漳州和泉州语调音调的区别。因为两岸闽南话相同，让第一次由厦门渡海到台南的杜嘉德兴奋无比，他呼吁苏格兰长老会总部赶紧派人入驻台南地区传教。传教士打马字的历史贡献还在于着力培养本土牧师，由他培养的第一位中国牧师叶汉章的出现，具有标志性意义。基督教会会意于闽南话的宣教效果，宣教士对闽南话的重视和整理运用，至少从方言的角度，强化了两岸的血缘文缘关系。是外来文化对两岸固有的文脉和亲缘的又一次认同和强化。

鸦片战争以后，早期新教传教士以教育、知识传播与医务活动促进传教事业，消除中国人对西方社会的偏见及对基督教的冷漠，因而在"西学东渐"历史潮流中起到了推动作用。

鼓浪屿的繁荣，促进华侨投资与城市近代化管理。在清末，社会事业管理领域出现了地方自治活动。1919年开始就有林尔嘉等一批地方有识之士倡导成立了"厦门市政会"，负责市政工程的审议和筹款，设立市政局负责施工。共计修筑路段45条，还兴建了公园、堤岸等，使市政面貌有了较大的改观。受华侨侨汇或回国投资的影响，城市也成为侨胞投资的热点。由于移民的流动及投资，也推动了厦门近代航运业的勃兴；华侨的汇款还推动了金融业的发展和20年代开始的厦门房地产投资热潮，使近代厦门的城市面貌有较大的改观。

李清泉先生及其领导的"闽侨救乡运动"，影响较大。李清泉提出这个建议后，他的老朋友黄奕住立即付诸行动，1921年就买下林尔嘉创设的厦门德律风公司，次年又收购日商设在鼓浪屿的川北电话公司，筹设商办厦门电话股份有限公司，进行设备的改装换新，并着手铺设厦门至鼓浪屿的海底电缆，实现了厦鼓间的通话。厦门是海岛城市，井水带有盐分，不宜饮用，市民皆赖水船到内陆运水用，水价昂贵，若遇海上大风，供应不能接续，常常发生水荒。为解决居民饮水和消防需要，黄奕住又带头出面募股，倡议创办厦门自来水公司。正当漳龙路矿计划行将开工时，蒋介石调集大军镇压驻守福建的十九路军，改组福建共和政府，李清泉旋即辞职南归，再三谢绝国民党让他蝉联原省政府旧职的挽留，开发福建的计划化为泡影。不久，全面抗战爆发，李清泉又积极投身于支持祖国抗战的伟大事业中。

在鼓浪屿，具有鲜明西方文化色彩的教会文化，其附属的载体众多。有教会背景的医院、学校、音乐教育，以及福音宣讲舆论场。人才培养有其特色。那些出生于传教士家庭或在教会学校读书的孩子，和传统书院、私塾的教育体制训练出来的孩子相比较，在知识结构方面有了根本的改变。他们精通外语，热爱体育运动，普遍具有较高的科学和艺术素质，看世界、做事情的态度，在当时可谓领异标新，率先融入中西文化交融的潮流。来自鼓浪屿的卢戆章、林巧稚、马约翰、余青松、周辨明、周淑安、林俊卿、卢嘉锡等，都成为各自领域的杰出人物。

自从鼓浪屿成为公共地界以后，这个弹丸小岛很大程度上成为回避战争直接冲击的安全岛。因防务回撤、置业、退居、避难、经营，涌现出众多名人，尤以甲午战争战败后和抗日战争全面爆发时为甚。陈胜元将军的后人林维源、林尔嘉，茶商、诗人林鹤年，教育家王人骥，应陈嘉庚之邀担任厦门大学校长16年的林文庆，不愿入印尼籍的巨富黄奕住，在鼓浪屿各有显赫的商业地位。黄奕住与黄仲训截然相反的资产处理方式，引人瞩目。黄奕住不愿入籍印尼，汇回巨资；黄仲训实际上是当时厦门最大的房地产商之一，他将全部资产转出，入法国籍。再如实业家李清泉、叶清池等，皆占据鼓浪屿要地，或营建别墅，或在岛上谋事，或在岛上寄居。还有一部分华侨在南洋，保持着与闽南祖籍地的密切联系。

十、民国大师南移

清朝覆亡与民国建立，既是近代中国政治体制重大变动的转折点，也为近代社会的转型创造了条件。军阀登场，割据加重，南北政治也出现差异。民国时期社会的急剧转型，袁世凯窃取革命果实，签订卖国条款，民族进入危难时刻，导致了民族的觉醒，激发了观念的更新和理性的张扬，各种思潮与主义兴起。孙中山先生提出的奖励实业的政策，蔡元培的实利主义教育思想以及"兼容并包"、思想自由等都是中西文化结合与创新的结果。还有马克思主义指导新文化运动的影响，为民国时期思想、文化、道德方面的发展变革注入了新的活力。这时期某些大学采用教授治校等体制，学术自由、思想自由，就是蒋介石出面干涉也都被当面骂回去。

袁世凯死后，占统治地位的北洋军阀内部发生分裂，各派军阀忙于争权夺利，对新闻舆论的控制更加直接。如著名报人邵飘萍、林白水相继在一百天内被军阀捕杀。领导"二七"大罢工的工人领袖林祥谦、施洋，则在江汉铁路线被吴佩孚捕杀。舆论领袖和工人领袖被杀，显示新的政治力量的崛起，京汉铁路工人大罢工是中国共产党领导的第一次工人运动的高潮。

随着日本侵略不断扩大，一批高校被迫西迁，如北京大学、清华大学、南开大学等都于1938年4月迁至昆明，改称西南联合大学。厦门大学内迁福建长汀。

抗战期间，由中学到大学毕业，完全依赖国家贷金或公费的学生，共达128000余人，这其中就包括了"两弹一星"元勋钱骥、姚桐斌、邓稼先、程开甲、屠守锷、陈芳允、任新民、朱光亚、王希季等9人，还有李政道、杨振宁这两位后来的诺贝尔奖获得者。浙江大学竺可桢校长注重未来，他认为，学生认真读书，也是抗战的积极态度。抗战期间教育经费在国民政府的财政支出中仅次于军费，居政府财政支出的第二位。

民国时期，大师云集厦门大学。这是一个特别值得观察的现象。一是政治时空相对自由安全，二是华侨提供了较为充裕的经济支撑。林文庆任厦门大学校长达16年之久，为厦门大学成为"南方之强"奠下了牢固的基石。1926年9月，从北大南来的林语堂为厦门大学文科主任、国学院总秘书，不久，文学家鲁迅、国学家沈兼士、古史专家顾颉刚、语言学家罗常培、哲学家张颐、中西交通史家张星烺、考古学家陈万里、编辑家孙伏园等，一批大师接踵而至。这批名家的主体是北大的"语丝派"与"现代评论派"，他们的到来，让厦门大学文科盛况非凡，"一时颇有百家争鸣景象"。

海峡两岸是一个相对的历史概念。首先是海峡未隔的情形。在晚清，谢颖苏诏安画派在台湾打下不少基础，如谢颖苏设计的台北板桥林家花园，被认为是实用美术的典范；仙游画派李霞在台湾办展收徒，也有脉络可寻；台中王悦之，虽然在日本学习美术，但他在北京的美术教育和活动，却突出油画民族化探索。

真正的海峡之隔，开始于蒋介石退居台湾。从1948年12月21日到1949年2月22日，短短64天里，南京下关到基隆港这条水道上，总共有6个机构的5522箱顶级国宝被运到了台湾。北京故宫里的文物得以保存，没有流走一件，这一切要归功于当时的故宫博物院院长马衡，以及一批中华文明护卫者。

当时，准备搭乘飞机到台北的乘客有国民党"行政院院长"阎锡山、"副院长"朱家骅，以及刚刚升任"教育部长"的杭立武等政要。阎锡山带着两大箱黄金一同飞往台湾。正当飞机即将起飞的时候，一辆小汽车载着张大千冲进新津机场。张大千对杭立武说，他带来了78幅敦煌临摹壁画，并请求与这批画同机撤离。杭立武扔下自己的黄金，载走张大千和他的画。

后来，在台湾，出现了胡适、梅贻琦、王世杰等大师的身影。还出现当今拍卖界热捧的渡海三家，即张大千、黄君璧和溥心畲。再后来，战火过后，秦孝仪主持故宫18年，两岸故宫互相开放供游人观赏。作家林海音讲城南旧事，画家沈耀初回到诏安建美术馆。

1950年，中共最大的情报官"密使一号"吴石将军在台湾被枪杀。1973年，国务院追认其为革命烈士，历史画上一个句号。"经营之神"王永庆台塑集团的崛起，刘大中、蒋硕杰（第一位获得诺贝尔奖正式提名的中国经济学家）等学者的货币金融理论，为台湾走出经济困境和经济起飞做出了巨大贡献。

十一、闽西荣光

福建汀州有着悠久的历史文化传统，亦是客家人主要聚居地和发祥地之一，宁化的伊秉绶、汀州的上官周、黄慎等都是名人。

福建是著名的革命根据地，也是中共苏区的重要组成部分，战争年代有着20年"红旗不倒"的光荣赞誉。当年，毛泽东、周恩来、刘少奇、朱德、陈毅、邓小平、陈毅、王稼祥等老一辈无产阶级革命家和诸多优秀共产党人，新中国的九位元帅、八位大将及许多著名的将领都曾在这里战斗、生活过。闽西是红军成长、壮大的地方，是共和国将军的摇篮。

在福建这片红色土地上，有早期厦门中共党的领导人罗扬才，有领导厦门破狱斗争的陶铸，有基督徒转为红色医生的傅连暲大夫，有坚持真理、一生重视农民问题的邓子恢，有中共福建省委书记的群像——最早的福建临时省委书记陈明、党的创始人之一陈潭秋等，还有罗明、张鼎丞、曾镜冰、魏金水等革命先辈。他们中有的是农民运动、工人运动先进分子，有的是隐蔽战线上的坚强战士，有的是信仰坚定、实事求是的楷模，有的是忠肝义胆、视死如归的革命斗士，其中多数为革命献出了宝贵的生命。幸存者在革命胜利后继续献身党和人民的事业。新中国成立后在不同历史阶段担任福建省委书记的叶飞、江一真、项南等，都对福建的发展做出巨大贡献。

十二、抗日群英谱

在全面抗战过程中，中国的抗战是东方主战场。2015年，中国确定9月3日为中国人民抗日战争胜利纪念日，在天安门举行盛大的阅兵仪式。为永远铭记抗日英烈的不朽功勋，弘扬伟大的民族精神和抗战精神，经党中央、国务院批准，民政部8月24日公布第二批在抗日战争中顽强奋战、为国捐躯的600名著名抗日英烈和英雄群体名录。其中闽籍英烈有刘云彪、阮朝兴、林谋盛、黄才胜等。

在2014年首批公布的闽籍英烈中，有高捷成、陈明、张元豹、苏精诚、李林、廖海涛、罗化成、萨师俊、陈文杞等。这9名英烈，既有在正面战场战死的国军将领，如萨师俊、陈文杞，也有在敌后战场牺牲的八路军和新四军勇士，如李林、廖海涛、罗化成、苏精诚、陈明。此外，还有在金融战线、文化战线中英勇斗争，最终壮烈殉国的烈士，如高捷成、张元豹。抗战期间，无论是国民党部队，还是共产党领导的八路军、新四军中，都有不少闽籍英雄儿女献身。这是国家层面第一次公布不分党派的抗日英烈名录，从以前只强调共产党军队的抗战贡献，到承认、肯定甚至宣扬国民党军队的抗日功绩，这是事实的还原，也是历史的进步，更是东方主战场"全民族抗战"意涵的高度体现。

抗日时期国民党军队究竟有多少高级将领因积极抗日而壮烈殉国，目前学界尚缺乏精准的统计数据。粗略估计，至少在200名以上。阵亡将领中，军衔较高者，多出自杂牌军，如西北军张自忠、川军李家钰牺牲时任集团军总司令。此二人同郝梦龄、陈安宝、唐淮源、佟麟阁、赵登禹、饶国华、王铭章、周复等因被追赠上将，成为军衔最高的国民党军队殉国将领。抗战爆发时，国民党军队中下级军官（上校至少尉）共13.4万人。战时伤亡惨烈，中下级军官每年须补充4.5万人。因牺牲至速，正规军校培育已完全不能满足战争需求，及至1943年，军中正式军校出身之将官，仅剩3758人，余者均来自各种速成班及行伍提拔。可见牺牲人数之巨。

2014年7月7日，举国纪念中国第一个抗日战争胜利纪念日。这一天，宛平城内，中国人民抗日战争纪念馆前，习近平总书记揭幕"独立自由勋章"雕塑。站在习近平身旁的，不仅有中国共产党抗战老战士焦润坤，还有中国国民党抗战老战士林上元。

"福建事变"意义重大。这是1933年11月20日，李济深、陈铭枢、蒋光鼐、蔡廷锴等人以国民党第十九路军为主力，在福建福州发动的抗日反蒋事件。事变后建立了反蒋政权。"福建事变"是中国近代史上一个独具特色的政治事件，是抗日民族统一战线发展史上具有标志性意义和重大影响的历史事件之一。

十三、高僧的世界

在福建佛教史上，有两类不同的佛教代表人物：一类是在佛教教义和实践方面不断有建树的高僧，例如唐代高僧百丈怀海、大珠慧海、黄檗希运、曹山本寂、雪峰义存等人，他们都是禅宗史上的代表人物，以及近代的虚云、太虚、印光和弘一等精研法理戒律的大师；另一类是民间拥有广泛信仰的高僧，例如福建佛教史上的三坪祖师、清水祖师、定光佛等。后一类人物很少被纳入佛教史，这是因为他们不是正统的佛教代表人物，他们在民众中的影响，主要不是在佛教方面的贡献，而是因为百姓将他们看作比民间巫师更具法力的人。漳州三平寺的祖师公和泉州的清水祖师就具有代表性。清水祖师在泉州一带，是以祈雨闻名的和尚。在古代农业社会，干旱祈雨，不仅是道士也是佛教需要面对和解决的问题。僧人接受了这一挑战，通过祈雨，证明他们比道士更有法力，这样佛教在民间便有了深厚的基础。随之而来的，则是佛教自身的异化：许多民间俗神信仰中流行的仪式进入了佛教，例如卜卦、抽签等对命运的预测，祈雨、禳灾、佑福等对命运的改变等。

随着基督教在东方传播，佛教亦在动荡的历史运动过程中，展示出新的姿态，佛教文化的世俗化普及化取得效果。民国四大高僧印光法师、太虚法师、虚云法师和弘一法师，在闽就有三位。除福州鼓山涌泉寺虚云法师，厦门有两位非常著名，一是太虚大师，一是弘一法师。会泉法师、太虚法师之后，常惺法师、转逢和尚等的努力可圈可点。高僧弟子如丰子恺、虞愚等各有其创造性的文化传承，至今依然有活力。据台湾省志书记载，明末以来，台湾佛教是由福建鼓山及西禅二大禅寺传来的，另一派是福清黄檗寺。经过清康熙、乾隆间的逐步发展，至19世纪末期，台湾佛教形成了月眉山系、观音山系、法云寺系、大岗山系四大法脉，这是台湾早期正统佛教的派系，前三者与福州鼓山涌泉寺密切相关。清光绪二十四年（1898年），福州鼓山涌泉寺善智、妙密二法师赴台弘法，信众甚多。翌年，他们发起在基隆东郊月眉山兴建灵泉禅寺。福建名僧赴台弘法，以四次赴台的会泉法师、圆瑛与慈航诸法师最有影响。

民国初年，中国社会因内忧外患而激烈动荡。面对此局势，以曾任厦门南普陀寺住持、闽南佛学院院长的太虚法师为首的佛教界人士，锐意改革汉传佛教之弊病，提出"人间佛教"的理念，为中国佛教的发展指明了方向。随后，以赵朴初居士为代表的大陆佛教界人士，以及以印顺法师为代表的台湾佛教界人士，分别展开了"人间佛教"的理论构建与社会实践。在过去数十年里，"人间佛教"在台湾的实践成果斐然，使佛教在社会上树立了正面形象，稳健地走向本土化与社会化。在经历了近百年的风雨考验之后，"人间佛教"逐渐成为海峡两岸佛教四众弟子内心深处的共识及精神纽带。

闽台佛教在法统、戒统、学统上关系密切。现今台湾佛教界以白圣、星云、印顺、元宿派四大系统最具影响力。白圣法师接法鼓山涌泉寺住持圆瑛法师。印顺的学术思想影响着大批中青年佛教四众，而他的学统，承自厦门闽南佛学院。由于福建佛教与东南亚及台湾佛教关系密切，因此东南亚和台湾的佛教徒寻宗认祖，热心反哺福建佛教，为寺院恢复、重建等佛教事业，慷慨解囊，捐资赠物，促进了佛教文化的交流。这些成为福建佛教的一大特点。

十四、价值、意义和做法

在历史名人奋斗的历程中，有许多值得继承的观念价值，可以深度唤起中华民族的情感认同、价值归属和信念支撑。例如社会历来期盼清明政治体制之下的循吏清官。一是廉于自身。个人生活"志行修洁"，衣食住行"自奉简约"、"固守清俭"。二是勤于本职。居官不以权谋私，不贪污受贿。立于公堂，不畏强暴，力主公道，为政宽惠。三是利于社会。革奢务俭，节缩财政，减少社会负担。四是立于朝廷。在中央统治机构担任要职，位高权重，影响面广，极易成为地方官吏的榜样。

历史的正气，是中华民族自强自立的精神支柱。例如信仰坚定，不断追求真理推动社会进步，不断探索国家民族富强之路；一生重然诺讲信誉，重视人格的养成；面对艰难险阻百折不回、自强不息的进取精神；大义面前、危难关头，具有崇高的献身和牺牲精神；清正廉洁，倡导和实践血脉相融的为民情怀；海纳百川、重视人才，具有兼容并包的胸襟和开放视野；善于学习、与时俱进的实践意识及创新精神等等。历史上那些忠贞爱国、抵抗外侮、英勇捐躯的民族英雄；那些用开放视野审视世界，不惧失败寻求救国之路的政治家；那些刻苦攻读，创造科学奇迹建设祖国的科学家；那些甘愿奉献、投身教育的教育家；那些守信经营、回报祖国和社会的实业家；那些在国家民族危难时期，坚持民族气节的志士；那些救死扶伤、弘扬大爱无疆精神的医者；那些热心传播艺术理想，提升公众艺术素养的艺术家；那些传播福音兼顾传播科学的宣教士；那些维护国家统一，跨海传承文脉器物制度的学者；那些领异标新、身怀绝技的杂家；那些善于判断复杂形势，提供智慧方案的智者等等。这些都将构成我们中华民族寻找复兴之路的精神力量。需要画像立传加以研究学习，传播弘扬。

选择闽台历史名人的基本原则，大约包括三种情况。一类是出生在历史上的闽台地区，有在这些区域生活过一段时间，或一辈子终老于此，或在本地及别处做事出名的。二是史载籍贯在闽台等地理概念的人物。三是既不是闽台籍贯，也不是出生于此，但曾经在与闽台相关联的历史进程中产生过影响的历史人物。只要是在这片土地上停留过或有重要关联的，留下影响的人物，都加以选择入传研究创作。

画传的主体是人物，首先是肖像画。国画里通常认为人物画最难。太像以为匠气，而过度写意以为欺人，所以创作难度大。我所画人物形貌基本都有历史基因遗传依据，包括人物自身的眉目刻画，或以黑白照片，或用其子孙的模样，或以历史记载为参考加以创作。主要画出人物性格和气质。例如郑成功画像有三个版本，一是荷兰人画的浓眉大眼暴躁乖戾版，一是疑似日本人画的盘腿席地而坐胖子版本，再有就是厦门博物馆清瘦干练的版本。我根据郑成功后人如郑经、郑克塽等的形貌，选择消瘦干练型加以创作，而不纯用现代人的理解即武将外形。弘一法师来厦门后，在鼓浪屿闭关时得了三种重病，所以并不是一般理解的佛学修养高便可以红光满面、身躯魁梧的。我画弘一法师，就取其面有菜色，在一脸倦容中透露出慈悲和坚毅的特质。颜思齐，民间呼其为开台之王，他是闽南人，身躯魁梧，海盗出身，所以我以一袭蓑衣刻画其风雨中草莽形象。抗倭英雄戚继光和俞大猷，史称"俞龙戚虎"，则以武将身披大红战袍示之，以示威武，也突出明代的主色调。抗日英烈李林是二战中牺牲的唯一女华侨，以有孕之身，率领骑兵营掩护机关撤退，与日军作战牺牲。入画的她，二十五岁青春，灰色八路军军装，紧握双拳。鲁迅从北洋政府制造的学生惨案阴影里，来到厦门后，有些惊恐有些水土不服，从中可以找出对于厦门大学种种不满的原因。我觉得在《野草》、《两地书》里寻找鲁迅，会比较靠谱。林文庆担任厦大校长的作为需要肯定，他回新加坡出任日本人统治下的华侨协会会长的评价需要斟酌。总之，大部分名人都有坚毅的眼神，这是一批有信仰有理想有主张的人，令人敬佩。

画传集中刻画揭示历史名人的历史地位和作用，同时注意各自找到一个历史事件的不同侧面，从而组合出历史实况。例如朱熹的历史贡献是辑定《四书》、《五经》作为历代教育机构固定的学宫教材，历时800余年。而辜鸿铭则是向西方人翻译介绍《四书》里的三书的第一人，他的著作在西方广为传播，成为西方了解中华传统文化的重要典籍。两人都与同安有关系。前者在同安做主簿，后者为同安籍而生在南洋。

明代嘉靖皇帝迷信方士，长期不理政，而意大利传教士利玛窦来华已然形成影响，作为首辅的叶向高一边替他找合法墓地，一边部署好友沈有容看护闽台海域，防止倭寇入侵。刑部尚书黄光升则在朝中一面要和宦官智斗，一面设法救下抬着棺材向皇帝进谏被判死刑的海瑞。而远在福建寿宁县的县令冯梦龙一面以通俗小说状写明代都市繁华，一面在深山里做一个负责的父母官。他离开寿宁时，留下一部《寿宁待志》，一个"待"字，传达出冯梦龙的担当与作为，同时也体现他谦虚谨慎、重视传承的品格。大明朝从京城到海疆，真是很不平静。

在大革命时期，孙伏园作为编辑敢于在《中央日报》副刊全文发表毛泽东的《湖南农民运动考察报告》，引起蒋介石不快。高梦旦，经营商务印书馆有方，他拔擢青年沈雁冰，贡献四角号码输入法而不署名，是近代出版界有影响的人物。

为了信息对称，有所参照，需要找出包括对手或敌人在内的历史人物，包括不同时期具体历史事件的当事人，加以刻画。例如民族英雄陈化成，过去总不见具体对手的具体情形。把鸦片战争侵华总指挥璞鼎查画出来，从英军角度对陈化成的英勇顽强做出评价，更显其真实可贵。把鸦片战争期间厦门炮台江继芸等战死英雄的表现，以及朝廷重臣林则徐、苏廷玉、颜伯焘、徐继畬等对时局的看法，放在一个时空里加以讨论，力求视野开阔。马江海战击败福建水师的法国舰队指挥孤拔，其舰队在台湾遇到刘铭传和台湾雾峰林家林朝栋的抵抗。受左宗棠、沈葆桢礼遇，高薪聘请来福州船政担任要职的法国人日意格，甲午战争后实际治理台湾，提出比目鱼生态理论的日本人后藤新平等，把他们放到历史大环境中加以对比考察，保持信息对称。然后叠加组合在一起，横向纵向联系，借用历史事件的互见法，以便更好地看清历史全貌，思考得失。

画传集诗书画印于一体，艺术再现历史名人。人物画不是照片，国画人物艺术上要求很高，要见笔见墨，有线条有皴擦，有意境，还必须保持写意性，并把这些元素融合到形与神的艺术真实之中。在创作过程中，我基本采用单一肖像为主，有意省略复杂的背景刻画。每一幅画基本上配有一首诗，大部分是原创，通过议论、状物、抒情，提炼出我对这个人物的评价或感受。另外，也引用个别名人佳作，便于欣赏。至于人物生平小传，主要提炼出历史人物的历史贡献、性格特点以及对于今天的启示等。并注意将学术界最新研究成果通俗化，突出普及的知识点。这一部分文字，有时像一篇随笔，有时像一篇论文，长长短短，不一而足，都是为了于画外有所补充。而这些内容，都以可识别的行书书写在画幅的重要位置。由于大多数画幅均为四尺竖幅，题款位置和书法的空间分割也力求有所变化。最后加盖名章或闲章，所用闲章，内容多为"面向大海"、"清气满乾坤"、"但愿人长久，千里共婵娟"、"淡泊明志"等，以明其志。诗文书画，既可以单独阅读欣赏，又可以互为补充，最终成为一个完整的作品。

周　旻
2015年9月

名 录

1 / 董　奉（220—280）
2 / 陈元光（657—711）
3 / 薛令之（683—757）
4 / 百丈怀海（749—814）
5 / 徐　晦（760—838）
6 / 欧阳詹（771—815？）
7 / 三平祖师公（784—872）
8 / 陈　黯（约805—877）
9 / 陈　陶（约812—约885）
10 / 韩　偓（842—923）
11 / 王审知（862—925）
12 / 妈　祖（生卒年不详）
13 / 杨　亿（974—1020）
14 / 吴　本（979—1036）
15 / 柳　永（约987—约1053）
16 / 蔡　襄（1012—1067）
17 / 苏　颂（1020—1101）
18 / 清水祖师（1044—1101）
19 / 杨　时（1044—1130）
20 / 蔡　京（1047—1126）

21 / 游　酢（1053—1123）
22 / 李　刚（1083—1140）
23 / 吴　激（1090—1142）
24 / 张元幹（1091—约1161）
25 / 郑　樵（1104—1162）
26 / 朱　熹（1130—1200）
27 / 辛弃疾（1140—1207）
28 / 黄　槐（生卒年不详）
29 / 邹应龙（1173—1245）
30 / 宋　慈（1186—1249）
31 / 陈　容（生卒年不详）
32 / 刘克庄（1187—1269）
33 / 严　羽（生卒年不详）
34 / 蒲寿庚（1205—1290）
35 / 文天祥（1236—1283）
36 / 郑思肖（1241—1318）
37 / 马可·波罗（1254—1324）
38 / 林希元（约1482—1567）
39 / 张　经（1492—1555）
40 / 郑　堂（生卒年不详）

41 / 俞大猷（1503—1579）
42 / 黄光升（1506—1586）
43 / 洪朝选（1516—1582）
44 / 何朝宗（1522—1600）
45 / 李　贽（1527—1602）
46 / 戚继光（1528—1588）
47 / 陈振龙（约1543—1619）
48 / 沈有容（1557—1627）
49 / 何乔远（1558—1631）
50 / 叶向高（1559—1627）
51 / 曾　鲸（1568—1650）
52 / 张瑞图（1570—1644）
53 / 曹学佺（1574—1646）
54 / 冯梦龙（1574—1646）
55 / 黄道周（1585—1646）
56 / 徐霞客（1587—1641）
57 / 颜思齐（1589—1625）
58 / 隐　元（1592—1673）
59 / 洪承畴（1593—1665）
60 / 王忠孝（1593—1667）
61 / 郑芝龙（1604—1661）
62 / 林嗣环（1607—1662）
63 / 沈光文（1612—1688）
64 / 施　琅（1621—1696）
65 / 郑成功（1624—1662）
66 / 姚启圣（1624—1683）
67 / 释超全（1627—1712）
68 / 陈永华（1628—1680）
69 / 李光地（1642—1718）
70 / 张伯行（1651—1725）

71 / 王世杰（1661—1721）
72 / 李　周（生卒年不详）
73 / 蓝廷珍（1663—1729）
74 / 上官周（1665—1749）
75 / 蓝鼎元（1680—1733）
76 / 林君升（1685—1756）
77 / 黄　慎（1687—1768）
78 / 甘国宝（1709—1776）
79 / 潘振承（1714—1788）
80 / 伊秉绶（1754—1815）
81 / 林爽文（1756—1788）
82 / 陈若霖（1759—1832）
83 / 徐继畬（1759—1873）
84 / 王得禄（1770—1841）
85 / 梁章钜（1775—1894）
86 / 陈化成（1776—1842）
87 / 邓廷桢（1776—1846）
88 / 周　凯（1779—1837）
89 / 苏廷玉（1783—1852）
90 / 林则徐（1785—1850）
91 / 姚　莹（1785—1853）
92 / 江继芸（1788—1841）
93 / 璞鼎查（1789—1856）
94 / 陈胜元（1797—1853）
95 / 张际亮（1799—1843）
96 / 丁拱辰（1800—1875）
97 / 雅裨理（1804—1846）
98 / 谢颖苏（1811—1864）
99 / 左宗棠（1812—1885）
100 / 刘家谋（1813—1853）

101 / 陈星聚（1817—1885）
102 / 打马字（1819—1892）
103 / 沈葆桢（1820—1879）
104 / 谢章铤（1821—1904）
105 / 丁日昌（1823—1882）
106 / 孤　拔（1827—1885）
107 / 林文察（1828—1864）
108 / 杜嘉德（1830—1877）
109 / 叶汉章（1832—1912）
110 / 日意格（1835—1886）
111 / 刘铭传（1836—1896）
112 / 杨歧珍（1836—1903）
113 / 马雅各（1836—1921）
114 / 刘永福（1837—1917）
115 / 马兆麟（1837—1918）
116 / 吕文经（1838—1908）
117 / 孙开华（1840—1893）
118 / 林维源（1840—1905）
119 / 虚云法师（1840—1959）
120 / 唐景崧（1841—1903）
121 / 山雅各（1842—1914）
122 / 林鹤年（1846—1901）
123 / 陈宝琛（1848—1935）
124 / 黄乃裳（1849—1924）
125 / 黄玉阶（1850—1918）
126 / 魏　瀚（1850—1929）
127 / 林永升（1853—1894）
128 / 刘步蟾（1852—1895）
129 / 林朝栋（1851—1904）
130 / 伊泽修二（1851—1917）

131 / 陈季同（1851—1907）
132 / 林　纾（1852—1924）
133 / 严　复（1854—1921）
134 / 卢戆章（1854—1928）
135 / 许南英（1855—1917）
136 / 邓世昌（1849—1894）
137 / 陈　衍（1856—1937）
138 / 辜鸿铭（1857—1928）
139 / 后藤新平（1857—1929）
140 / 黄秀烺（1859—1925）
141 / 萨镇冰（1859—1952）
142 / 吴汤兴（约1860—1895）
143 / 杨衢云（1861—1901）
144 / 郁约翰（1861—1910）
145 / 詹天佑（1861—1919）
146 / 丘逢甲（1864—1912）
147 / 周殿薰（1867—1929）
148 / 林　森（1868—1943）
149 / 黄奕住（1868—1945）
150 / 汪春源（1869—1923）
151 / 林文庆（1869—1957）
152 / 简大狮（1870—1900）
153 / 高梦旦（1870—1936）
154 / 李　霞（1871—1936）
155 / 转道法师（1872—1943）
156 / 吴瑞甫（1872—1952）
157 / 许世英（1873—1964）
158 / 林白水（1874—1926）
159 / 会泉法师（1874—1942）
160 / 林尔嘉（1874—1951）

161 / 许春草（1874—1960）
162 / 陈嘉庚（1874—1961）
163 / 林　旭（1875—1898）
164 / 秋　瑾（1875—1907）
165 / 林长民（1876—1925）
166 / 高　鲁（1877—1947）
167 / 黄仲训（1877—1956）
168 / 吴　适（1877—1958）
169 / 林祖密（1878—1925）
170 / 连　横（1878—1936）
171 / 圆瑛法师（1878—1953）
172 / 余清芳（1879—1915）
173 / 于右任（1879—1964）
174 / 莫那鲁道（1880—1930）
175 / 李叔同（1880—1942）
176 / 鲁　迅（1881—1936）
177 / 林献堂（1881—1956）
178 / 马约翰（1882—1966）
179 / 陈　仪（1883—1950）
180 / 李　禧（1883—1964）
181 / 邱菽园（1884—1941）
182 / 陈楚楠（1884—1971）
183 / 庄银安（1885—1938）
184 / 李济深（1885—1959）
185 / 李　耕（1885—1964）
186 / 方声洞（1886—1911）
187 / 罗福星（1886—1914）
188 / 林觉民（1887—1911）
189 / 李清泉（1888—1940）
190 / 蒋光鼐（1888—1967）
191 / 庄希泉（1888—1988）
192 / 陈桂琛（1889—1944）
193 / 太虚大师（1889—1947）
194 / 梅贻琦（1889—1962）
195 / 陈绍宽（1889—1969）
196 / 侯德榜（1890—1974）
197 / 胡　适（1891—1962）
198 / 王世杰（1891—1981）
199 / 周辨明（1891—1984）
200 / 林祥谦（1892—1923）
201 / 蔡廷锴（1892—1968）
202 / 郎静山（1892—1995）
203 / 许地山（1893—1941）
204 / 顾颉刚（1893—1980）
205 / 王悦之（1894—1937）
206 / 赖　和（1894—1942）
207 / 吴　石（1894—1950）
208 / 傅连暲（1894—1968）
209 / 周淑安（1894—1974）
210 / 萨师俊（1895—1936）
211 / 罗化成（1895—1940）
212 / 邹韬奋（1895—1944）
213 / 林语堂（1895—1976）
214 / 钱　穆（1895—1990）
215 / 邵庆元（1895—　？）
216 / 常惺法师（1896—1939）
217 / 傅斯年（1896—1950）
218 / 溥心畬（1896—1963）
219 / 邓子恢（1896—1972）
220 / 陈六使（1897—1973）

221 / 余青松（1897—1978）		251 / 沈觐寿（1907—1997）
222 / 庐　隐（1898—1934）		252 / 陶　铸（1908—1969）
223 / 郑振铎（1898—1958）		253 / 廖海涛（1909—1941）
224 / 陈　诚（1898—1965）		254 / 高捷成（1909—1943）
225 / 丰子恺（1898—1975）		255 / 林谋盛（1909—1944）
226 / 陈子奋（1898—1976）		256 / 罗　明（1909—1987）
227 / 张鼎丞（1898—1981）		257 / 虞　愚（1909—1989）
228 / 黄君璧（1898—1991）		258 / 潘主兰（1909—2001）
229 / 郑天挺（1899—1981）		259 / 高云览（1910—1956）
230 / 张大千（1899—1983）		260 / 刘亚楼（1910—1965）
231 / 吴浊流（1900—1976）		261 / 黄祯祥（1910—1987）
232 / 冰　心（1900—1999）		262 / 傅衣凌（1911—1988）
233 / 林惠祥（1901—1958）		263 / 郑乃珖（1911—2005）
234 / 王亚南（1901—1969）		264 / 苏精诚（1912—1941）
235 / 林巧稚（1901—1983）		265 / 邓　拓（1912—1966）
236 / 陈　明（1902—1941）		266 / 黄寿祺（1912—1990）
237 / 萨本栋（1902—1949）		267 / 郑朝宗（1912—1998）
238 / 张我军（1902—1955）		268 / 邵江海（1913—1980）
239 / 张钰哲（1902—1986）		269 / 盛国荣（1913—2003）
240 / 布拉顿（1902—1987）		270 / 刘云彪（1914—1942）
241 / 胡也频（1903—1931）		271 / 张秀寅（1914—1964）
242 / 梁实秋（1903—1987）		272 / 刘大中（1914—1975）
243 / 陈文杞（1904—1941）		273 / 叶　飞（1914—1999）
244 / 林徽因（1904—1955）		274 / 鲁　藜（1914—1999）
245 / 卢毓骏（1904—1975）		275 / 杨成武（1914—2004）
246 / 林俊卿（1904—2000）		276 / 高　怀（1914—2007）
247 / 罗扬才（1905—1927）		277 / 李　林（1915—1940）
248 / 梁遇春（1906—1932）		278 / 钟理和（1915—1960）
249 / 林同济（1906—1980）		279 / 谷文昌（1915—1981）
250 / 沈耀初（1907—1992）		280 / 江一真（1915—1994）

281 / 卢嘉锡（1915—2001）
282 / 朱鸣冈（1915—2013）
283 / 吴其韬（1916—2010）
284 / 辜振甫（1917—2005）
285 / 王永庆（1917—2008）
286 / 蒋硕杰（1918—1993）
287 / 项　南（1918—1997）
288 / 林海音（1918—2001）
289 / 杨夏林（1919—2004）
290 / 康良石（1919—2011）
291 / 柏　杨（1920—2008）
292 / 秦孝仪（1921—2007）

293 / 张晓寒（1923—1988）
294 / 刘惜芬（1924—1949）
295 / 张元豹（1926—1942）
296 / 李鹏远（1930—2015）
297 / 陈景润（1933—1996）
298 / 胡友义（1936—2013）
299 / 李维祀（1937—2011）
300 / 三　毛（1943—1991）
301 / 杨德昌（1947—2007）
302 / 邓丽君（1953—1995）

303 / 后　记

董奉（220—280），汉末与华佗齐名的名医，福建侯官董墘村（今长乐县古槐乡青山村）人。少年学医，信奉道教。年青时，曾任侯官县小吏，不久归隐，在家一面练功，一面行医。董奉医术高明，治病不取钱物，作为回报，只要重病愈者在山中栽杏树五株，轻病愈者栽杏一株。数年之后，有杏万株，郁然成林。春天杏子熟时，董奉便在树下建一草仓储存，需要杏子的人，可用谷子自行交换。再将所得之谷赈济贫民，供给行旅。后世称颂医家"杏林春暖"之语，盖源于此。

董奉在南方一带行医，有一次到交州（今广东、广西、越南北部一带），恰遇交州太守杜燮病危，垂死已三日。董奉把三粒药丸放入病人口中，用水灌下。稍后，病人即能动，四日后能说话，不久病愈。由于医术高明，人们将董奉同当时谯郡的华佗、南阳张仲景并称为"建安三神医"。董奉晚年到庐山下隐居，继续行医。《真仙通鉴》记载"奉在人间百年，其颜色常如三十许人"。

传说董奉在庐山悬壶修道，终成神仙。无论成仙与否，董奉的杏林故事，表达了世人对这位名医的缅怀与纪念。在中国的民间传统里，悬壶济世、救死扶伤的名医，总会成仙成神，盖愿其精神永驻人间。甲午周旻敬绘并记之。诗赞曰：

桃花漫说武陵源，
误杀刘郎不得仙。
争似莲花峰下客，
栽成红杏上青天。

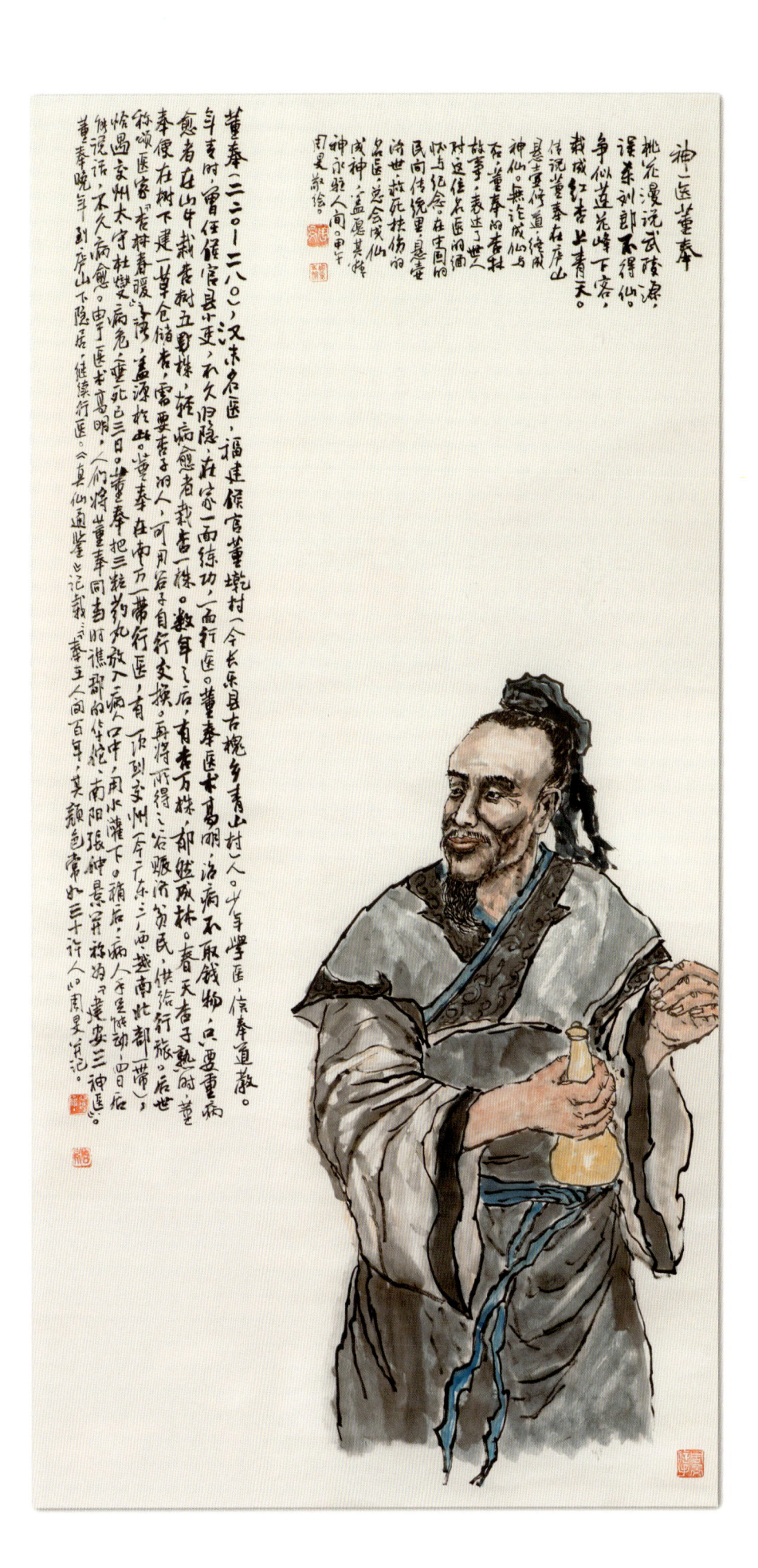

陈元光（657—711），字廷炬，号龙湖。唐朝前期河东（今河南省固始县陈集乡陈集村）人。漳州首任刺史。他是闽台地区重要的民间信仰之一，被奉为开漳圣王。陈元光将军自未弱冠之年即随父率众南下，直至殉职，始终坚守在闽戍地，长达42年；他治闽有方，开科选才，任用贤士，招抚流亡，烧荒屯垦，兴办学校，劝民读书。还在州内设36个堡，立行台于四境，作为军事绥靖和政治教人的据点。对山越人以招抚为主，德威并重，和亲通婚，娶山越女子为夫人。对叛唐的人施以武力，对愿归顺者，划地居住，自己管理自己，称"唐化里"，亦称"九龙里"。号称"蛮荒"之地的闽南，经济文化得到了迅速发展。陈元光成为促进中原文化与闽越文化融合的奠基者。

陈元光去世后，被后世尊奉为"开漳圣王"。其儿陈珦、孙子陈酆、重孙陈谟继任漳州刺史，四代人前仆后继、鞠躬尽瘁，建设漳州近百余年，这在唐代乃十分罕见的现象。据统计，漳州供奉"开漳圣王"的庙宇登记在册的有251座，而"开漳圣王"庙宇在台湾则达360多座。海内外"开漳圣王"2000多万信众中，台湾信众近500万人，近80座宫庙成立了"台湾开漳圣王庙团联谊会"。"开漳文化"广义上可代表"闽南文化"，从而与"妈祖文化"、"闽王文化"共同构成了福建省最具影响力的三大传统祖根文化，是维系海峡两岸人民情感的重要精神纽带。

垂拱四年（688年），陈元光祖母魏氏卒，享寿九十有三。次年，葬魏妈于云霄半径仙人山之麓。元光以支孙承重，结庐墓左，守制三年。当时漳人称其为半径将军。周旻并记，诗云：

教化蛮獠首开漳，
屯田求才见识广。
闽南潮汕成乐土，
半径山前说元光。

薛令之（683—757），福建历史上第一个进士。字君珍，号明月先生，唐朝进士。官至太子侍讲。薛令之在《闽书》《厦门志》中与陈黯并称"南陈北薛"。著有《明月先生集》。薛令之是唐福建道长溪廉村（今福安市溪潭镇廉村高岑）人，后迁至嘉禾里（今厦门）。唐神龙二年，薛令之在长安应试得中。开元中，唐玄宗授他左補阙之职，并命他与贺知章同为太子李亨侍讲，因在东宫题诗讽刺李林甫，被唐玄宗看到以为是讥讽皇帝，因此得罪玄宗，只好"谢病东归"。薛令之回长溪后生活清贫，深居简出。唐至德元年，李亨在灵武即位。翌年九月，李亨回到京都长安后，思及与薛令之的师生情谊，欲召薛令之入朝，而薛令之此前数月已卒，家赤贫。为嘉许他的廉洁清正，唐肃宗敕封薛令之所在村为"廉村"，水为"廉水"，岭为"廉岭"。甲午岁末作于厦门，周旻并记。录薛令之《灵岩寺》诗一首：

　　草堂栖在灵山谷，
　　勤苦诗书向灯烛。
　　紫门半掩寂无人，
　　唯有白云相伴宿。

百丈怀海（749—814），俗姓王，名怀海，福州长乐人，唐朝禅宗禅师，为马祖道一门下，承继洪州宗禅法，因居洪州大雄山百丈岩（今江西宜春市奉新县），人称百丈怀海。唐穆宗长庆元年，敕谥"大智禅师"。怀海禅师对禅宗进行了教规改革，力行倡导"一日不作，一日不食"。把佛教僧侣乞食的传统改为中国式的自食其力。怀海禅师年事已高，有一次，弟子体谅师傅年迈，将怀海禅师的耕田工具藏起来，怀海禅师那天便无法劳作，而当天怀海禅师也拒绝进餐。从此，再也没有人敢阻止怀海禅师劳动了。乙未春周旻敬绘。立秋后二日重绘。诗赞曰：

身心磨难多憔悴，
探寻禅思大师随。
劳作得食成教义，
佛陀俗众殊途归。

徐晦（760—838），福建省历史上第一位状元。字大章，号登瀛。福建晋江安海人。唐德宗贞元十八年壬午科状元及第。该科进士23人。考官为中书舍人权德舆。

当年徐晦考试及授官均得杨凭举荐，状元及第后又登贤良方正科和直言极谏科，官授栎阳尉。后杨凭获罪，由京兆尹贬为临贺尉，亲友怕受牵连，无人敢来相送。宰相权德舆原来与杨凭交情最深，亦躲之不送。没想到在蓝田驿站，徐晦单独一人出来相送。权德舆知徐晦来送杨凭，便道："今日送杨凭，定受牵连！"徐晦答道："我一向深受杨公眷宠，杨公被贬，我岂能无言而别？"听说此事，御史中丞李夷简虽是杨凭对头，却依然上奏推荐徐晦为御史。徐晦问："我向来不与您交往，您为什么举荐我？"李夷简说："君不负杨君，肯负国乎？"徐晦后来任殿中侍御史、尚书郎、晋州刺史，又入朝拜中书舍人。宝历元年又出任福建观察使，次年又回朝任工部侍郎等职。

徐晦性情耿直，知恩图报，居官清廉，为时人称道。晚年因嗜酒过度而失明，于礼部尚书职辞官，唐文宗开成三年（838年）三月卒葬于福建连江徐垅花园之原。追赠兵部尚书。

徐晦在研究砚台方面亦有建树。据记载，因徐晦考进士使用的砚台寒冬时砚墨如油，书写流利，因而得名徐公砚。或许，文房四宝的知名度需借助于状元加以提升。2015乙未岁周旻并记。诗云：

知恩图报平常心，
状元从政亦亲民。
晦翁狂饮恣醉乡，
徐公砚留清润痕。

欧阳詹（771—815？），闽南历史上第一个进士。字行周，福建晋江湖村人。唐德宗贞元八年（792年）壬申科进士。本科进士共23人，有韩愈、李观等，皆当时名士，人称"龙虎榜"。欧阳詹是泉州历史上第一个进士，祖上和父兄曾任闽、粤地方官吏。贞元十五年（799年），欧阳詹官至国子监四门助教。欧阳詹全力参与韩愈的古文运动。《闽政通考》载："欧阳詹文起闽荒，为闽学鼻祖。"贞元十六年（800年），客死长安，韩愈写有《欧阳生哀辞》。《全唐诗》收其诗一卷。朱熹在泉州讲学时，为欧阳詹四门祠题联："事业经邦，闽海贤才开气运；文章华国，温陵甲第破天荒。"甲午周旻为欧阳詹造像，诗赞曰：

温陵甲第破天荒，
文脉开运闽科场。
欧阳客死长安日，
韩愈哀辞悲同榜。

三平祖师公（784—872），唐代高僧，福建省汉族民间信仰之一。敕谥号为广济大师，民间俗称之为三平祖师公。俗姓杨，名义中，祖籍陕西高陵人。因其父官宦入闽，杨义中于唐宗李适兴元元年）诞生在福唐（今福清县）。他在襁褓中就不食荤腥。后他随父亲到泉州，投拜于玄用禅师门下，14岁剃发出家。直到27岁才受具足戒，成为比丘。先到中条山百家岩拜谒怀晖禅师，次依西堂智藏禅师，后到洪州百丈山谒见怀海禅师。

他去抚州拜见石矾禅师。石矾张弓架箭，见杨义中登门诣法，高声喝声："看箭！"义中见状，立刻开襟怀，挺胸挡箭。这正符合达摩祖师的禅学："直指人心，见成佛，不立文字"。于是石矾禅师就收起弓箭，称赞道："我三年来，张一枝弓，挂两只箭，而今只射得半个圣人。"杨义中南游参见大颠禅师。大颠禅师一见义中就说："卸掉甲胄来。"义中领悟，就退一步立定。从此参悟了佛法禅机。

1845年，唐武宗李炎下令毁灭佛，义中禅师早有觉察，他年届花甲，仍率领一干僧尼，徒步进入福建平和，避居化外蛮荒之地，以坚持佛法禅学。他们来到大柏山麓，选定龟蛇峰间建立寺院，开荒辟田。又续收容逃难来的僧尼三百余人。从此在深山密林中，保护了大乘一脉真传。这一带居住着称之为"蛮獠"的少数民族，对于侵入自己领域的汉族僧侣极为恐慌，便肆意袭扰。义中禅师武艺高超，轻易治服蛮獠。因此流传着祖师公斗于鬼窟，降伏众祟，擒蛇侍者的神话。山区瘴厉为害大，人民缺医少药，祖师公精通医术，辨症施治，当地人民尊他为神。由于他一生为百姓做了许多好事，一千多年来，人们一直把他当作慈善的神来敬奉。周旻记之，诗云：

千年智圆则神圣，
当下理通菩提成。
虚往实归说意味，
宴坐示灭犹永生。

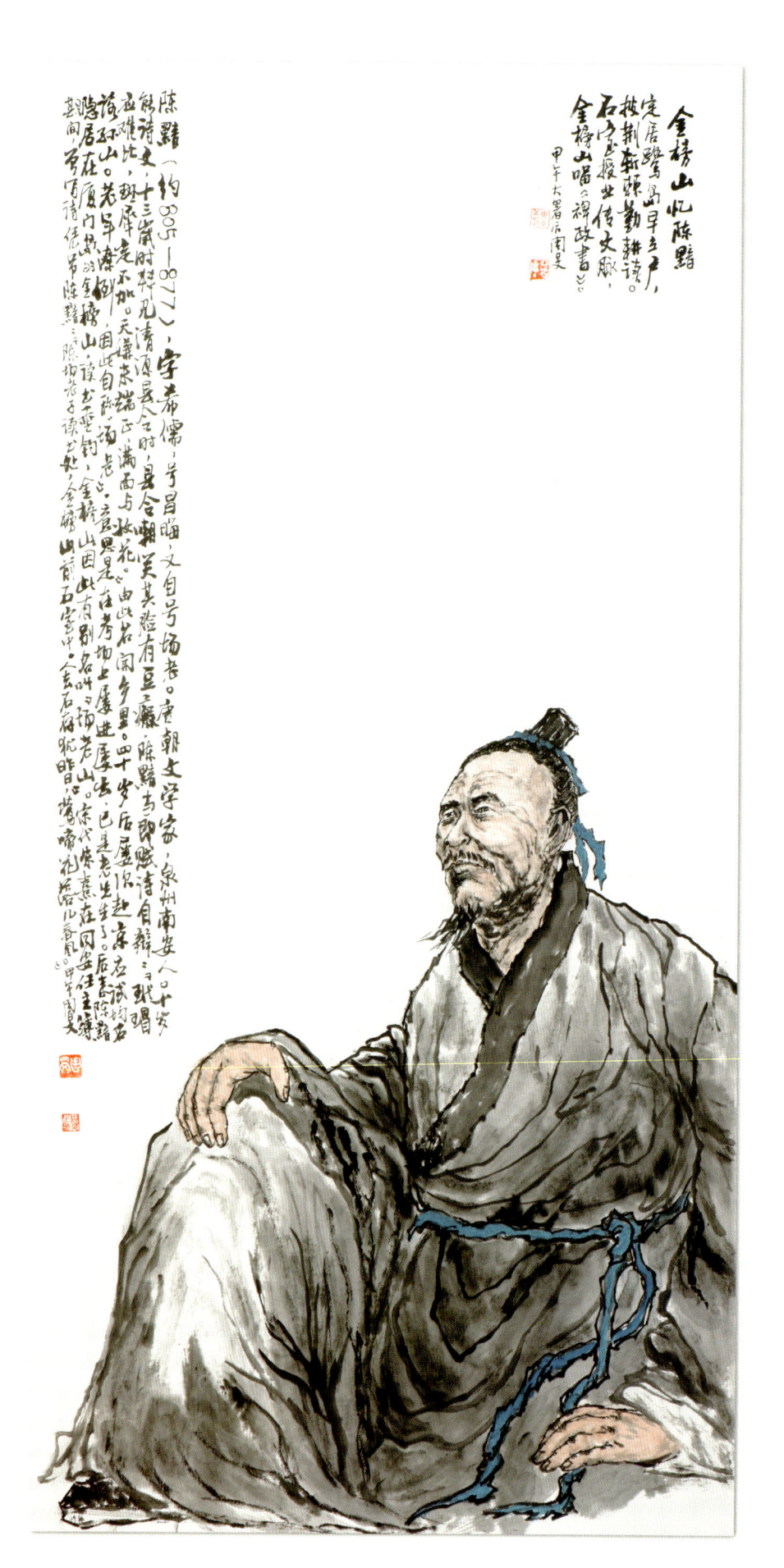

陈黯（约805—877），晚唐诗人，厦门开文脉人物。字希儒，号昌晦，又自号场老。唐朝文学家，泉州南安人。10岁能诗文，13岁拜见清源县令时，县令嘲笑其脸有豆瘢，陈黯当即赋诗自辩："玳瑁应难比，斑犀定不加。天嫌未端正，满面与妆花。"由此名闻乡里。40岁后屡次赴京应试均名落孙山。老年潦倒，因此自称"场老"，意思是在考场上屡进屡出，已是老先生了。后隐居在厦门岛的金榜山，读书垂钓，金榜山因此有别名叫"场老山"。有《裨政书》等著作。

宋代朱熹在同安任主簿期间，曾写诗凭吊陈黯："陈场老子读书处，金榜山前石室中。人去石存犹昨日，莺啼花落几春风。"甲午大暑后，周旻作《金榜山忆陈黯》，诗云：

千年智圆则神圣，
当下理通菩提成。
虚往实归说意味，
宴坐示灭犹永生。

陈陶（约812—约885），字嵩伯，自号三教布衣。《全唐诗》《陈陶传》作岭南人。然而从其《闽川梦归》等诗题，以及称建水（在今福建省南平市东南，即闽江上游）一带山水为"家山"来看，当是剑浦（今福建南平）人。陈陶早年游学长安，善天文历法，尤工诗。举进士不第，遂恣游名山。唐宣宗大中（847—860）时隐居洪州西山（今江西新建县西），后不知所终。有诗十卷，已散佚，后人辑有《陈嵩伯诗集》一卷。其《陇西行》四首之二把残酷现实与少妇美梦交替在一起，造成强烈艺术效果，至今仍脍炙人口。鲜为人知的是，陈陶漫游浙江、福建、广东时，曾路过闽东地区，并留下《旅次铜山途中先寄温州韩使君》等诗。甲午初冬作于厦门，周旻并记。

陈陶《陇西行》：

誓扫匈奴不顾身，
五千貂锦丧胡尘。
可怜无定河边骨，
犹是春闺梦里人。

韩偓（842—923），唐代诗人。陕西万县人。自幼聪明好学，10岁时，曾即席赋诗送其姊夫李商隐，满座皆惊。李商隐称赞其诗是"雏凤清于老凤声"，龙纪元年（889年），韩偓中进士，后入朝历任左拾遗、翰林学士等职，因不依附朱全忠，一再被贬官，于是弃官南下到达江西抚州。威武节度使王审知派人到抚州邀韩偓入闽。在泉州，韩偓受到刺史王审邽父子的礼遇，住泉州西郊招贤院，兴之所至，写下许多名篇。不久，韩偓到南安漫游，认为这里是晚年栖止的理想地点，便在黄旗山山麓的报恩寺旁建房舍，以为寓居之地，时称"韩寓"。并开始耕地砍柴，自称"玉山樵人"，公元923年，病逝于此。

韩偓是晚唐著名诗人，被尊为"一代诗宗"。他初期在朝为官深得昭宗信任，生活优渥奢华，所作诗多是艳词丽句，一如他在南安整理的《香奁集》中所谓的"金闺绣户，始预风流"缠绵浪漫风格的写照。定居南安后，写出："中华地向城边尽，南国云从海上来。四季有花长见雨，一冬无雪却闻雷。"

1933年10月，弘一法师在泉州开元寺期间，曾到泉州西郊潘山，发现"唐学士韩偓墓道"，即上去凭吊，照相留影。后作《〈香奁集〉辨伪》，认为韩偓首先是一位爱国爱乡的诗人。弘一法师喜欢韩偓，他把数首韩偓的诗书写成中堂自悬留念或赠与他人。韩偓入闽，文脉增华。甲午冬月周旻作于厦门，诗赞曰：

悲而能婉柔带刚，
感时七律记衰亡。
千年知遇唯弘一，
《香奁集》外诉衷肠。

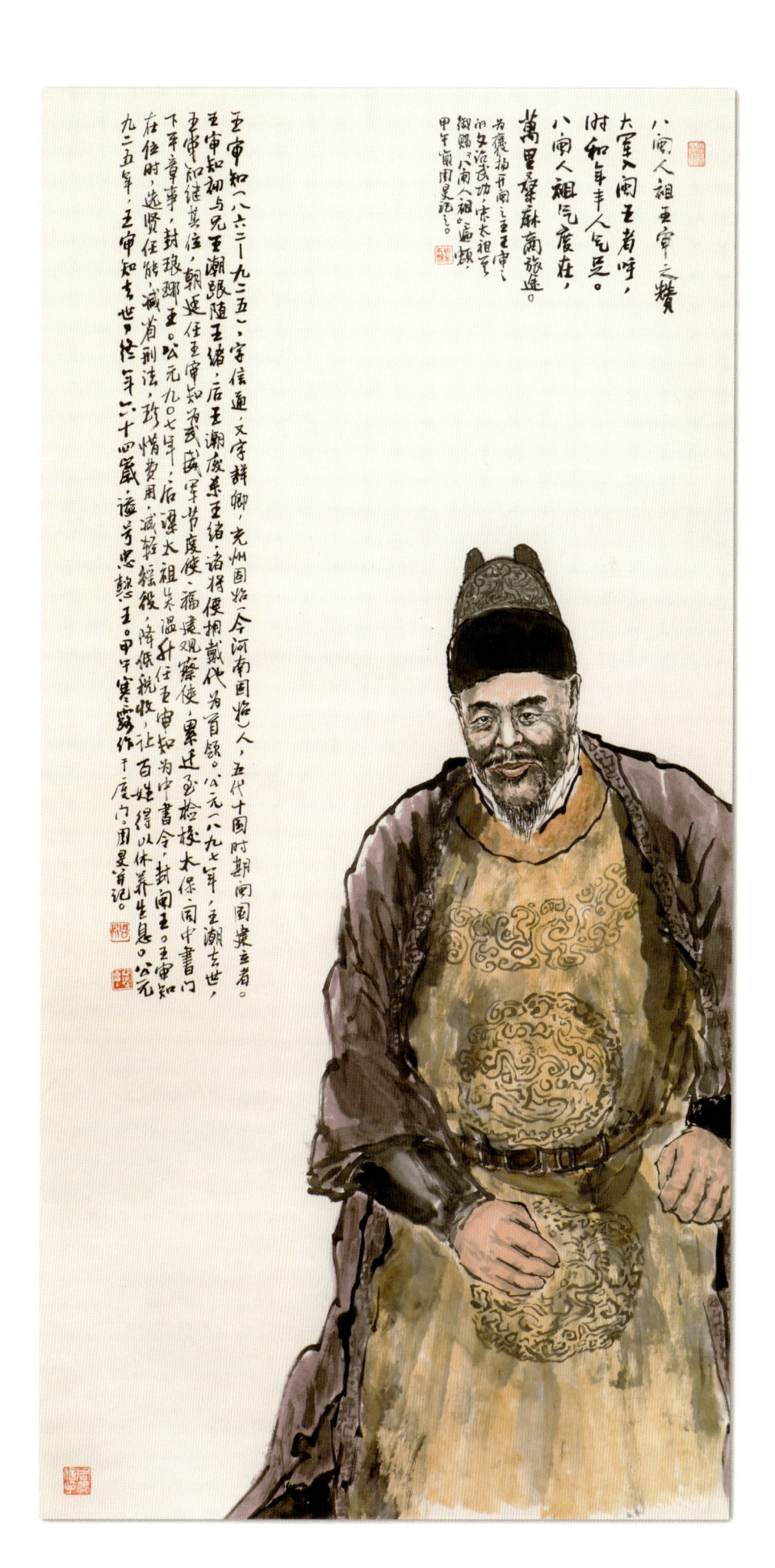

王审知（862—925），开发东南的五代闽国国王。字信通，又字祥卿，光州固始（今河南固始）人，五代十国时期闽国建立者。王审知初与兄王潮跟随王绪，后王潮废杀王绪，诸将便拥戴王潮为首领。公元897年，王潮去世，王审知继其位，朝廷任王审知为武威军节度使、福建观察使，累迁至检校太保、同中书门下平章事，封琅琊王。公元907年，后梁太祖朱温升任王审知为中书令，封闽王。王审知在位时，选贤任能，减省刑法，珍惜费用，减轻徭役，降低税收，让百姓得以休养生息。公元925年，王审知去世，终年64岁，谥号忠懿王。为褒扬开闽之王王审知的文治武功，宋太祖曾御赐"八闽人祖"匾额。甲午寒露周旻记之。诗云：

　　大军入闽王者呼，
　　时和年丰人气足。
　　八闽人祖气度在，
　　万里桑麻商旅途。

妈祖，以中国东南沿海为中心信仰的海神，又称上圣母、天后、天后娘娘、天妃等，这一信仰的主体据说是由一位叫林默的北宋莆田湄洲渔家女丽其真了演变而来的。考察妈祖的生平行状，这一信仰来自民间传说，二〇一五乙未年夏日作于厦门。周旻笔记。

妈祖（生卒年不详），姓林，名默，又称默娘，出生于宋太祖建隆元年（960年），福建路莆田县（今莆田市）湄洲岛螺村人。据说她一出生就不哭不闹，因而取名为默，小名默娘。

据清初《使琉球记》记载，宋朝福建湄洲的林默娘廿八岁时，因父兄驾船驶至闽江口海域，突遇巨风大浪，船毁人溺，默娘得知，飞身入海拯救父兄，因此罹难。遗体随海潮漂至闽江口附近的竿塘岛，为渔民打捞上岸，并就近将她葬在岸边。湄洲乡亲不见默娘下落，认为她羽化升天成仙，遂建湄洲妈祖庙作为纪念。

后来，妈祖成为中国大陆东南沿海地区的海神信仰，又称天上圣母、天圣圣母、天后、天后娘娘、天妃、天妃娘娘、湄洲娘妈等。妈祖的影响力由福建湄洲传播开来，历经千年，对于东亚海洋文化及中国沿海文化产生重大影响，被称为妈祖文化。2009年，妈祖信仰入选联合国非遗代表作名录。甲午岁冬日为妈祖造像，乙未夏周旻重绘并记。诗云：

救父蹈海波涛间，
默娘羽化成天仙。
世间灾难四处有，
妈祖护佑随时现。

杨亿（974—1020），字大年，建宁州浦城（今福建省浦城县）人。7岁能文，10岁能赋诗，11岁时在京城即兴赋诗《喜朝京阙》："七闽波渺邈，双阙气。晓登云外岭，夜渡月中潮。愿秉清忠节，终身立圣朝。"年少时便有"愿秉清忠节，终身立圣朝"之志，太宗甚为赏异。淳化三年（公元992年）赐进士及第，历任著作佐郎、知制诰。真宗时为翰林学士、户部郎中、知制诰，文格雄健，才思敏捷。杨亿博览强记，尤长于修订典章制度。曾参修《太宗实录》，主修《册府元龟》等。

真宗后期，为群小包围，王钦若、丁谓、陈彭年等人，希上邀宠，杨亿侧于其间，遭到排挤，处境艰危。他反对真宗搞劳民伤财的祀神求仙，其仕宦生涯也并不都在馆阁之中，曾多次出任地方官，接触过较为广阔的生活。

杨亿曾与钱惟演、刘筠等人唱和。他将唱和诗编为《西昆酬唱集》。以杨亿为代表的西昆体是北宋初期诗坛上声势最盛的一个诗歌流派，其以李商隐为楷模的诗歌风尚主宰了宋初整个诗坛。西昆体虽然没有能在唐诗之外开辟新的境界，但是相对于平直浅陋的五代诗风而言，它整饰、典丽、深密的诗风毕竟意味着艺术上的进步。在宋初诗坛弥漫着白体和晚唐体崇尚白描、少用典故的诗风背景下，西昆体的出现无疑令人耳目一新。杨亿的诗歌创作与探索为后来欧阳修领导的北宋诗文革新运动提供了经验与教训，是宋诗发展过程中不可缺少的一环。其代表作有《少年游》。

江南时节，水昏云淡，飞雪满前村。千寻翠岭，一枝芳艳，迢递寄归人。

寿阳妆罢，冰姿玉态，的的写天真。等闲风雨又纷纷，更忍向、笛中闻。

神医大道公造像
济世救人医德高，养真悟性勤修道。
医师羽化成神日，保佑众生灵光照。
乙未秋重绘于鹭岛阁旻记

吴夲（979—1036），北宋闽南名医。家乡为宋泉州府同安县明盛乡积善里白礁村。宋高宗绍兴二十年（1150年），颁诏立庙白礁，以祀吴真人。至明永乐十七年（1419年）敕封保生大帝。

保生大帝在台湾及闽南一带俗称"大道公"，因其精通医术，救人无数，被尊奉为神。在中国东南沿海的漳州、厦门、泉州与台湾，以及东南亚一带，坐落着一座座金碧辉煌的保生大帝宫庙。成神之前，吴夲乃是一个医术高明、医德高尚的民间医生。同时，也是一个济世救人、心怀众生的修道之人。杨志《慈济宫碑》记载认为，吴夲生前不吃荤、不娶妻等行为，确是严守戒律的修道之士。

以保生大帝吴夲的故事为题材创作的大型古装神话喜剧《神医大道公》，是第一部展现保生大帝故事的电视剧。这是两岸正式开放影视合作政策之后，第一部大陆与台湾合作的电视剧。先后在央视和台湾播出，获得极高的收视率。乙未岁盛夏酷热，周旻挥汗绘之并记。诗赞曰：

济世救人医德高，
养真悟性勤修道。
医师羽化成神日，
保佑众生灵光照。

柳永（约987—约1053），北宋著名词人，婉约派代表人物。福建崇安人。原名三变，字景庄，后改名永，字耆卿，排行第七，又称柳七。宋仁宗朝进士，官至屯田员外郎，故世称柳屯田。因其官场仕进不顺利，据传仁宗皇帝叫他"且去填词"，断了仕进之路。所以柳永自称"奉旨填词柳三变"，以毕生精力作词，并以"白衣卿相"自诩。其词多描绘城市风光和歌妓生活，或表达相思之情，尤长于描绘抒写羁旅行役之情，其中慢词独多，铺叙刻画，情景交融，语言通俗，音律谐婉，在当时流传极其广泛，有"凡有井水饮处，皆能歌柳词"之说。柳永作为婉约派最具代表性的人物之一，对宋词的发展有重大影响。甲午周旻并记。诗云：

> 晓风残月独自欢，
> 奉旨填词仕进难。
> 慢词长调放声吟，
> 婉约柔情存世间。

蔡襄（1012—1067），字君谟，号蒲阳居士，谥号忠惠，北宋福建路兴化军仙游县人。北宋时期的政治家、书法家和茶学专家。在朝中先后担任过谏官、知制诰和翰林学院兼三司使。在地方，先后出任福建路转运使、龙图阁直学士、知开封府事、枢密直学士、知福州事、知泉州事、端明殿学士知杭州事。蔡襄曾与范仲淹、欧阳修等名臣同朝，为官刚直敢谏。蔡襄在担任泉州地方官时，主持建造了跨海的万安桥（后改称洛阳桥），前后历时7年之久，耗银1400万两，造桥工程规模巨大，方便了周边地区的交通往来。

蔡襄擅书法，在当时被欧阳修、苏轼等人推为"本朝第一"，后人把他与苏轼、黄庭坚、米芾并列为"宋四家"。流传下来的墨迹有《自书诗帖》、碑刻《万安桥记》、《昼锦堂记》等。著有《茶录》、《荔枝谱》等书。甲午岁为蔡襄造像，周旻作于鹭岛并记。诗云：

洛阳江阔系长桥，
故园城郭烟火稠。
山川满眼澄远绿，
万安桥上看晚潮。

苏颂（1020—1101），北宋名相、科学家。字子容，福建泉州府同安县人。出生于厦门同安芦山堂一书香门第，其祖先在唐末随王潮入闽，世代为闽南望族。其父苏绅，中过进士。苏颂从小聪敏好学，经受了严格的家庭教育。苏颂于宋仁宗庆历二年，与王安石同登进士及第后，一生从政五十余载，从地方官到中央官吏，为北宋仁宗、英宗、神宗、哲宗、徽宗五朝重臣，73岁出任宰相，是一位忠君爱国、品德高尚、为官清正、慎重稳健、举贤任能的贤臣良相。

宋代社会繁荣，民间富庶，文学艺术精美，科学技术发达，是当时世界上发明创造最多的国家，也是中国为世界贡献最大的时期。苏颂作《新仪象法要》，并制造水运天文仪，代表了中国古代天文学的成就。苏颂一生博学多才，他在科技方面的成就远远超过他的政绩，主要体现在天文、医药、机械等领域。他创制的水运仪象台、绘制的《本草图经》为中华民族取得多项世界第一，有机械钟表鼻祖之称。

朱熹评苏颂："道德博闻，号称贤相，立朝一节，终始不亏。"朱子为苏颂故居题写对联："存小心与宋千古，知大义惟公一人。"又说："泉人衣冠之盛，自国初以至于今，其间显人或至公卿者多矣。然而终始大节，可考而知，则未有若公之盛者也。"甲午岁初夏周旻敬为苏颂造像并记之。

北宋名相苏颂造像
道德博闻，号称贤相，宇宙天文，勋气飞扬。五朝重臣兴国运，举贤任能领雅量。
乙未孟周旻敬绘

清水祖师（1044—1101），俗姓陈讳荣祖，法名普足，又称麻章上人。诞生于福建省泉州永春县小姑乡。陈荣祖自幼在大云院出家，后有小成，于是便到高太山结茅筑庵，闭关静坐，后经大静山明松禅师指点，参读佛典三年，终于悟道。明松禅师授他衣钵，并告诫他："我佛最大功德，就是行仁，是故要舍弃万缘，以利物济世为职责。"

宋神宗元丰六年，清溪（今福建安溪，南宋时期更名为安溪）彭莱乡（后更名为蓬莱，也是受清水祖师影响）一带大旱，乡人请他去祈雨，立刻甘霖普降，因此被尊称为"清水祖师"。清溪蓬莱刘氏献张岩山，筑一精舍，延请麻章上人居住，并更名"清水岩"，这就是蓬莱祖殿的由来。清水祖师在此修行18年，行医救世、独力募化、修桥铺路，人人称便。清水祖师一生劝造数十座桥梁，既实践了佛教的"济人利物"、"广种福田"的教义，而对百姓而言，修桥铺路又是功德无量的善举，符合了"凡有功德于民则祀之"的原则。清水祖师在世时，以祈雨经常"获应"而闻名，在百姓看来，祈雨获应是因为"道行精严，能感动天地"。所以百姓赋予清水祖师以神奇甚至神秘色彩，泉州、漳州、汀州一带的人都十分崇信他。他在一次说教中端坐而逝，享年65岁。地方人士感念其德泽，屡次奉报朝廷，敕赐"昭应广慧善利慈济大师"封号。

另根据台湾三峡祖师庙说明，清水祖师是北宋京都开封府祥符县人（今河南开封），曾追随宋丞相文天祥义举勤王，英勇抵抗元兵，转战大江南北，是抗元扶宋的民族英雄。清水祖师生前隐居于福建清水岩，仙逝后明太祖追念他功在国家，敕封为"护国公"，昭命于福建省安溪县清水岩建立祠堂崇祀，因此福建安溪人称他为"祖师公"，其庙宇称为"祖师庙"。但这只是台湾信众的另一种说话，安溪县志记载清水祖师确实出身庙宇。诗云：

滴水苦行筑庙宇，
行医修桥早祈雨。
甘霖普降施德泽，
清水岩上功德殊。

杨时（1044—1130），南宋理学家。字中立，福建将乐县人。杨时是理学南传的重要人物，被后世推为"道南先生"、"闽学鼻祖"。熙宁九年进士，历官浏阳、余杭、萧山三地知县，荆州教授，工部侍郎，以龙图阁直学士专事著述讲学。晚年隐居龟山，学者称龟山先生。先后学于程颢、程颐，同游酢、吕大临、谢良佐并称程门四大弟子。又与罗从彦、李侗并称为"南剑三先生"。被奉为"程氏正宗"，著有《二程粹言》等。

宋元祐八年（1093年）5月，杨时投于程颐门下，到洛阳伊川至院学习，那时，杨时已40岁，且对理学已有相当造诣，但他仍谦虚勤勉，留下"程门立雪"的千古佳话。杨时安于州县，四方之士不远千里从之游。他继承二程思想，一生精研理学，特别是他"倡道东南"，对闽中理学的兴起，建有筚路蓝缕之功，被后人尊为"闽学鼻祖"。他的著述颇多，主要收集在《杨龟山先生文集》中。他的哲学思想继承了二程的思想体系，被后人称之为"程氏正宗"。杨时还用《华严宗》《易经》的内容来阐述他的哲学思想，并用孔孟的《大学》《中庸》《孟子》中"格物致知"、"诚"、"形色"、"天性"等概念来丰富、扩充自己的思想。他的哲学思想对后来的罗从彦、李侗、朱熹等人产生了深刻的影响，也对我国的古代哲学，特别是思辨哲学方面产生过深远的影响；并流传到国外，在韩国、日本的影响很大。诗赞曰：

立雪程门向晚风，
四十南望故园中。
忆得亲庭谁共语，
博物天伦道亦同。

蔡京（1047—1126），字元长，北宋权相之一、书法家，著名书法家蔡襄的堂弟，兴化仙游（今福建仙游枫亭）人，北宋熙宁三年进士及第，先为地方官，后任中书舍人，改龙图阁待制，知开封府。崇宁元年为右仆射兼门下侍郎即右相，后又官至太师。蔡京先后四次任相，共达17年之久。蔡京是王安石变法的得力干将，在宋代财税制度、社会福利制度等方面多有建树。在任时设应奉局和造作局，大兴花石岗之役；建延福宫、艮岳，耗费巨万；设西城括田所；为弥补财政亏空，他改盐法和茶法，铸当十大钱。北宋末，太学生陈石上书，称蔡京为"六贼之首"。宋钦宗即位后，蔡京被贬岭南，途中死于潭州（今湖南长沙）。

蔡京的艺术天赋很高，时有才子的美称，他与宋徽宗等皇家艺术人才，引领宋代文艺风气，创作出许多文艺精品，特别是书画精品。他在书法、诗词、散文等领域都有很高造诣，存世书有《草堂诗题记》、《节夫帖》等。乙未2015年初周旻为仙游蔡京造像，诗云：

苏黄米蔡书艺扬，
米颠愿将第一让。
权相声损盛名落，
只把蔡京换蔡襄。

游酢（1053—1123），宋代理学家。字定夫，号豸山，福建建阳禾平里人。游酢是宋代理学家、教育家、书法家，学者称广平先生。1083年进士，精于吏治，政绩显著。历官大学博士、教授、监察御史、知州等职。

1072年，游酢赴河南洛阳，师从理学家程颢、程颐，为程门四大弟子之一。1093年，游酢、杨时冒着大风雪来到程家，正好程颐在打盹，游酢与杨时不敢打扰程夫子，只得毕恭毕敬站在旁边守候，等程夫子醒来时，门外积雪已一尺厚了。这个"程门立雪"的故事，千古流传，成为尊师重道的佳话。

游酢著有《易说》、《中庸义》、《论语杂解》、《孟子杂解》等。游酢学术上师承二程，并将理学传于福建，为闽学的创始者，被誉为"闽学鼻祖"。游酢的学生中著名的有黄中、胡文定、胡宪、吕东莱等人。黄中既是游酢门人，又是游酢的外甥，深得游酢的器重。朱熹是黄中的学生，所以朱熹是游酢的三传弟子。朱熹对游酢极为崇拜，深受游酢理学思想影响。朱熹在他的《四书集注》中引用了许多游酢语录。朱子理学体系的形成深受游酢、杨时影响。游酢、杨时对传播理学、开创闽学做出巨大贡献，堪称闽学的"开山鼻祖"。2015乙未年正月初五敬绘于厦门，周旻并记。诗赞曰：

程门立雪美名扬，
洛学南移作桥梁。
三传弟子说经典，
闽学源流此开张。

抗金名臣李刚

胡尘突袭卷靖康，
举旗督军护汴梁。
天意从来高难问，
抗金两月即罢相。
乙未之夏重绘周昊记。

李刚（1083—1140），字伯纪，祖籍福建邵武，祖父一代迁居江苏无锡。宋徽宗政和二年（1112年）进士，与赵鼎、李光和胡铨合称"南宋四名臣"。历官太常少卿。靖康元年，金兵初围开封时，他力阻钦宗迁都，以尚书右丞任亲征行营使，团结军民，击退金兵。宋代后期研制成功世界上最早的原始炮管和大炮射弹。1126年（靖康元年），金人围攻汴京，李纲在守城时曾用霹雳炮击退金兵，"夜发霹雳炮以击贼，军皆惊呼"。不久李刚遭到排斥。宋高宗即位，用李刚为尚书右仆射兼中书侍郎。他主张用西河义军收复失地。在职七十余天即被罢免。后历任湖广宣抚使等职，多次上疏陈说抗金大计，都未被采用。

朱熹评价李纲："纲知有君父而不知有身，知天下之安危而不知身之有痼疾，虽以谗间窜斥频九死，而爱国忧君之志终不可夺者，可谓一世伟人矣。"甲午秋为名臣李刚造像，诗赞之：

胡尘突袭卷靖康，
举旗督军护汴梁。
天意从来高难问，
抗金两月即罢相。

吴激（1090—1142），宋金时期的作家，书画家。建州（今福建建瓯）人。北宋宰相吴栻之子，书画家米芾之婿。北宋钦宗靖康二年奉命使金，次年金人攻破东京，金人慕其名，强留不遣回，命吴激为金翰林待制。天会十四年十月，为高丽王生日使，出使高丽。金皇统二年（1142年）出知深州（今河北深县），到官三日卒。有《东山集》、《东山乐府》，已佚。

吴激善诗文书画，所作词风格清婉，多故园之思，与蔡松年齐名，时称"吴蔡体"，并被元好问推为"国朝第一作手"。甲午岁末周旻并记。录吴激词《人月圆》：

南朝千古伤心事，犹唱后庭花。
旧时王谢，堂前燕子，飞向谁家？
恍然一梦，仙肌胜雪，宫髻堆鸦。
江州司马，青衫泪湿，同是天涯。

张元幹（1091—约1161），南宋爱国词人。字仲宗，号芦川居士，晚年自称芦川老隐。今福建永泰人。历任太学上舍生、陈留县丞。金兵围汴，秦桧当国时，入李纲麾下，坚决抗金，立谏死守。曾赋《贺新郎》词赠李纲，后秦桧闻此事，以他事追赴大理寺除名削籍。张元幹尔后漫游江浙等地，客死他乡，卒年约七十，归葬闽之螺山。张元幹与张孝祥一起号称南宋初期词坛双璧。他是北宋末年和南宋初年一位承前启后的词人，继承了苏轼豪放的词风，将现实重大事件引入词中，旗帜鲜明地加以艺术创作并加以政治评论。对于传统词而言，确实起到开拓词的境界的作用，从而赋予词新的生命，对南宋的辛弃疾词派产生重要影响。甲午冬周旻为张元幹造像并记。诗云：

欲揽天河还至尊，
磊落壮怀谁与论？
耻附求和割地术，
挂冠举杯意难申。

郑樵（1104—1162），史学家。字渔仲，南宋兴化（今福建莆田）人，世称夹漈先生。郑樵是中国宋代著名史学家、目录学家。他的著述达八十余种，但流传下来的仅有《夹漈余稿》、《尔雅注》、《诗辨妄》、《六经奥论》和《通志》等。《通志》为郑樵的代表作。该书收录了郑樵平生著作择要的"十二略"，其中的《昆虫草木略》是中国古代一部重要的、专门论述植物和动物的文献。

郑樵一生不应科举，专心著述。据方志史料记载，郑樵一生三次赴南宋京都临安献书。大理学家朱熹千里迢迢来到夹漈草堂，请郑樵给他的《四书集注》提修改意见。从一个山林穷儒到成为具有世界影响的大史学家，郑樵矢志不移立志史学传承，提倡实学，注重实践，富于科学研究的精神，都值得后人学习。甲午晚岁周旻记之。诗云：

皓首穷经著《通志》，
昆虫草木皆入时。
山林穷儒屡献书，
朱子曾经问修辞。

朱熹（1130—1200），世称朱子，著名的理学家、思想家、哲学家、教育家、诗人、闽学派的代表人物。字元晦，号晦庵，晚称晦翁，又称紫阳先生。出生于南宋剑州尤溪。朱熹曾为宋宁宗皇帝讲学。做官清正，振举书院建设。辑定《大学》、《中庸》、《论语》和《孟子》为四书，作为教本立于学宫，自宋朝至今八百余年。其一生为学，穷理及致其知，反躬以践其实。绍兴十八年，朱熹考中进士，被任泉州同安县主簿，从此开始仕途生涯。

在宋代，学术上造诣最深、影响最大的是朱熹。他总结了以往的思想，尤其是宋代理学思想，建立了庞大的理学体系，成为宋代理学之大成，其功绩为后世所称道，其思想被尊奉为官学，而其本身则与孔子圣人并提，称为"朱子"。朱熹一生热心于教育事业，孜孜不倦地授徒讲学，无论在教育思想或教育实践上，都取得了重大的成就。

朱熹在世之时，曾经整顿了一些县学、州学，又亲手创办了同安县学、武夷精舍、考亭书院，重建了白鹿洞书院和岳麓书院，并且还亲自制定了学规，编撰了"小学"和"大学"的教材。培养了一大批知识分子，其中包括不少著名的学者，形成了自己的学派。

在元朝、明朝、清朝三代，理学一直是封建统治阶级的官方哲学。元朝皇庆二年（1313年）复科举，诏定以朱熹《四书章句集注》为标准取士，朱学定为科场程式。明洪武二年（1369年），科举以朱熹等"传注为宗"。甲午岁周旻敬为朱熹先生造像，乙未年盛夏重绘，并录其诗《观书有感》如下：

半亩方塘一鉴开，
天光云影共徘徊。
问渠哪得清如许，
为有源头活水来。

辛弃疾（1140—1207），南宋豪放派词人。字幼安，号稼轩居士，山东洛南人。生于金国，少年抗金归宋，曾任江西安抚使、福建安抚使等职。辛弃疾是中国南宋豪放派词人，与苏轼合称"苏辛"。辛弃疾在福建期间，与朱熹结下了友谊。辛弃疾任福建提刑兼福建路安抚使不久，便亲自往建阳考亭向闲居于此的朱熹问政。朱熹赠他三句话："临民以宽，待士以礼，驭吏以严。"希望他政教并化，宽严齐用。辛弃疾虚心听取忠告，在福建治政声名鹊起。甲午年为辛弃疾造像，周旻作于厦门。辛弃疾《破阵子·为陈同甫赋壮词以寄》：

醉里挑灯看剑，
梦回吹角连营。
八百里分麾下炙，
五十弦翻塞外声。
沙场秋点兵。
马作的卢飞快，
弓如霹雳弦惊。
了却君王天下事，
赢得生前身后名。
可怜白发生。

黄槐（生卒年不详），出生在北宋哲宗元祐年间，福建寿宁境内第二位进士。今寿宁县韶托村人。宋徽宗政和年间举进士第，任徽州尹，在任徽州知州期间，徽州境内蝗、旱灾害频频，农作物颗粒无收，灾民流离失所，黄槐忧心如焚，他上表奏请朝廷减免徭役赋税，开仓放粮赈灾。朝廷不准赈灾，还继续横征暴敛。为拯救数十万徽州人民，无奈之下，黄槐决定放弃仕途富贵，传令所辖州县全部打开粮仓，赈济灾民。黄槐自知私放官粮赈灾，朝廷不会放过自己，为避祸，改名为黄山，挂印弃官，取道江西遁回老家韶托。寿宁当时尚未建县，境内虎豹肆虐，黄槐组织乡亲狩猎除害，因为这一经历，寿宁周宁一带猎户把黄槐奉为祖师爷和守护神。黄槐还捐资建馆办学。

为了纪念黄槐的开化之功，寿宁民众将黄槐尊奉为"黄山公"，并广为建庙祭祀。目前已知闽浙境内黄山公庙达数百座。2015年春，随省委党校46期厅级干部进修班前往寿宁调研，访得黄槐事迹，周旻记之。

开仓放粮急赈灾，
明知临祸不徘徊。
挂印弃官虎狼伴，
除害安民济贤才。

邹应龙（1173—1245），状元，南宋名臣。字景初，福建泰宁人。南宋官员。是五代后梁尚书在仆射邹勇夫的十一代嫡孙，其父邹徽为地方名儒，工诗文，善词章，母亲叶氏，有孟母般贤德之称。少年邹应龙仰慕爱国名相李纲，胸怀报国大志，曾负米凿阶登上杉城长头寸山崖古岩洞中潜心攻读。南宋庆元元年24岁时中解元，庆元二年中状元。入仕24载，为官24任，历任翰林编修，皇帝侍读，州府官员，户部、工部、刑部，礼部四部尚书，端明殿大学士，枢密院签书，参知政事（副宰相）等朝廷军政要职。开禧年间反对韩侂胄北伐金国，被排斥。后又因与史弥远政见不合，遭排斥。

晚年邹应龙辞职归隐故乡泰宁，在南郊筑一小屋闲居，过着清贫的生活。宋理宗亲书"南谷"二字送他，并封他为太子少保，开国公。淳祐五年四月，邹应龙在家乡泰宁去世。2015年4月周旻画于榕城并记。

宋慈（1186—1249），南宋著名法医。字惠父，福建建阳人，与理学大师朱熹同乡。祖籍河北邢台，唐相宗璟后人。

绍定四年（1231年），宋慈被任命为长汀知县。彼时县境百姓苦于盐价高昂，从海口溯闽江，盐运至长汀，要隔年才能运到。他莅任之初，改从潮州沿韩江、汀江而至长汀，往返仅3月，大大节省运费。官府将盐廉价出售，百姓无不称颂。

淳祐五年（1245年），转任常州知州，议重修《毗陵志》，开始编辑洗冤录资料。任满，转任广西提点刑狱，巡行各部，雪冤禁暴，虽偏僻恶溺处所，亦必亲往视察。宋慈廉政爱民，执法严明。尤其是"于狱案，审之又审，不敢萌一毫慢易心"。

淳祐七年（1247年），任直秘阁、湖南提点刑狱使。是年冬，撰成《洗冤集录》。

南宋淳祐八年（1248年），任宝谟阁直学士，奉命巡回四路，掌管刑狱。听讼清明，决事果断。翌年，升任焕章阁直学士、广州知州、广东经略安抚使。他忽患头晕病，但仍然参加祭孔典礼。从此委顿不起。同年三月初七逝世于广州官寓，享年64岁。

宋慈是南宋著名法医学家，中外法医界普遍认为是宋慈于公元1235年开创了"法医鉴定学"，因此宋慈被尊为世界法医学鼻祖。宋慈所著《洗冤集录》是世界上最早的法医专著，在中国元、明、清三朝是刑、法官必读之书，先后被译成法、英、荷等多种文字。他比意大利佛图纳图·菲得利写成于公元1602年的同类著作要早350多年。2014年深秋周旻作于厦门。诗云：

理学传人不盲从，
大辟罪须细验容。
《洗冤集录》多良法，
法医鼻祖尊此公。

陈容（生卒年不详），南宋书画家，生卒年月不详。字公储，号所翁。福建长乐人。南宋理宗端平二年（1235年）进士，曾官郡文学，入为国子监主簿，出守莆田，又入贾似道幕中，还做过当时温州县令，一生坎坷。其诗文豪壮，与书法有异曲同工之美。擅长画龙，画松石竹子，偶而也画虎，名重一时。2015年初夏周旻作于厦门。

神龙腾挪入云端，
　画笔沉雄复坦然。
莆田太守温州令，
　生卒无痕也孤单。

刘克庄（1187—1269），南宋词人。字潜夫，号后村居士，福建莆田人。以父荫入仕，曾任建阳、仙都县令。因写《落梅》诗，得罪权贵，废置十年。宋理宗淳祐六年赐同进士出身。历任枢密院编修、中书舍人、兵部侍郎等。以龙图阁直学士致仕。

南宋时期的赣闽地区，民贫、地狭、人稠，人民处于水深火热中，民反和兵乱频频发生。刘克庄与宋慈友善，当时安抚使郑性之慕宋慈有拨乱反治之才，延入幕府参预军事。刘克庄饯别宋慈时写下《满江红·送宋惠父入江西幕》一词。当时，江西南部三峒里少数民族发生变乱，赣南数百里地方都很混乱，刘克庄在词中不仅希望宋慈尽快平定叛乱，好快点回家。也劝友人不要残酷镇压起义的峒民，而应采取招安的措施，妥善处理好这件事，宋慈听后当场允诺。这件事表现出刘克庄对处理复杂社会矛盾的政治判断力。

刘克庄是宋代江湖派最大作家，写出不少忧国伤时之作。其词亦著名，多感时伤事，风格豪放悲壮，近辛弃疾词。著有《后村大全集》169卷。乙未初夏周旻为刘克庄造像，录其《落梅》诗：

一片能教一断肠，
可堪平砌更堆墙。
飘如迁客来过岭，
坠似骚人去赴湘。
乱点莓苔多莫数，
偶粘衣袖久犹香。
东风谬掌花权柄，
却忘孤高不主张。

严羽（生卒年不详），南宋诗论家、诗人。福建邵武人，字丹丘，自号沧浪逋客。据其诗可推知他主要生活于宋理宗在位期间，至宋度宗即位时仍在世。严羽生活在南宋末年，一生未曾出仕，大半隐居在家乡。但在元军入侵、国势垂危之际，仍很关心时事，从其诗歌《壮伐行》《四方行》《有感六首》等可见一斑。所以宋人戴复古说他"飘零忧国杜陵老，感遇伤时陈子昂"。

严羽最重要的成就在于诗歌理论，著有《沧浪诗话》。提出"兴趣说"和"妙悟说"，以禅喻诗，总论诗歌艺术特征。《沧浪诗话》约写成于南宋理宗绍定、淳化年间，它系统性、理论性强，是宋代最负盛名、对后世影响最大的一部诗话。甲午初冬周旻为严羽造像并记。诗云：

布衣立志论诗豪，
格比开元天宝高。
沧浪濯水任自由，
高古深远逸趣飘。

蒲寿庚（1205—1290），又称蒲受畊，号海云，宋末元初人，阿拉伯（色目）商人后裔。任泉州市舶司30年，后叛宋降元，终生显赫。中国宋元时期著名穆斯林海商、政治家、军事家。其先辈系10世纪之前定居占城（越南）的西域（阿拉伯）海商。约11世纪移居广州，经营商舶，成为首屈一指的富豪。

蒲寿庚居泉州城外法石云麓村。宋末官至福建行省安抚沿海都制置使兼泉州市舶司提举，专管海外贸易。蒲寿庚在南宋末继承父业，经营香料海外贸易，并协助官府平海寇有功被授官职，亦官亦商，不但拥有雄厚的海上实力，而且掌握着闽粤两省的军事、民政大权，成为宋元鼎革之际一位举足轻重的人物。

1276年，元军攻占南宋都城临安（今杭州），俘5岁的南宋皇帝恭宗。此时南宋孤臣陆秀夫、文天祥和张世杰等人连续拥立了两个幼小的皇帝（端宗、幼主），成立小朝廷。南宋皇族逃往泉州，"欲都泉州"，此时的蒲寿庚已经通敌，端宗等人无法进入城内，只好待在东海法石寺。张世杰向蒲借船被拒，抄没其财产，蒲寿庚进而"尽杀南外宗室"，并且追杀皇帝端宗和末帝，导致二位皇帝进一步南逃。1277年，张世杰复返围城，尽管得到当地百姓和士族武装的支持，但元兵增援，宋军腹背受敌，围城未果撤回。

景炎元年（1276年），元丞相伯颜率军南下，暗中遣人招安，12月蒲寿庚与元朝势力结盟。至元十五年（1278年），任福建行省中书左丞，终元代一朝，蒲寿庚家族掌控海上贸易，独霸市舶，扮演着泉州土皇帝的角色，在他们的维护之下，泉州迎来了城市历史上的所谓"伊斯兰黄金年代"。蒲寿庚被元朝廷所重用，先后授命招谕20多个国家和地区的舶商来泉州贸易，促使泉州港的海外贸易达到空前鼎盛。诗云：

擅蕃舶利三十年，
弃宋降元留史谈。
丝绸之路刺桐始，
第一大港潮头看。

文天祥（1236—1283），自号文山、浮休道人。江西吉安庐陵人。宋末政治家、文学家、爱国诗人、抗元名将，民族英雄。与陆秀夫、张世杰并称为"宋末三杰"。宝佑四年状元及第，官至右丞相，封信国公。

文天祥曾在福建南平开都督府举兵起义抗元，得到南平人民的大力支持，茫荡山莲花峰上仍有文天祥遗迹文山城墙，文天祥经过清流时写下了"山高不碍乾坤眼，地小能容宰相身"的诗句。

当时，到了福安之后，情况起了变化。皇帝仍被陈宜中等人把持。虽然文天祥由行朝给了官职，但是不允许在行朝工作，连要求开府于永嘉（温州）也不允许，最后决定让其开府于南剑（福建南平），不久又移开府于汀州再至漳州，于此可知文天祥这个枢密使、都督诸路军马职衔，不过是一个形同虚设的官衔名称而已。这一时期，文天祥在诗词写作上，开始显露出后期阶段的特色，大都有对人生旅途多"险阻艰难"未尽如人意的感叹。

在五坡岭，文天祥被元军抓住，宁死不降。文天祥与忽必烈谈判，后者提出的条件是做官或处死，文天祥选择处死。在刑场，文天祥向南方跪拜，从容就义，时年47岁。文天祥的妻子政阳氏收尸时，在其衣带中发现绝笔，自赞："孔曰成仁，孟曰取义；惟其义尽，所以仁至。读圣贤书，所学何事？而今而后，庶几无愧！"文天祥著有多篇作品，以《过零丁洋》诗和在狱中所题《正气歌》最为人所熟知和称道。其中，"人生自古谁无死，留取丹心照汗青"乃千古绝句。乙未春日周旻并记。文天祥《过零丁洋》：

辛苦遭逢起一经，干戈寥落四周星。
山河破碎风飘絮，身世浮沉雨打萍。
惶恐滩头说惶恐，零丁洋里叹零丁。
人生自古谁无死？留取丹心照汗青。

郑思肖（1241—1318），宋末诗人、画家。福建连江人。曾以太学上舍生应博学鸿词试。元军南侵时，曾向朝廷献抵御之策，未被采纳。以后客居吴下，寄食报国寺。原名不详，宋亡后改名思肖，因肖是宋朝国姓赵的组成部分。字忆翁，表示不忘故国，号所南，表示日常坐卧要向南背北。亦自称菊山后人、景定诗人、三外野人、三外老夫等。

南宋灭亡后，郑思肖学习伯夷、叔齐不食周粟的精神，不臣服蒙元的统治，自称"孤臣"。郑思肖原与宋宗室、著名画家赵孟頫交往较多，后赵孟頫降元并任官，郑思肖即与其断交。郑思肖擅画兰，宋亡后，所画兰均无土和根，寓意土地已沦丧于异族，无从扎根。每逢岁时，望南野哭而拜。著有《心史》、《郑所南先生文集》等。乙未清明，周旻并记。郑肖思《寒菊》诗云：

花开不并百花丛，
独立疏篱趣未穷。
宁可枝头抱香死，
何曾吹落北风中。

马可·波罗（1254—1324），13世纪意大利旅行家和商人。17岁时跟随父亲和叔叔，沿陆上丝绸之路前来东方，经两河流域、伊朗高原、帕米尔高原，历时4年，于1275年到达元朝大都（今北京）。他在中国游历了17年，曾担任元朝官员，访问当时中国的许多地方，到过云南和东南沿海。

1289年，波斯国王阿鲁浑的元妃去世，阿鲁浑派出三位专使来元朝求婚，忽必烈选定阔阔真为元宝公主，马可·波罗趁机向忽必烈请求参与护送人物，在完成使命后，他们可以顺路归国。1292年春，马可·波罗随三使者护送阔阔真公主从泉州起航出海到波斯成婚。

1295年马可·波罗一家回到意大利。后来，马可·波罗在一次海战中被俘，在狱中他口述了大量有关中国的故事，其狱友鲁斯蒂谦写下著名的《马可·波罗游记》。《马可·波罗游记》记述了马可·波罗在中国的见闻，这个东方最富有的国家，激起了欧洲人对东方的热烈向往，对以后新航路的开辟产生了巨大的影响，同时也是研究我国元朝历史和地理的重要史料。2015年6月周旻为马可·波罗造像，时闽南梅雨未歇，而凤凰花已满城开遍。诗赞曰：

扬帆出海别刺桐，
回望温陵最繁荣。
偶像教徒满街走，
船舶万余过眼中。

林希元（约1482—1567），明代廉史、理学家。字茂贞，号次崖，福建同安县（今翔安区垵山山关村）人，明正德十二年进士。初督学岭南，继授大理寺评事。林希元因上书直言，揭露宦官搜刮地方民财，贿赂朝廷权贵，触怒朝廷，被解官归家。后由正直朝臣举荐，复起为大理寺丞。辽东发生兵变，林希元认为兵变起因是采用姑息政策，再次得罪朝中制定政策的利益集团。

嘉靖十四年（1535年）林希元知钦州，在广西钦州三年期间，林希元"兴利除弊，约身裕用，严正不挠，豪猾屏迹"。其所撰《嘉靖钦州志》是研究南方政治、经济、文化、军事和社会生活的珍贵资料。他在任所劝农功、建桥梁，深得民心。钦州任满，升广东按察司佥事。

林希元一生著述颇丰，主要有《易经存疑》、《林次崖先生文集》、《荒政丛言》、《四书存疑》等19种。乙未岁初为同安廉史林希元先生造像，周旻敬绘并记之。诗云：

时弊当前悉直谏，
知行合一行为先。
钦州桥上凝望眼，
同安廉史林希元。

张经（1492—1555），明代抗倭英雄。字廷彝，号半洲，福建侯官县（今福州洪塘乡）人。明正德十二年进士。嘉靖三十二年起为南京户部尚书，改兵部。次年五月，以东南倭寇猖獗，命张经总督江南、江北、浙江、山东、福建、湖广诸军，专办讨倭，时倭二万余人占据柘林、川沙，张经选将练兵，并请调粮草、土兵。嘉靖三十四年五月初一日，张经获王江泾大捷，杀敌1980多人，为抗倭以来第一战功。而严嵩亲信、视察江南军情的工部右侍郎赵文华，为攘夺其功，竟在张经报捷之前秘密上疏，将战功据为己有，并诬陷张经畏贼失机，不出兵作战。首辅严嵩即禀报世宗皇帝，说赵文华所言皆为事实。世宗大怒，下诏逮捕张经，不听说明实情，将张经下狱论死。

张经有智勇，能用兵，在江南抗倭期间能御将帅，守要害，有功无罪，却被严嵩、赵文华陷害而死。每读至此，不禁扼腕叹息！福州于山下有一座报恩定光多宝塔，始建于唐天佑元年，明代嘉靖年间被雷火焚毁。张经守孝期间，与状元龚用卿倡议募资重建砖塔，运来上好的青砖并请名师修复，外涂白灰，俗称白塔。在白塔青砖墙壁上，留下张经这首诗（录于下）。甲午周旻为张经造像并记。录张经诗云：

燕王本意筑金台，
只谓能收济世才。
何事荆轲终远去，
空怜乐毅不归来。
平沙古嶂河山在，
落日鸣琴草木哀。
三辅云晴瞻北极，
九重宫阙自天开。

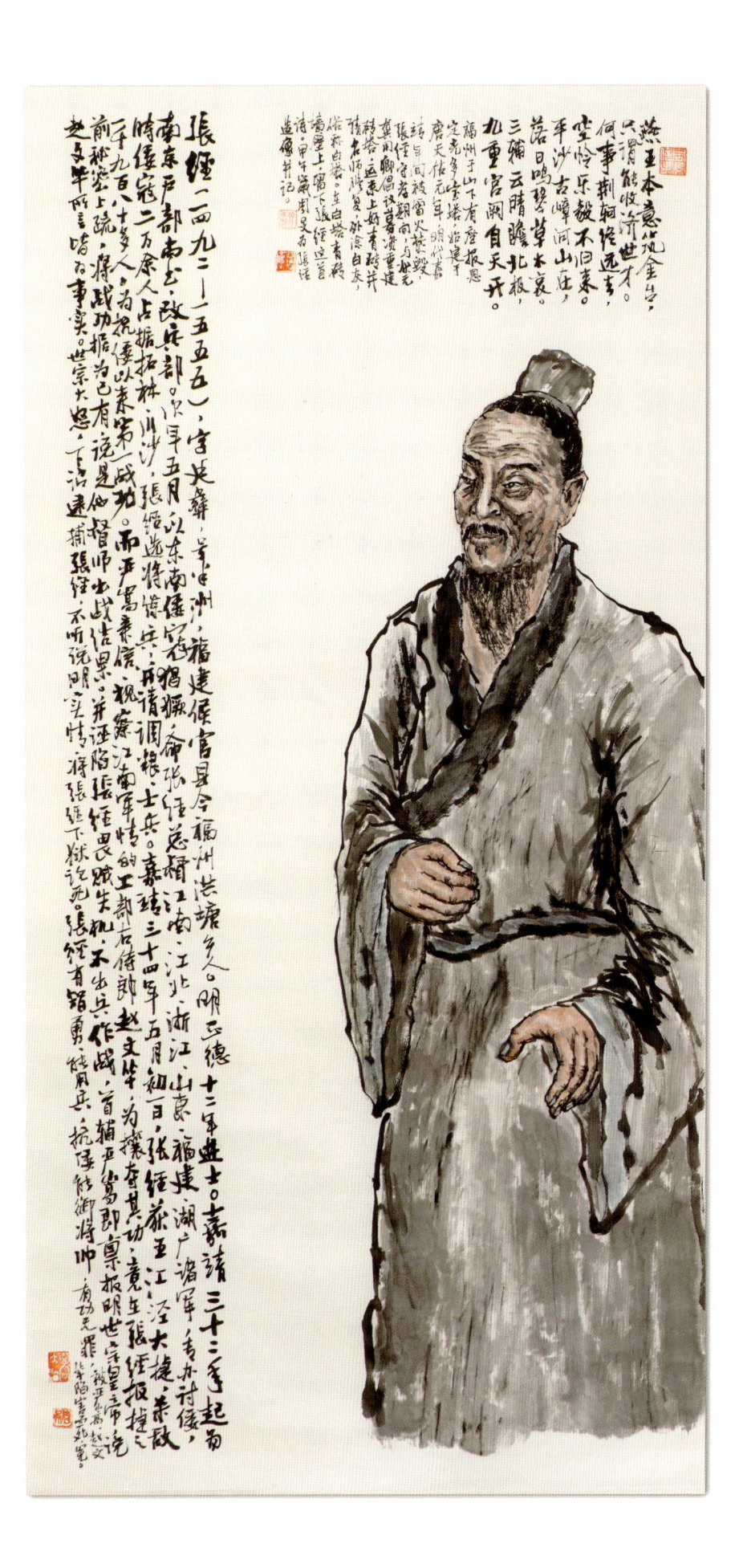

郑堂（生卒年不详），明代福州人。郑堂被称作民间智多星。他县试中了秀才后，乡试就没了名，原因是他考试时很快把考卷写完，然后在卷末写诗画画，主考官看了十分生气，郑堂也不买账，从此无意功名。郑堂住在福州朱紫坊，传说在祭灶这一天，曾被他戏弄过的富人给他送了口棺材想让他晦气一下，没想到郑堂把棺材劈开，丢进火里烧掉，边烧边唱："郑堂放火炮，除死（意指一生）无大灾。"这句话一直流传到现在。郑堂对贪官污吏为富不仁者及悍妇、地痞流氓疾恶如仇，常施计巧夺贪官们的钱财，屡屡得手，却没人奈何得了他。

郑堂的故事广为流传，表达了民间智慧和善恶取向。甲午岁末为福州名士郑堂造像，周旻并记。诗云：

落魄秀才弃功名，
智斗土豪场场赢。
世间总有不平事，
唤取民间智多星。

俞大猷（1503—1579），明代抗倭名将。字志辅，号虚江，福建晋江人。明代抗倭名将、军事家、武术家、诗人、民族英雄。俞大猷一生几乎都在与倭寇作战，战功显赫，他所率领的俞家军甚至能将敌人吓退，与戚继光并称为"俞龙戚虎"，扫平了为患多年的倭寇以及趁机作乱的伪倭寇。

俞大猷虽然战功累累，却经常被弹劾而遭到免官，甚至多次被他人冒领军功。但俞大猷却从来不会计较，仍旧全力打击倭寇。俞大猷创立兵车营，设计创造了用兵车对付骑兵的战术。官授平蛮将军，死后被追谥为武襄。甲午秋分后周旻作。诗云：

战功累累遭免官，
抗倭斗志勇无前。
兵车营阵破骑兵，
俞龙戚虎威名传。

黄光升（1506—1586），字明举，号葵峰，明泉州晋江潘湖垵边临漳人。累官户刑二尚书，是明代一位倡导教育兴国、尊师重教的政治家、军事家、法学家、水利学家和历史学家。在朝时曾两次得罪当政宰相夏言，被逐出朝廷，后任浙江佥事三年。进参议，调任广东副使，转任四川参政、广东按察使、四川布政使等。

嘉靖四十一年（1562年）十月，黄光升被召入北京任刑部尚书。时严嵩秉政，黄光升在任刑部尚书五年内不与私交。嘉靖四十五年（1566年），户部主事海瑞买棺材，别妻子，散童仆，以死上疏，劝说世宗不要相信陶仲文这班方士的骗术，应振理朝政，因而激怒世宗，诏命下狱论死。宰相徐阶力救海瑞，黄光升则把海瑞上疏比拟儿子骂父，以减轻罪责，并乘机把海瑞留在狱中，营护海瑞甚力。直至同年十二月世宗驾崩，穆宗即位，才奏请释放海瑞出狱。海瑞于隆庆四年曾前往福建晋江潘湖黄光升尚书府拜谒黄光升，以表营护之恩。其主张和倡导"昔我先皇之有天下也，惟是教学为先"及"师严然后道尊，道尊然后民知敬学"的朴素唯物主义进步思想被刻入泉州府学碑。明神宗万历帝朱翊钧特钦赐御匾《尚书允敬承》赠予潘湖临漳黄光升。

归潘湖临漳家后，居乡谦退，先世田庐之外少所增拓。晚与缙绅耆宿为洛杜之游，品茶聊天，称道而不乱。他闭门自重，论学重践，晚年著书立说于南安葵山董埔。有《四书纪闻》、《读易私记》、《读书愚管》、《读诗蠡测》、《昭代典则》等数百卷藏于家，其中《读易私记》学者宗之。

明神宗万历十五年十一月二日卒于潘湖临漳家中。海瑞及闻，悲伤至极，带病前往奔丧。十天后，海瑞也猝然卒于南京任上。

洪朝选（1516—1582），明代清官。福建省厦门市同安县翔风里十三都洪厝村（今翔安新店镇）人。明嘉靖二十年进士。累官至刑部侍郎署尚书事，故民间称"洪侍郎"。升任广东参政、山西参政后，政绩卓著，宰相徐阶欣赏其才干，举为太仆少卿、金都御史，不久又以副都御史衔巡抚山东。任上整顿吏治，均平徭役，查办王府侵夺民田案等，深得民心。

隆庆三年（1564年），辽王案起，洪朝选奉命赴襄阳勘办。他不阿附权相张居正坐以谋反私意，严词拒绝在权相一党制造成的冤案成案上签字，据实勘查，以"淫虐有时，谋反无据"复命。因此得罪张居正，张氏借考核机会把洪朝选罢官归籍。洪朝选居家，倭寇作乱加上旱灾连绵，他向地方官提出许多防倭赈灾的措施。但权臣张居正仍有报复之心，暗中唆使闽抚劳堪，勾结同安知县金枝等人罗织罪名，将洪朝选逮捕。万历十年四月，洪朝选被害惨死于福州狱中，是为明代一大冤案。万历二十二年，洪朝选冤案平反。

据传，洪朝选中进士赶赴南京前，母亲赶做了一碗番薯粉粿给他吃，使他印象深刻。如今，番薯粉粿已成为同安名小吃。洪朝选故居有铁树，传为当年洪朝选从广东带回来。铁树，象征主人性格耿介刚硬。甲午年周旻为明代清官洪朝选造像并记。诗云：

番薯粉粿忆乡愁，
直臣从来不俯首。
执法刚正任有声，
故居铁树枝也秀。

何朝宗（1522—1600），又名何来，中国明代瓷塑家。祖籍江西，生于福建省德化县。何朝宗主要生活在明代嘉靖方历年间。何朝宗的瓷塑作品，吸收泥塑、木雕和石刻造像的各种技法，结合瓷土特点，博取各家之长，形成独具一格的何派艺术。发挥传统雕塑"传神写意"的长处，表现人物微妙的内心世界神韵，衣纹线条简洁流畅，圆劲有力。现存带有他的名款的观音、达摩瓷塑像以德化窑作品居多。

在何朝宗之前，历史上大多数宗教雕塑，基本上是大型雕塑，如莫高窟、泉州老君岩等，多属于集体创作。而何朝宗的每一件作品从取材、构思到制作都由他独立完成。以小见大、可精致优雅，可细细把玩，表达个体感悟和情怀。因而他的瓷塑推动了佛教的民族化世俗化的进程。乙未岁周旻为德化瓷塑大家何朝宗造像并记，诗赞曰：

微尘不生境澄明，
炼狱百回得重生。
妙手携来智慧缘，
留与人间看动静。

李贽（1527—1602），明代官员、思想家、文学家，中古自由学派鼻祖，泰州学派的一代宗师。回族，初姓林，名载贽；后改姓李，名贽，字宏甫，号卓吾，别号温陵居士、百泉居士等。出生在福建泉州府。明嘉靖三十一年举人，不应会试，官历共城知县、国子监博士，万历中为姚安知府。不久弃官，寄寓黄安、麻城。在麻城讲学时，从者数千，中杂妇女，晚年往来南北两京，被诬下狱，自刎死。李贽在社会价值导向方面，批判重农抑商，扬商贾功绩，倡导功利价值，符合明中后期资本主义萌芽的发展要求。著有《焚书》、《续焚书》等。甲午中秋周旻为李贽先生造像，并录李贽《石潭即事其四》：

若为追欢悦世人，
空劳皮骨损精神。
年来寂寞从人谩，
只有疏狂一老身。

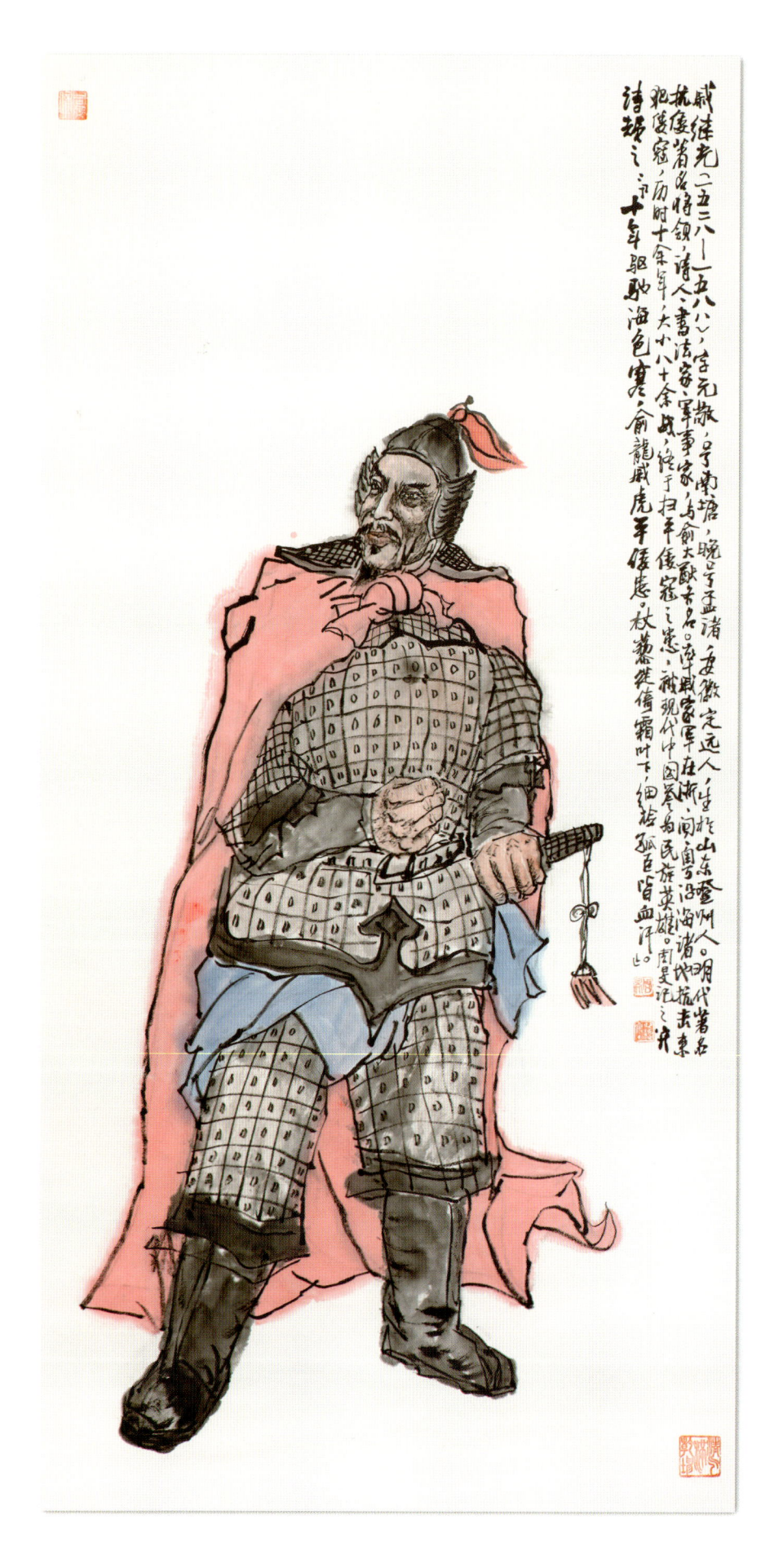

戚继光（1528—1588），抗倭名将。字元敬，号南塘，晚号孟诸，安徽定远人，生于山东登州。明代著名抗倭将领，诗人、书法家、军事家，与俞大猷齐名。率戚家军在浙、闽、粤沿海诸地抗击来犯倭寇，历时十余年，大小八十余战，终于扫平倭寇之患，被誉为民族英雄。后又在北方抗击蒙古部族内犯十余年，保卫了北部疆域的安全，促进了蒙汉民族的和平发展，写下了十八卷本《纪效新书》和十四卷本《练兵实纪》等著名兵书。

戚继光又是一位杰出的兵器专家和军事工程家，他改造、发明了各种火攻武器；他建造的大小战船、战车，使明军水路装备优于敌人；他富有创造性地在长城上修建空心敌台，进可攻退可守，是极具特色的军事工程。

万历十年，朝廷里内阁首辅张居正病逝，给事中张鼎思趁机上言戚继光不应该放在北方，于是戚继光被朝廷调往广东。万历十三年，给事中张希皋再次弹劾戚继光，戚继光因此遭到罢免，回乡后病死。乙未年夏日周旻记之。诗赞曰：

十年驱驰海色寒，
俞龙戚虎平倭患。
仗藜徒倚霜叶下，
细检孤臣皆血汗。

陈振龙（约1543—1619），中国引种番薯第一人。明代福建长乐县青桥村人，曾由吕宋引进番薯和烟草入中国。陈振龙早年中秀才，后屡试不第，遂从商，往返于吕宋（今菲律宾），见当地种植番薯，可生吃亦可熟食，谓有"六益八利，功同五谷"，遂将番薯种带回福州。他不顾西班牙政府不许番薯出口的禁令，将薯藤绞入水绳中渡海带回福州培育。其子陈经纶向福建巡抚金学曾递禀，请求帮助推广，以解粮荒。

据载，陈振龙于吕宋经商时，曾把烟草最早传入中国漳州月港，在附近的石码种植。

史载，吴川人林怀兰、虎门人陈益和闽人陈振龙均可誉为中国引种番薯第一人，他们各自引种，都为缓解当时中国人的温饱做出了杰出贡献，在我国农业发展史上有重要意义。乙未2015年初夏周旻为中国引种番薯第一人陈振龙造像并记之。诗云：

引种入闽地，
温饱且虑之。
藤本结硕果，
万民好食之。

沈有容（1557—1627），明代守台将领。字士弘，号宁海，安徽宣城人。沈有容一生军旅生涯中，有数十年是镇守在福建沿海。正是在这一时期，他曾率军三次进入台湾、澎湖列岛，歼倭寇，驱逐荷兰入侵者，成功地保卫了台湾。后来在澎湖的马公岛上，有"沈有容谕退红毛书韦麻郎等"的碑刻。

史载沈有容三次进台湾，都以智慧和军威御敌，留下美谈。第一次是在万历三十年（1602年）冬，倭寇侵占东番（台湾），四处残害我福建商民与高山族同胞。沈有容冒台风之险，率21艘战舰拼死渡海，前往东番，全歼了这股倭寇，使福建商民与高山族同胞重见天日。

第二次是在万历三十二年（1604），荷兰东印度公司韦麻郎等拥三艘巨舰，趁明军换防之际，占领了马公岛（澎湖岛）。他们以互市为名，企图像葡萄牙占领澳门一样永远占领澎湖列岛。沈有容在福建八闽军心思遁的危殆情势下，经过严密部署，不顾自身安危，单舟驰往荷兰舰船，指陈利害，严正晓谕，不费一枪一弹便迫使韦麻郎退兵。韦麻郎临去之时，请画师为沈有容画像，以示尊敬。

第三次是在万历四十五年（1617年），日本幕府将军德川家康，命令长崎代官村山等占领台湾，沈有容先以威名制服明石道友一军，然后率水师在东沙岛（白犬岛）合璧围困，采取以倭制倭的办法，迫使在该岛顽抗的倭寇弃械投降。

沈有容三次保卫台湾，其功于国于台，殊非浅显。甲午周旻并记。诗云：

壮士守海疆，
驱倭逐荷忙。
守土贵有责，
澎湖好逐浪。

何乔远（1558—1631），字穉孝，或称稚孝，号匪莪，晚号镜山，明晋江人，是杰出的方志史学家。他博览群书，里居20余年，辑明朝13代遗事成《名山藏》，又纂《闽书》150卷，颁行于世。何乔远宅在泉州郡城东莱巷。何乔远性格刚直不阿，在史学上敢于秉笔直书，发表自己的独特见解。由于何乔远"立朝持正敢言"，因而屡遭权贵排挤。后因痛恨昏暗的官场，被弹劾，只好"自引去"，回归故里专心著书立说。在何乔远的十几部鸿著之中，最有创新和建树的是《闽书》。《四库全书》把《闽书》和《明文征》收存入目，并作了高度的评价。《闽书》问世几百年来，一直为中外史学家所重视，如当代我国著名史学家张星火的《中西交通史料汇编》、日本桑原骘藏的《蒲寿庚考》、法国伯希和的《摩尼教传入福建考》等名著，都竞相引用《闽书》的资料为证。乙未夏周旻记。诗云：

里居著作二十年，
有明一代细由编。
史海波澜现实起，
夜夜孤灯好作传。

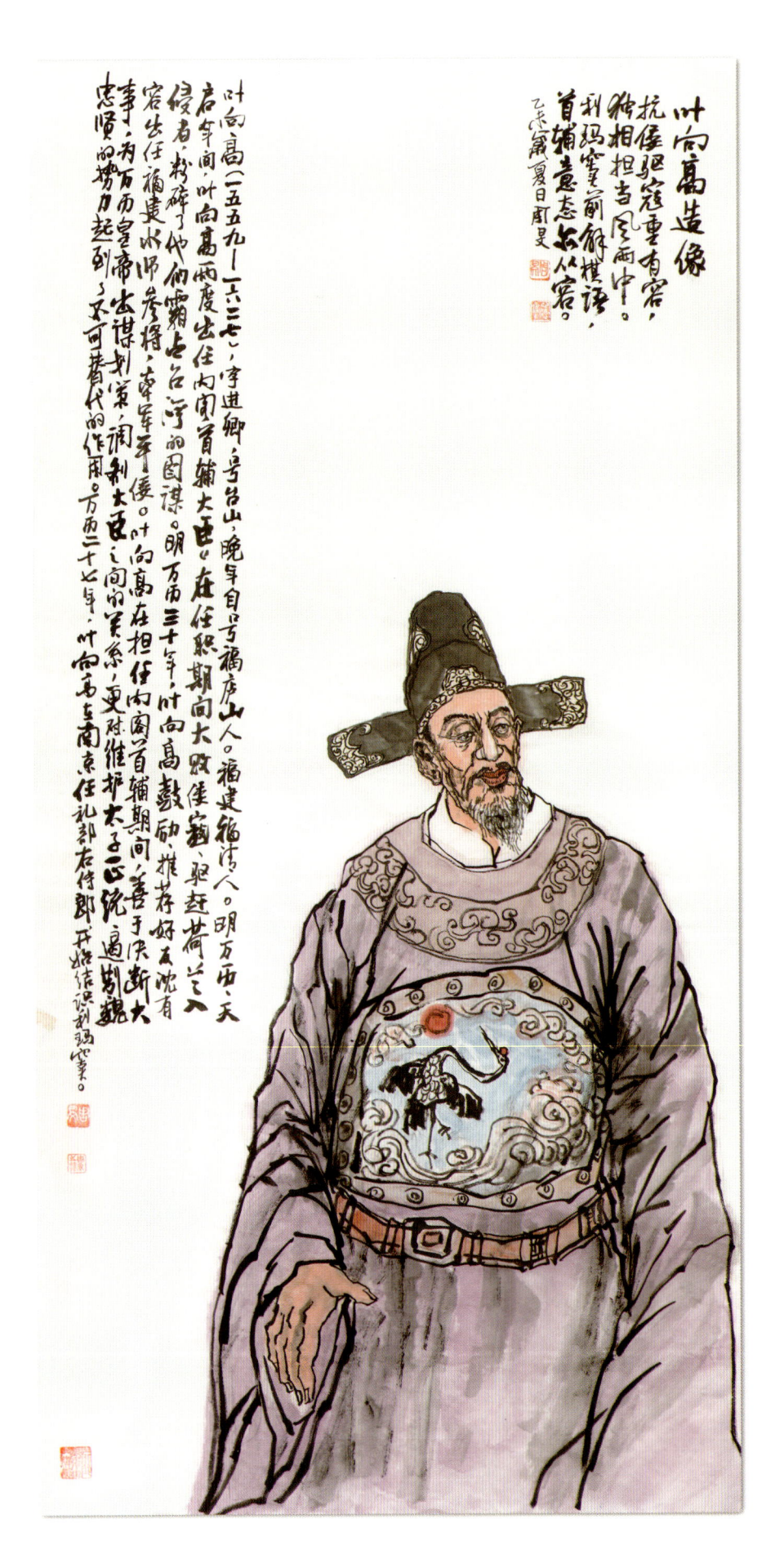

叶向高（1559—1627），字进卿，号台山，晚年自号福庐山人。福建福清人，生于明世宗嘉靖三十八年（1559年）。明万历、天启年间，叶向高两度出任内阁首辅大臣。在任期间大败倭寇，驱赶荷兰入侵者，粉碎了他们霸占台湾的图谋。明万历三十年（1602年），叶向高鼓励、推荐好友沈有容出任福建水师参将，率军平倭。东沙大捷后欣然赋诗相赠。

据记载，万历二十七年（1599年）叶向高在南京任礼部右侍郎时，第一次结识了利玛窦，并与利玛窦切磋围棋技艺，双方围绕围棋问题展开过探讨，其乐融融。万历三十五年（1607年），叶向高升任内阁首辅后，又在北京私宅中款待利玛窦，再次通过围棋与利玛窦结下了深厚的友谊。利玛窦在著作《利玛窦中国札记》中，对围棋之事做了记载。据说，这些文字是欧洲历史上第一次关于中国围棋的记录。叶向高为结识学识渊博的国际友人感到高兴，欣然写下《诗赠西国诸子》一诗相赠。

叶向高在担任内阁首辅期间，善于决断大事，为万历皇帝出谋划策，协调大臣之间的关系，更对维护太子正统、遏制魏忠贤的势力起到了不可替代的作用。叶向高卒于明熹宗天启七年（1627年）。崇祯初年，叶向高被追赠为太师，谥号文忠。周旻并记，诗云：

抗倭驱寇重有容，
独相担当风雨中。
利玛窦前解棋语，
首辅意态也从容。

曾鲸（1568—1650），字波臣，福建莆田人，明朝后期画家。曾居南京，擅画人像，吸取西方的绘画技法，讲究明暗，称"如镜取影，妙得神情"。这种如镜取影、高度重视人物形似的作品，一旦流向社会，很快引起反响。其画作曾风行一时，弟子满天下，时人称"波臣派"。有《葛一龙像》、《王时敏像》、《黄道周像》等传世。曾鲸和"波臣派"活动于浙江杭州、乌镇、宁波、余姚一带，专门从事肖像画创作。曾鲸是画史上最为杰出的肖像画家之一。从其传世作品来看，他结识了当时一批社会名流，如董其昌、陈继儒、黄道周、葛一龙、陈洪绶、黄宗羲等，这些无不得益于他出众的才华。

值得注意的是，董其昌等倡导的禅学概念，使得山水画等领域的创作越来越虚化物象的结构实际差别与变化，艺术创作容易造成模式化。而曾鲸的人物有名有姓，且多为名人，其造像更需要社会精英层的认可。因此，曾鲸的写生人物特别有其实际的价值。甲午岁初冬周旻作于厦门。诗云：

  妙得神情凭双眼，
    名人形貌出毫端。
  肖像传世可临摹，
    此时得益思前贤。

张瑞图（1570—1644），明代书法家。号二水，又号果亭山人，福建晋江人。明万历三十五年（1607年）殿试第三名（探花）。授翰林院编修，后以礼部尚书入阁，晋建极殿大学士，加少师。崇祯三年，因魏忠贤生祠碑文多其手书，被定为阉党获罪罢归。

张瑞图以擅书名世，书法奇逸，峻峭劲利，笔势生动，奇姿横生。于钟繇、王羲之之外另辟蹊径，为明代四大书法家之一，与董其昌、邢侗、米万钟齐名。张瑞图被遣归落职后，偕如夫人贺氏隐居福建晋江青阳下行故里，生活恬淡，优游田园林壑，经常往白毫庵中与僧人谈论禅理，以诗文翰墨自娱，留下大量书法诗歌作品。又擅山水，但画作传世极少。周旻并记。诗云：

好书俊峭展奇姿，
生祠留痕遭瑕疵。
人品书品比高下，
好评不与大学士。

曹学佺（1574—1646），明代官员、学者、诗人、藏书家，闽中十子之首。字能始，一字尊生，号雁泽，又号石仓居士、西峰居士，福建福州府侯官县洪塘乡人。曹学佺考取进士会试时，策问"车战"，答曰："臣南人也，不谙车战，请以舟战论。"因而详陈舟战之法。考官张位奇其才，初定第一，因不能破例，改为第十名，授户部主事。后张位被罢官，其门生故吏不敢前往看望，独有曹学佺带许多干粮赶往码头为之送行。事为执政所闻，遂摘取曹学佺会试卷中言论，斥为"险怪不经"，被调任闲职，之后又任南京户部郎中。在任闲职七年间，曹学佺精心研究学问。万历三十九年（1611年），曹学佺升任四川按察使。万历四十一年（1613年）考绩，因得罪蜀王为其所谤，被罢职，蜀人遮道相送。是年，曹学佺回籍，在故乡洪塘建石仓园，藏书万卷。时常邀请文友赋诗考文，谈今论古，并创剧社"儒林班"，闽中文风因之昌盛。

天启二年（1622年），曹学佺被起用为广西右参议。广西少数民族众多，官吏、差役敲诈勒索，驻军责供给酒食，骚扰不已，经常激起民变。曹学佺对官吏、差役严加约束，改置营镇于他处，严禁驻军骚扰，局势很快恢复安定。

清军攻陷福州，次日，曹学佺香汤沐浴，整顿衣冠，在西峰里家中自缢殉国，死前留下绝命联："生前单管笔，死后一条绳。"另有说法称他是在鼓山涌泉寺自缢的。曹学佺死后，其家被清兵所抄，家人也遭逮捕，藏书被清军抢光。清乾隆十一年（1746年），即曹学佺逝世一百年之后，清政府追谥他为"忠节"。

曹学佺藏书万卷，著书千卷。毕生好学，对文学、诗词、地理、天文、禅理、音律、诸子百家等都有研究，尤其工于诗词。精通音律，擅长度曲，曾谱写闽剧的主要腔调逗腔，被认为是闽剧始祖之一。名联"仗义每从屠狗辈，负心多是读书人"就出自曹学佺之手。

> 会试擅论舟船战，
> 感恩考官多慧眼。
> 蜀王责难蜀人赞，
> 闽腔逗调凭君演。

冯梦龙（1574—1646），字犹龙，别号龙子犹、墨憨斋主人、顾曲散人等。他少有才气，狂放不羁，但一生功名蹭蹬，56岁才补贡生，任丹徒县训导。四年后升福建寿宁知县。崇祯十一年（1638年）秩满离任，归隐乡里。明王朝灭亡后忧愤而卒。

冯梦龙毕生从事通俗文学的搜集、整理和编辑工作，是我国著名的全能的通俗文学家。一生在文学上的最大成就在于对宋元话本、明代拟话本进行编辑，即短篇小说集重构。

冯梦龙在寿宁知县任上，所作《寿宁待志》，以大量篇幅记载了他在寿宁县的活动和思想情况，也记载了他在任时减轻赋役、改革吏治、明断讼案、整顿学风、清廉自律等主张和政绩。甲午立冬后二日周旻为冯梦龙造像。在《寿宁待志》里，收录有冯梦龙的《催征》诗，表达了其希望为百姓做事的心情：

不能天雨粟，未免吏呼门。
聚敛非吾术，忧时奉至尊。
带青砻早稻，垂白鬻孤孙。
安得烽烟息，敷天颂圣恩。

黄道周（1585—1646），明末清初抗清名士、学者、书画家。明代福建漳浦县铜山所深井村人，字幼玄、幼平，号石斋，人称石斋先生，闽南地区称圣八祖，台湾地区尊称"助顺将军"。明万历十三年二月初九生，天启二年（1622年）38岁的黄道周中进士，与倪元璐、王铎同科。选庶吉士，历任翰林院编修、侍读学士、詹事府少詹事等；南明隆武朝任吏部、兵部尚书，英武殿大学士。抗清被俘殉国，谥忠端。清道光五年（1825年）2月16日，入祀山东孔庙。

黄道周工书善画，书法楷、行、隶、草皆自成一家，世人称"黄漳浦体"，传世书品有《榕颂》、《定本孝经》等。先后讲学于浙江大涤、漳浦明诚堂、漳州紫阳书院、龙溪邺山书院等，培养了大批有学问有气节的人才。黄道周通天文、理数、易经诸书，著作甚丰，现存诗两千余首，有《石斋集》、《易正》等，皆入选《四库全书》，后人辑成《黄漳浦集》。

徐霞客评价黄道周"字画为馆阁第一，文章为国朝第一，人品为海内第一，其学问直接周、孔，为古今第一"。清代乾隆皇帝御旨曰"黄道周立朝守正"，"忠尽溢于简牍，卒之以身殉国，不愧一代完人"。

当时，黄道周被俘送至南京狱中，在狱中吟咏如故，有诗云："六十年来事已非，翻翻复复少生机。老臣挤尽一腔血，会看中原万里归。"清廷派使者洪承畴劝降，面对降清的洪承畴，黄道周写下对联："史笔流芳，虽未成功终可法；皇恩浩荡，不能报国反成仇。"将忠烈名臣史可法与降清重臣洪承畴对比。洪承畴上疏请求免黄道周死刑，清廷不准。后绝食12日，期间其妻蔡氏来信："忠臣有国无家，勿内顾。"临刑前，取笔墨画苍松怪石赠人，且血衣示家人：

纲常万古，节义千秋。
天地知我，家人无忧。

徐霞客（1587—1641），名弘祖，字振之，号霞客，明朝南直隶江阴（今江苏江阴市）人。著名的地理学家、旅行家，中国地理名著《徐霞客游记》的作者。被称为"千古奇人"。其一生足迹遍历北京、河北、山东、河南、江苏、浙江、福建、山西、江西、湖南、广西、云南、贵州等16省，所到之处，探幽寻秘，并记有游记，记录观察到的各种人文、地理、动植物等状况。《徐霞客游记》开篇之日（5月19日）被定为中国旅游日。

徐霞客从31岁至48岁的18年中有五次入闽、三下漳州之举。明朝万历四十四年（1616年）初春，31岁的徐霞客专程考察了"奇秀甲于东南"的武夷山，留下了我国丹霞地貌考察史上最有价值的《游武夷山日记》。泰昌元年（1620年），徐霞客告别70多岁的慈母南行，至福建东部重镇兴化（即今日莆田），游览考察了仙游县九鲤湖名胜，并留下了《游九鲤湖日记》。

崇祯元年（1628年）春，即游九鲤湖八年后，徐霞客"发兴为闽、广游"。徐霞客入福建界以后，步行或乘舆，至浦城又经建宁（今建瓯市）到延平（今南平市）。从此水陆兼行，绕道顺昌、将乐、归化（今明溪），到达永安，沿途登金斗山，游玉华洞。于四月初四日到达漳州府城，此后，徐霞客还到了漳浦。根据朱惠荣的研究，还曾南下广东考察过罗浮、曹溪之胜；西行赴赣南考察赣州通天岩。后又经雩都（今于都）、瑞金等县至汀州（今长汀），取汀江乘舟南行，经大浦（广东境）再沿梅潭河往东，过平和回南靖。无疑，这是徐霞客"闽、广游"中一次远游。此游出入于闽西、粤北、赣南的丹霞地貌分布区域，使徐霞客有更多机会接触和认识丹霞地貌。

崇祯三年（1630年）夏，45岁的徐霞客冒着酷暑，再次南下闽南漳州。此行不仅有探险九龙江的经历，而且为桃源洞留下了最为珍贵的文字记载。依据其挚友黄道周《赠霞客五言古风四首》诗后跋分析，确定他还有第五次入闽的经历。

游踪遍南北，地理探险追。

千古奇人秀，心慕足难随。

颜思齐（1589—1625），开台之王。字振泉，明朝漳州海澄县人。生性豪爽，仗义疏财，身材魁梧，并精熟武艺。明万历三十一年（1603年），思齐遭宦家欺辱，怒杀其仆，逃亡日本，以裁缝为业，兼营中日间海上贸易。数年后积蓄渐富。由于他广结豪杰，遐迩闻名，日本平户当局任命他为甲螺（头目）。

明天启四年（1624年），思齐等因不满日本德川幕府的统治，密谋起事造反，不幸事泄，幕府遣兵搜捕，思齐率众仓惶分乘13艘船出逃。农历八月二十三日，思齐率船队到台湾海面，在笨港（今台湾北港）靠岸。思齐见岛上地肥水美，大片荒野未辟，决意在此开疆拓土。乃率众伐木辟土，构筑寮寨。是时，土番以为外敌侵犯，聚族攻击。思齐遣人加以安抚，商定疆界，互不侵扰。在笨港东南岸的平野（今新港），颜思齐规划建筑了井字型营寨，中间为大高台，使之成为组织指挥垦荒的中枢。与此同时，派杨天生率船队赴漳、泉故里招募移民，前后计三千余众。天启五年（1625年）九月，颜思齐和部众到诸罗山捕猎，豪饮暴食，不幸染伤寒病。数日后竟一病不起，英年早逝，年仅37岁。

在台湾开发史上，颜思齐最早率众纵横台湾海峡，招徕泉州、漳州移民，对台湾进行大规模的有组织的拓垦，因而被尊为"开台王"、"第一位开拓台湾的先锋"。连横《台湾通史》为台湾历史人物列传，"以思齐为首"。甲午2014年9月20日周旻为开台之王颜思齐造像，诗云：

德川幕府遣兵搜，
海盗生涯频生愁。
率众开台抵笨港，
土番划界共筹谋。

隐元（1592—1673），明末清初高僧。俗姓林，名隆琦，福建福清人。明泰昌元年（1620年），投靠福清黄檗山万福寺剃度出身，法号隐元。周游各地，遍访名师，崇祯八年，成为佛教临济宗正式传承者，两年后，为黄檗山万福寺住持。四处募化，扩建寺院，使万福寺成为中国东南名刹。清顺治八年，万福寺僧众达数千人，出了不少学有专长的高僧，隐元因此被尊为一代僧杰，名扬海内外。

清顺治十一年（1654年），隐元应邀率30名知名僧俗，从厦门起航赴日本长崎。顺治十六年（1659年），日本皇室赐京都宇治醍醐麓一万坪地给隐元创建新寺。新寺规制悉照中国旧例，也取名黄檗山万福寺，隐元成为日本黄檗宗的开山鼻祖。隐元开过三回"三坛戒会"，为两千多人受戒。康熙十二年（1673），天皇赐予"大光普照国师"尊号，三天后隐元圆寂。至康熙四十七年，日本黄檗派寺院已发展到一千多个。到同治六年，日本黄檗宗衍为八派，嗣法者达4648人。至今日本崇奉黄檗宗的僧俗达数百万人。隐元带去的中国建筑、雕塑、书法印刻、雕版印刷、医药学和音乐等，日本称之为"黄檗文化"。隐元知识广博，诗文书法均佳。著有《弘成法仪》、《语录十卷》、《云涛集》一册，为佛学珍贵遗产。隐元的禅净双修与密教祈祷主义相结合的佛教思想特色，为长期处于领国固化的日本佛教界带来了活力，令日本佛教界刮目相看。

隐元东渡之前，当时著名学者黄道周、书法家张瑞图、雕塑家范爵等与黄檗高僧就已有交往。隐元为首的黄檗禅僧和文化人的东渡，直接传播了明清文化。1654年，隐元大师决定东渡日本弘法，在厦门码头告别抗清复明将士及护送僧俗时，曾表示三年后回来。甲午年冬周旻为隐元大师造像并记。诗云：

万里沧浪沐我身，
一轮明月照禅心。
暂离故山峰十二，
碧天云净归期近。

洪承畴（1593—1665），字彦演，号亨九，福建泉州南安人。明神宗万历四十四年（1616年）进士，累官至陕西布政使参政，崇祯时官至兵部尚书、蓟辽总督，松锦之战战败后被清朝俘虏，后投降成为清朝汉人大学士。顺治元年四月，随清军入关。抵京后以太子太保、兵部尚书兼右副都御史衔，列内院佐理机务。

洪承畴宣导儒家学术，针对顺治皇帝不信孔孟而提出意见，为满汉融合打下了基础。洪承畴也建议清廷采纳许多明朝的典章制度，献计甚多，大多被清廷采纳，并加以推广施行，完善了清王朝的国家机器。为了巩固清朝的统治，洪承畴建议清统治集团也须"习汉文，晓汉语"，了解汉人礼俗，淡化满汉之间的差异。顺治十年受命经略湖广、广东、广西、云南、贵州等处，总督军务兼理粮饷。顺治十六年督清军攻占云南后回北京。顺治十六年自请致仕。2015乙未岁周旻并记。

诗云：

　　风云际会戎马身，
　　宗主选择费精神。
　　满汉合流典章在，
　　后来民意待重审。

王忠孝（1593—1667），字长儒，号愧两，泉州人。崇祯元年（1628年），忠孝举进士，授户部主事。崇祯三年，他在河北蓟州督运大通桥粮饷，以耿介无私著称。其时由朝廷派往蓟州负责节制漕运的内监邓希诏图谋不轨，私下招兵买马，并找忠孝索取粮饷，忠孝坚拒。希诏勒索未遂，恨之入骨，诬告忠孝有"忤旨病民而又欺君之罪"。朝廷听信谗言，派锦衣卫逮治。王忠孝被押解入京后，受廷杖之刑，被缚在麻袋中以乱棍击打。但他"犹挺闽人气质，抗不服罪"。都御史王志道及户部属僚等纷纷请免治罪，最终"改系刑部狱三载"，与黄道周、王仑初、王思任、马思理等人同系一狱，时号"六君子"。

崇祯十七年，清兵入关。南明福王朱由崧下诏授忠孝绍兴知府，擢副都御史，忠孝辞不受。唐王朱聿键称帝于福州，是为隆武帝，召见忠孝，授光禄寺少卿，忠孝陈述光复策略，隆武帝赐尚方宝剑，便宜行事。但当时兵权完全掌握在郑芝龙一人手中，忠孝无一兵一卒，他审时度势，"回奏称旨"。王忠孝先后向唐王、鲁王、桂王等上疏，力图匡复明室，并经常与郑成功的抗清将领郑鸿逵、郑泰、甘辉等和唐王抗清将领张煌言、周鹤之诸人书札联系，其中给郑成功书札18次，筹划抗清，颇多建树。

郑成功在厦门设立储贤、育胄两馆，广纳遗臣贤士。王忠孝与沈铨期、辜朝荐、卢若腾等都趋赴厦门，依附郑成功。郑成功多次要委以官职，并时常征询军国大计，他虽未受官职，但对军国大事时常建言，并推荐同安教谕陈鼎之子陈永华给郑成功，说陈有"经济之才"。后来陈永华在开发和建设台湾中果然立下不朽功勋。顺治十八年，郑成功渡海东征台湾，王忠孝与沈铨期等人留下，辅助世子郑经守厦门，调度各岛。康熙二年（1663年），与沈铨期、卢若腾等入台，得到郑经厚待，身近郑经四年，始终"不图宦达，日与流寓诸人肆意诗酒，作方外客"，默默无闻地度过晚年。康熙六年病殁。周旻并记，诗云：

> 储贤馆内出智囊，
> 忠孝匡扶郑氏忙。
> 文脉传承入台时，
> 犹记当年说典章。

郑芝龙（1604—1661），字飞黄，小名一官（Iquan），天主教名尼古拉，在欧洲文献中，则以"Iquan"（一官）闻名。福建泉州南安石井镇人，明末清初东南沿海第一大海盗。郑芝龙是明朝末年以东南沿海、台湾及日本等地为基地活跃舞台的海商兼海盗（随朝廷政策的变化身份随变），以其经营的武装海商集团著称，发迹于日本平户，为明郑势力的滥觞。郑芝龙在离开日本后到台湾建立新的根据地，不仅建立了一支实力强大的私人海军，而且效仿明朝在台湾设官建置，形成了初具规模的割据政权。明政府无力剿灭郑芝龙便转而招安，1628年，郑芝龙受到明廷招抚，官至都督同知。不久清军入关，郑芝龙于1646年降清后被软禁北京。清朝利用郑芝龙多次招降其子郑成功不成，遂于1655年将其入狱，1661年11月24日郑芝龙被处死。

郑芝龙在17世纪中国明朝海禁与世界海权勃兴的时代背景下，以民间之力建立水师，周旋于东洋及西洋势力之间，并于1633年在泉州金门岛的料罗湾海战中成功击败西方海上势力，在郑和船队退出南中国海200年后，重夺了海上主导权，是大航海时代东亚海域举足轻重的人物。

郑芝龙对历史的其他影响还有，作为先于荷兰人的，和李旦与颜思齐等人及部众在台湾建立基础，为汉人移台的主要据点。并为其子郑成功留下强大海上基业，郑成功以此资本抗清并在南京兵败后以海上武力成功驱逐荷兰人，收复台湾。

诗云：

　　草莽崛起在琉球，
　　亦商亦盗度春秋。
　　海权在手狂逐浪，
　　驱荷大业延平留。

林嗣环（1607—1662），清初清官、文学家。字起八，号铁崖。福建安溪人。明万历三十年生，自幼聪颖，7岁能写文章，誉满乡里，早年应试，因文字卓越，被考官误认为他人代笔，故不得中。明崇祯十五年中举，清顺治六年进士，即获授大中大夫，调任广东琼州府先宪兼提督学政。顺治十三年，写《屯田疏》，官至广东提刑检察司副使，分巡雷琼道兼理学政，康熙初年，任山西左参政道。

史家评价其"性耿介，多惠政，如禁锢婢，禁投充，禁株连，禁民借营债，粤人啧啧颂之"。林嗣环平生性格耿介，多有惠政，因此口碑甚佳。一生清廉，死于西湖之寓所，家贫无以为敛，同年好友将其葬于昭庆寺西五里龙潭。林嗣环博学善文，著有《铁崖文集》、《岭南记略》、《荔枝话》、《口技》等。甲午立春后为林嗣环造像，周旻并记。诗云：

七岁能文誉满乡，
减赋政声热心肠。
客死西湖贫无敛，
铁崖口技传课堂。

沈光文（1612—1688），一位漂流台湾的明朝名士。浙江鄞县人，字文开，号斯庵，晚年自称台湾野老。于明崇祯三年中副榜，九年（1636年）以明经贡大学士。清兵入关后，毅然投入抗清斗争，迁太仆寺少卿。他奔波于浙江、福建、广东之间，作为南明鲁王与郑成功之间的联系人，后奉桂王派遣至潮阳，监郑鸿达之师，矢志反清复明。

顺治九年（1652年）秋天，他携家眷赴泉州，船到围头洋口，遇到飓风，漂泊到台湾。当时中国正值改朝换代，清军席卷大半个中国，郑芝龙遗部控制福建沿海，加上台湾时在荷兰东印度公司控制之下，各地区之间缺乏一般性的通信渠道，消息不通，因此沈光文和中国大陆方面完全失去联系，生死不知。到郑成功入台之前十年，他在岛上的具体行迹及活动，史无明载。1661年，郑成功率军进攻台湾作为反清复明的基地，明朝宗室与遗老纷纷入台随郑。郑成功得知沈光文也在台湾后，曾加以接见，并赐予田宅。郑成功死后，继位的郑经若干施政令沈光文不满，曾作《台湾赋》加以讥讽，并批评郑经亲近小人，昏庸无能，几遭郑经与朝廷迫害，乃落发出家避祸。

明郑降清以后，沈光文受施琅友善礼遇，福建总督姚启圣曾答应助沈光文回归故里，只是最后并未实现。晚年沈光文组织"乐吟诗社"，并定居目加溜湾区（今台南市善化区），他对当地原住民做出了一些医疗、文教方面的贡献。沈光文以及后来随郑军入台的儒士，例如王忠孝、辜朝荐、郭贞一、李茂春、许吉景等人以诗文写下了台湾第一批书面的文学作品，在文学史上具有特殊意义。尤其是感怀身世和记述当地风土民情的诗文，对研究台湾具有文献价值。甲午冬日周旻并记。

诗云：

漂泊孤岛遇换朝，
岁月无情催人老。
遗老喜逢郑明军，
感怀身世留诗抄。

施琅（1621—1696），明末清初军事家。福建泉州晋江人，早年施琅是郑芝龙的部将，顺治三年随郑芝龙降清。不久又加入郑成功的抗清义旅，成为郑成功的得力助手、明郑军的重要将领，还曾经奉献策略帮助郑成功杀族叔郑联夺取厦门，积极参与海上起兵反清。郑成功手下曾德一度得罪施琅，施琅借故杀了曾德，因而得罪了郑成功。严厉的郑成功立即诛杀施琅全家。施琅逃走，父亲与兄弟被杀。施琅再次降清，先后担任清朝副将、总兵、水师提督，参与清军对郑军的进攻和招抚。

施琅领军攻台遇上台风不顺，后调北京任内大臣期间，甚为贫苦，依靠妻子在北京当女红裁缝贴补家用所需。期间郑成功在台湾病逝，郑经继为延平郡王。1681年，郑经病逝，郑克塽继位。7月，清廷大学士李光地上书认为攻台条件成熟，并与姚启圣等人推荐施琅担任攻台主帅。康熙帝采纳了李光地的意见，授施琅福建水师提督，加太子少保衔，命其相机进取。施琅遂得积极进行攻台的部署准备，时年61岁。1682年，康熙排除朝中反对意见，决定攻台，命福建总督姚启圣统辖福建全省兵马，同提督施琅进取澎湖、台湾。1683年6月，施琅指挥清军水师先行在澎湖海战对郑克塽水师，清军获得大胜。后郑克塽率臣民降清。施琅还上疏清廷在台湾屯兵镇守、设府管理，力主保留台湾、守卫台湾。施琅因功授靖海将军，封靖海侯。甲午之夏周旻为施琅造像并录康熙帝对郑成功和施琅的评价：

平台千古，
复台千古；
郑氏一人，
施氏一人。

郑成功（1624—1662），明末抗清名将、民族英雄。福建泉州南安石井镇人，本名森，又名福松，字明俨，号大木。其父郑芝龙，其母田川氏。明弘光时监生，蒙隆武帝赐明朝国姓朱，赐名成功，又蒙永历帝封延平王。1645年清军攻入江南，郑芝龙降清，田川氏在乱军中自尽。郑成功乃率领其父旧部在中国东南沿海抗清，成为南明后期主要军事力量之一。凭借海战优势固守海岛厦门和金门。1661年率军横渡台湾海峡，翌年击败荷兰东印度公司在台湾台南的驻军，开启郑氏在台湾的统治。但不久即病死。终年39岁。有《延平王集》行世。

特别值得注意的是郑成功海商集团的崛起，在中国东南沿海成功地维护了海权。郑成功利用台湾四面环海，对外贸易方便的有利条件，大力发展海外贸易。在厦门时，他就经常派遣商船到东南亚各国进行贸易，到了台湾后，清朝实行"海禁"，不许大陆商船下海，郑成功更独占了海上贸易，他继续和日本、暹罗、越南、菲律宾、柬埔寨等国家通商，把台湾的土特产，如鹿皮、鹿脯、樟脑、硫磺、蔗糖等外销国外，换回所需要的刀剑、盔甲和生活日用品。海外贸易的发展活跃了商品经济，也增加了郑成功的财政收入。这些贸易措施推动了台湾经济的发展，以致在郑成功之后的20多年里，台湾经济与大陆逐渐同步发展。

就目前所能发现的郑成功画像主要有三个版本：一是荷兰人画的浓眉大眼暴躁乖戾版本，一是疑似日本人画的盘腿席地而坐胖子版本，再有就是厦门博物馆清瘦干练的版本。我根据郑成功后人如郑经、郑克塽等遗传形貌，选择消瘦干练型加以创作。不用现代人的理解纯用武将外形。甲午岁依台南延平郡王祠像、族谱及厦门博物馆图像敬绘，乙未2015年重绘。周旻并记。诗云：

厦金出兵竞千帆，
驱荷逐浪向台湾。
赤坎城外困敌首，
壮怀激烈英雄胆。

姚启圣（1624—1683），清代名臣。字熙止，号忧庵，浙江绍兴人。清朝康熙年间知名政治家、军事家，收复台湾的决定性人物之一。姚启圣为政带兵执法严明，曾随康亲王爱新觉罗·杰书平定耿精忠叛乱。康熙十七年，郑成功部将刘国轩率军进攻福建沿海，攻陷漳州门户海澄，姚启圣上任后迅速进剿郑军，扭转败局，为后续逐步收复台湾奠定基础。姚启圣向康熙奏请战略部署，提出了以"剿抚并用"的方式，一边攻取收复失地，一边招抚敌方不坚定的盟军将领。这一策略正适合清初国情，很快被康熙采纳，使得清廷顺利收复台湾。

姚启圣担任福建总督期间，奏请朝廷委派重臣专职水师提督，重视水师事务。康熙于是调拨万人，从江浙选战船百余艘，从湖广拨发新式西洋火炮，大为增强福建水师的力量。

姚启圣收复金厦后，上书恳请诸岛终止移民，最大限度恢复因连年征战、清廷"迁界禁海"政策而遭受严重破坏的地方经济，保护了百姓的利益。最为后人称道的是，姚启圣与大学士李光地共同保举施琅出任福建水师提督，为平台选将做出关键性决策。周旻并记。诗云：

自幼豪侠思危安，
擅开海禁遭罢官。
国之谋臣出上策，
剿平三藩收台湾。

释超全（1627—1712），俗名阮旻锡，福建同安人。明末布衣，曾樱文忠公（南明文渊阁大学士）门人，师事曾樱传性理学，患难与共，性嗜茶，幼习茶书，随师在郑成功储贤馆为幕僚，善烹工夫茶，有制茶工艺论著。南明永历十七年（清康熙二年，1663年）清兵破厦门，弃家行遁，奔走四方，留滞燕云一带达二十载。阮旻锡始终不忘明室，在京期间，根据目睹耳闻，开始撰写《海上见闻录》，翔实记述从崇祯十七年（1644年）福王朱由崧在南京即位起，到永历三十七年（清康熙二十二年，1683年）郑克塽降清为止的郑成功祖、孙三代37年兴亡史。

明亡后，弃家行遁，身怀工夫茶艺而奔走四方，曾削发为僧，名超全，以教授生徒自给。清康熙二十九年（1690年）返厦门，居夕阳寮，号轮山梦庵，80余岁卒。清《武夷山志》载："超全，俗名阮旻锡，字畴生，号梦庵，同安人，明末布衣士人。清军入关迁居厦禾。明亡，弃诸生业，自称'轮山遗衲'，尔后入武夷为山僧。"还有史料记载，清康熙二十五年（1686年），武夷山天心永乐禅寺茶僧释超全写《武夷茶歌》，最早记载了乌龙茶的制作工艺。可见，阮旻锡出家之后对武夷山的茶文化贡献很大。诗云：

　　茶人仙草痴，
　　回甘蔓延时。
　　凝神待冲顶，
　　况味乃独知。

陈永华（1628—1680），在台湾推行明教育制度第一人。明同安人，明末举人陈鼎之子。明末清初，郑成功在厦门举兵抗清复明，延揽天下之士。陈永华投奔郑成功。经兵部侍郎王忠孝推荐，为郑成功所赏识，授予参军之职，参与重大战略决策。郑成功复台逝世后，陈永华更是全心全意辅佐郑经，总理政务。陈永华为郑氏政权的巩固，为开发台湾立下了汗马功劳。

陈永华第一次提出在台湾推行大陆教育制度，创立一套自上而下较为完整的教育体系。全台设立"国子监"，为最高学府，各府、州、县设立"府学"、"州学"、"县学"。还要求高山族居住区各社设立"小学"，方便高山族子弟入学教育。他还在台湾推行大陆的科举制度，两年三试，促进中华传统文化在台湾的传播。

康熙十三年（1674年），陈永华任东宁总制使。这时三藩之乱爆发，受耿精忠之约，郑经率领大军进入大陆。郑经之子郑克臧监国，陈永华于是协助女婿郑克臧总管台湾政务，所以遭冯锡范、刘国轩嫉恨排挤。康熙十九年（1680年）三月，陈永华自请解除兵权，因忧郁成疾，当年在台湾病逝。郑经亲临吊丧，谥文正。后葬于天兴州赤山堡大潭山（今台南县柳营乡果毅村）。甲午周旻为陈永华造像。诗云：

总理政务辅政经，
教育制度得推行。
忠孝推荐明王识，
遥祭台南望柳营。

李光地（1642—1718），清代名臣。字晋卿，号厚庵，别号榕村，泉州安溪湖头人。李光地是清代有才干和见识的名臣。曾任直隶巡抚、兵部侍郎、吏部尚书，1705年拜文渊阁大学士。李光地比康熙大12岁，深得康熙信任。明末以来，战争频仍，民族矛盾尖锐，朝政腐败，水利失修，水患频繁。至康熙亲政，朝廷把"三藩"、河务和漕运列为首先办理的大事。

在治理河患上，李光地身体力行，动员民办，说明利害关系，使得永定河水利工程顺利完工，康熙亲自巡视工程，并御书"夙志澄清"匾额。康熙评价李光地说："朕知之最真，知朕亦无过光地者。"被称为"安溪先生"。

郑经死后，李光地马上建议朝廷收复台湾，并与姚启圣等人力荐施琅率军渡台，收复台湾。李光地为中国的统一做出了贡献。

晚年他竭诚辅佐康熙帝治国，极力迎合清廷的思想文化政策，曾奉敕编纂了《性理精义》、《朱子全书》、《周易折中》等彰扬程朱理学之书，经康熙帝审定以御纂、御定名义颁行于学宫，对于当时理学的发展，产生了重要的影响作用。

甲午中秋时值白露，厦鼓海峡明月当空，天风浩荡。周旻为安溪李光地先生画传，并以诗记之。

平藩治漕荐施琅，
谋臣须待帝考量。
头顶负友恶骂名，
海宇澄清说李相。

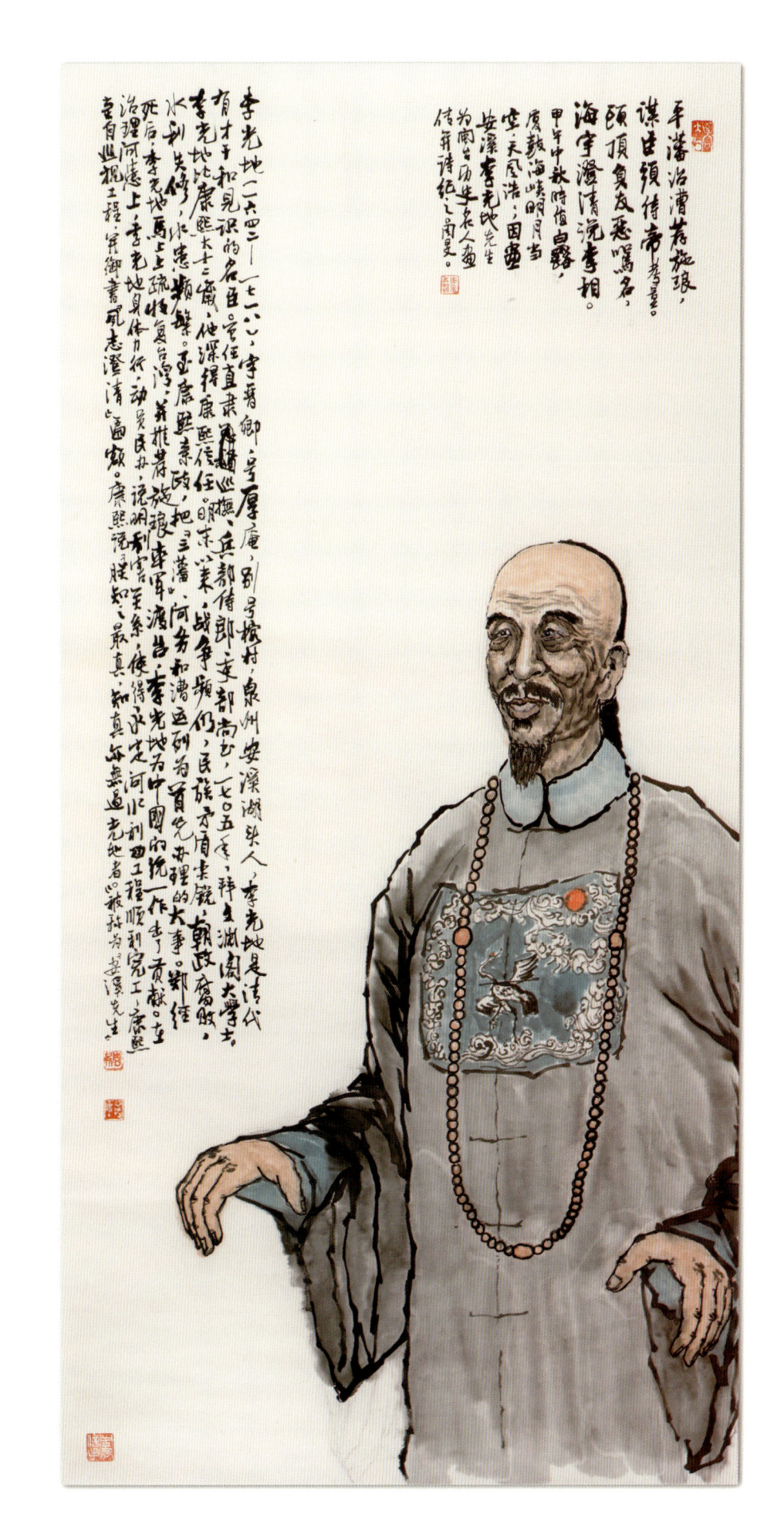

张伯行（1651—1725），字孝先，号恕斋，晚号敬庵，河南仪封（今河南兰考）人。清朝大臣，理学家。康熙二十四年（1685年）进士。累官至礼部尚书。历官20余年，以清廉刚直称。其政绩在福建及江苏最为著名。学宗程、朱，及门受学者数千人。去世后，朝廷追赠其为太子太保，谥清恪。为官期间，忠于职守，克勤克俭，因而声名闻于天下，康熙称其为"操守为天下第一清官"。

康熙四十五年，张伯行升任江苏按察使，这是巡抚的属下。按照当时的官场旧例，新任的官员要给巡抚、总督等上司送礼，以示尊敬，也表示请求以后关照提拔，这大概需要白银四千两。但张伯行秉性耿直，从不巴结上司，对此腐败风气深恶痛绝。他说："我为官，誓不取民一钱，安能办此！"拒绝送礼。不但如此，在任内他还尽力革除地方弊病，整顿吏治，因而得罪了总督和巡抚，常受到他们的排挤。

康熙四十八年，张伯行奉旨由福建调任江苏巡抚。赴任后，张伯行立即发布檄文《禁止馈送檄》，严禁下属馈送钱物，以整顿当时日益盛行的贪腐之风。文中写道："一丝一铢，尽民脂膏。宽一分，民即受一分之赐；要一文，身即受一文之污。虽曰交际之常，于礼不废。试思仪文之具，此物何来？"对于百姓所得张伯行视为民脂民膏，力求赋税宽简。平常公务也杜绝礼品，不受一分一毫。

雍正皇帝即位后，对张伯行也很敬重，军国大事都听从他的建议。雍正元年，即1723年的9月，升张伯行为礼部尚书。两年后，即1725年，一代清官张伯行不幸病逝，享年75岁。皇帝赐谥"清恪"，意思是为官清廉，恪守官德。"只饮江南一杯水，四海清官数伯行。"来源于后人为"天下第一清官"张伯行写的一副对联。

整顿吏治律分明，
禁止馈送檄文成。
只饮江南一杯水，
四海清官数伯行。

王世杰（1661—1721），清初开发台湾新竹的名人。原名公禄，字元安，号世杰，福建泉州府同安县金门城外东沙（今金门金城镇珠沙里东沙）人，为清康熙年间带领汉人迁居开发竹堑地区（今台湾新竹市一带）的主要人物。兴筑了隆恩圳，且他及后代捐献了土地、资金给不少新竹的庙宇，如新竹都城隍庙、竹莲寺及东门街东瀛福地等。王世杰后来在巡视水圳时被当地原住民杀害，首级被取。其族人用金属铸一头入殓，葬于金门蔡厝太武山麓。

除台湾少数民族平埔族外，历史上新竹经历了四次移民潮：1711年福建同安人王世杰率族人近二百人，到此河川下游垦殖；14年后，以徐立鹏为首的客家人在丘陵地区开垦；1949年前后，国民党军队及眷属撤退到此；20世纪80年代，随着新竹科学园区的设立，大批科技人进驻。2015年3月周旻为王世杰造像，诗云：

风城筑就北台湾，
垦殖先驱步履艰。
台海迁徙思故土，
金首犹安太武山。

李周（生卒年不详），闽南石雕艺术巨匠。俗名"瓮仔周"，崇武人，生活于清康熙至乾隆年间。李周被闽南石雕艺匠尊为宗师，福建工艺美术界则称他为福建青石雕技艺发展史上承上启下的关键性人物。世人传说他曾经看到"天开门"，并得到月华仙女授予他"不求人"的智慧，从此获得"神骸仙魂之灵"，雕作生动如真。有一次他把师傅雕石狮时不慎敲断舌头的石狮作品调转方向，补救失误，还表现出喜气超逸的特色，获得众人赞誉。这也是"南狮"的由来，从此名声大振。李周还发明了"针黑白"技术，这就是成熟于现代的影雕艺术。李周留下的作品可考的有，福州于山法雨堂前一对龙柱、福州西湖开化寺一对石狮等。李周还培养了一大批学徒，使惠安石雕在清代大大繁荣起来。李周之后，蒋磐、蒋仁文、王神赐等皆为一代名匠。周旻为惠安石雕大师李周造像，并以诗赞曰：

苦徒困厄遇神仙，
独门密授开天眼。
天资由来助勤奋，
法雨堂前绝技传。

蓝廷珍（1663—1729），清朝治台名将。字荆璞，福建漳浦县湖西人。康熙年间历任浙江定海营把总、四温州镇右营游击、澎湖副将、南澳总兵、康熙六十年上书自荐，出师台湾征战朱一贵义军。平台后，蓝廷珍奉命继续留台，署理提督职务，前后三年之久。蓝廷珍对台湾的治理和开拓，提出了一系列很有远见的建议和措施，对台湾的历史发展产生深远的影响，表现了他在事关中国领土问题上的政治眼光和治理能力。

清廷统一台湾后，在朝廷内，曾就台湾弃留问题展开过一场争论。一些朝臣主张"守澎去台"，遭到施琅等官员的坚决反对。经过争论，清政府决定设台湾府，隶属福建省。但是有关台湾治理问题的看法仍不一致。台湾局势平定后，闽浙总督满保以山地土番难治为由，把山地划为"弃土"，下檄文划界迁民，禁止出入。对此，蓝廷珍力主积极开拓山地，呼吁不可随便抛弃台湾一寸土地。他说："国家初设郡县，管辖不过百余里，距今未四十年，而开垦流移之众，延袤二千余里，糖谷之利甲天下。过此再四、五十年，连内山山后野番不到之境，皆将为良田美宅，万万不可遏抑。"蓝廷珍的意见和建议，得到满保的采纳，并上奏朝廷增设行政区。雍正元年，台湾增设彰化县、淡水厅和澎湖厅。康熙六十一年（1722年），朝廷鉴于征战郑氏政权和朱一贵义军，都先驻军澎湖，再进兵台湾，拟议将台湾总兵官移驻澎湖，台湾只设陆路副将。"廷珍以为不可，上书论之，议始罢。"蓝廷珍还亲自组织开垦荒地，发展生产。他率领官兵开垦了"蓝兴堡"（今台中县太平乡、台中市区一带），成为台湾开发史上最早最大规模的官垦之一。

蓝廷珍一生二十四次受朝廷赏赐。雍正元年（1723年）升任福建水师提督。清朝康雍年间蓝理、蓝廷珍、蓝鼎元三个闽南人因为平定、治理、开发台湾而闻名遐迩，他们的生平事迹入传《清史稿》，史称"蓝氏三杰"。

　　土番难治不为由，
　　台湾寸土不可丢。
　　总兵移治台湾岛，
　　海防陆防写春秋。

上官周（1665—1749），清代著名画家。福建长汀人，终身布衣。他善画山水、人物，是著名的民间画家。上官周的绘画艺术造诣很深。他一生不求闻达，不附权贵，终生布衣。他擅长画山水和人物。清代的窦镇称他的山水画"烟岚弥漫，墨晕可观"，笔力老到，其笔下的人物神情潇洒。在上官周刊行于乾隆八年（1743年）的木刻版画稿本《晚笑堂画传》中，曾经描绘了从周至明代120位历史名人，人物形象众多，表情刻画细腻，构图富于变化，加之良工镌刻，衣纹刀法工整流利，成为清代人物画谱名作，深受当时文苑推重，对后来的人物画和版画有着深远的影响。《中国绘画史》称颂道："就清之人物画来说，长汀上官周之功夫老到。为清代史实风俗画之较有名者。"

著有《晚笑堂竹庄诗集》、《晚笑堂画传》。后者成为传世之作，自乾隆八年问世以来，一直是学习人物画的临摹范本。受上官周人物画影响最大的，是他的学生扬州画派的代表画家黄慎。周旻敬绘。诗云：

晚笑堂前作画传，
历代名人现毫端。
汀州从来养才俊，
黄慎三绝尤可观。

蓝鼎元（1680—1733），清代建言经略台湾的知名学者。字玉霖，号鹿州，福建漳浦县赤岭人。作为清代知名学者，他是一位对台湾历史有较大影响的官吏。康熙六十年（1721年），蓝鼎元随蓝廷珍出师入台，平台后又在台湾住了一年多。他出入军府，筹划军机，处理政务，著书立说，提出了很多治理台湾的策略。蓝鼎元精熟台湾历史，入台后又全面考察了台湾社会、政治、经济、军事、地理、风俗、信仰、教化等方面的情况。他最早提出对台湾进行综合治理，促进台湾走向"文治"社会的具体措施，即做好十九件事："信赏罚，惩讼师，除草窃，治客民，禁恶欲，儆吏胥，革规例，崇节俭，正婚嫁，兴学校，修武备，严守御，教树畜，宽租赋，行垦日，复官庄，恤澎民，抚土番，招生番。"这些所谓的十九事，一直是后来台湾官员的治台依据。蓝鼎元因而被誉为"筹台宗匠"。清初清政府对移民实行禁止携眷赴台的政策，造成男女失衡的社会问题，蓝鼎元建议解禁，清政府采纳了他的建议，解决了严重的社会问题。乙未2015年清明为蓝鼎元造像，周旻记之并诗赞曰：

携眷赴台得开禁，
端赖鼎元建言新。
《平台纪略》多卓识，
留与后人说到今。

林君升（1685—1756），清朝全面勘台地形第一人。福建同安马巷人。林君升是清代康乾年间驰名海两岸的著名将领。其知名的历史功绩是，康熙六十年（1721年）平定朱一贵之乱后，林君升奉命勘察台湾地形。当时清王朝对刚归入版图的台湾的地理、风物、人情、民俗了解并不详尽，有些方面几乎空白。林君升进入台湾后，从多方面勘察地形以布局海防、城池、关隘，他深入府县了解民情，广查物产分布，为朝廷提供详尽的第一手资料。林君升在台湾总兵任上，体恤百姓疾苦，在推行政务中，实行仁政，少征杂税，受到台湾民众的爱戴，为台湾的长期安定立下了汗马功劳。

林君升的《舟师绳墨》、《救荒备览》等遗作，是研究清代水师装备及地方赈灾救荒经验的重要史料。在同安林君升墓葬旁，保存着厦门现在唯一一座古代官员由皇帝下旨"钦赐祭葬"的御碑亭。甲午2014年大暑挥汗敬绘，周旻并记。诗云：

勘察布防熟地形，
《救荒备览》谋远兴。
版图标示多民意，
钦赐祭葬林总兵。

黄慎（1687—1768），福建宁化人，清代杰出书画家。扬州八怪之一。幼丧父，以卖画为生，奉养母亲。初随上官周学画，后离家出游，曾多次在扬州卖画。年方十八九岁，寄身萧寺，昼为画，夜无烛，乃从佛光明灯下读书。黄慎擅长人物、山水、花鸟，并以人物画最有突出，题材多为神仙佛道和历史人物。黄慎所作人物，多取神仙故事为题材，以狂草笔法入画，顿挫有致，富于气势。黄慎擅草书，以书入画，意趣横生。黄慎的诗文、狂草书法、绘画被称为三绝。与郑板桥、李鱓等交往，为"扬州八怪"代表画家。郑板桥为诗赠之：

家看古庙破苔痕，
惯写荒涯乱树根。
画到精神飘没处，
更无真相有真魂。

甘国宝（1709—1776），字继赵，号和庵，清康熙四十八年（1709年）出生于福建屏南县小梨洋村。21岁中武举，25岁进京会试第三名，殿试二甲八名武进士，选授三品侍卫。历任海南、甘肃、青海、贵州、云南、山东、浙江、江苏、台湾等地游击、参将、副将、总兵，直至广东提督、福建水师提督、福建陆路提督兼闽阅操大臣，诰授荣禄大夫。甘国宝一生廉慎，勤政爱民，洁己奉公，尤其两度戍台担任挂印总兵，为保卫、建设台湾做出了突出贡献，成为海峡两岸民众敬仰的英雄人物。

乾隆二十四年（1759年）十月，甘国宝首次戍台担任挂印总兵，乾隆皇帝诏谕："此为第一要地，不同他处，非才干优良，见识明澈者不能胜任。"甘国宝上任后，采取一系列强军措施。当时，台湾实行班兵制，官兵戍台三年换班更替，替换兵员皆由福建各郡兵营调拨。甘国宝特地在台南总镇标营亲设"益求堂"，组织官兵学文化，学军事，以加强教育训练，奖励士卒。同时，深入民间，熟悉风土民情，教台民"明礼仪，勤耕种"，大力发展中华文化传统教育，培养人才，帮助原住民改进和提高农耕技术，促进汉族和原住民等少数民族的友好团结，使台湾"兵安其伍，民安其业"。

清政府在统一台湾并设府后，取消海禁，闽、粤等地汉人涌入台湾，台湾因此迎来了移民高潮。汉人大量垦荒，在土地使用上和台湾原住民产生利益纷争，并引发一系列社会问题。甘国宝通过调查，"严疆界，谨斥堠"，立石划界，维护了原住民的权益，促进了社会安定。

他经常教训子女："居官廉慎，尽心报国，勿坠家声。"甘国宝军政兼管，水陆并防，强调："防陆者不可处于家，防海者不可处于陆。"他以身作则，"亲坐楼船，出海巡察。虽遇风浪，也不躲避"。68岁身穿战袍出巡福建八府，忽染重病，殉职途中，逝世之日，后人在清理家产时发现"廪无余粟，库无余财"。诗赞曰：

两度戍台资历深，
垦荒政策费精神。
兵安其伍民安业，
居官清名得廉慎。

潘振承（1714—1788），清代富商。字逊贤，号文岩，又名启，福建省龙溪（今漳州角美白礁村潘厝）人。潘启早年家贫，习商贾。青年时自闽入粤，从事海外贸易，曾往吕宋三次，贩卖丝绸和茶叶。后在粤为十三行陈姓行商司事，深受信任，被委以全权。陈姓行商获利归里，潘启开设自己的同文行，承充行商。由于诚信经营，眼界开阔，敢为人先，且经营有方，积累了雄厚的财富足可敌国，被《法国杂志》评为18世纪世界首富。

潘启善于学习，深通多国语言，能听懂并书写西班牙语、葡萄牙语和英语，但夹杂着浓重的闽南话音。如 today 念成闽南话"土地"。由于深通外语，为他与外商直接对话带来便利。其所以成功，还与乾隆下令关闭闽浙沪海关，在广州实行"一口通商"有关。在广州十三行中，潘启也是一个最有远见的行商，他率先使用汇票与外国商人进行贸易结账，减少白银交易所带来的不便，进一步提高了贸易的结算效率，促进了资金的快速流转。多年间，潘启一直是英国东印度公司最大的客户，也是瑞典东印度公司最主要的贸易伙伴。"夷人到粤必见潘启官（官为外国商人对潘启的尊称，潘启以捐银的方式获得候选兵马司正指挥加三品花翎顶戴的官衔）"。

闻名于世的瑞典哥德堡号商船曾到广州与潘启进行贸易，潘启把自己的玻璃画像送给关系友好的瑞典商人。至今，潘启的玻璃画像还保留在瑞典哥德堡市博物馆里，这是欧洲所有博物馆中唯一珍藏的一幅中国人画像。乙未之夏周旻为潘振承造像，诗云：

海丝路上勇闯关，
三下吕宋首探险。
地瓜外语加汇票，
夷人必见潘启官。

潘振承造像

潘振承，福建龙溪人，清代富商。乾隆时期在广州口通南洋票引导下，经营有方，外贸兴隆，被《法国杂志》评为十八世纪首富。

海丝路上勇闯关，
三下吕宋首探险。
地瓜外语加汇票，
夷人必见潘启官。

乙未周旻作

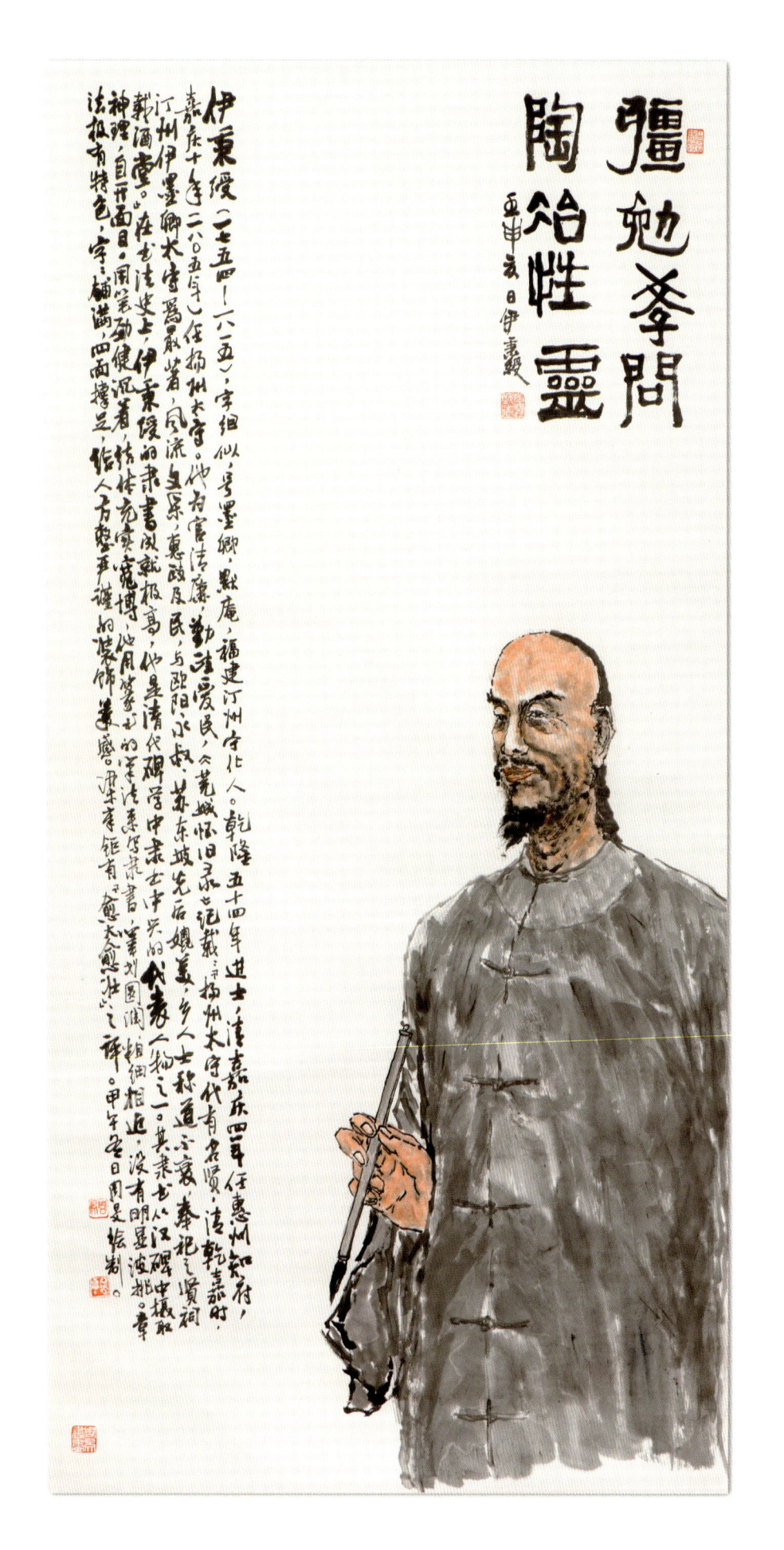

伊秉绶（1754—1815），清代扬州太守、书法家。字组似，号墨卿、默庵，福建汀州宁化人。乾隆五十四年（1730年）进士，清嘉庆四年（1779年）任惠州知府，嘉庆十年（1805年）任扬州太守。他为官清廉，勤政爱民，《芜城怀旧录》记载："扬州太守代有明贤，清乾嘉时，汀州伊墨卿太守为最著，风流文采，惠政及民，与欧阳永叔、苏东坡先后媲美，乡人士称道不衰，奉祀之贤祠载酒堂。"

在书法史上，伊秉绶的隶书成就极高，他是清代碑学中隶书中兴的代表人物之一。其隶书从汉碑中摄取神理，自开面目，用笔劲健沉着，结体充实宽博。他用篆书的笔法来写隶书，笔画圆润，粗细相近，没有明显波挑。章法极有特色，字字铺满，四面撑足，给人方整严谨的装饰美感。梁章钜有"愈大愈壮"之评。甲午冬日周旻并记。

扬州太守史留名，
墨卿勤政有廉声。
碑学中兴汉隶韵，
宽博劲健四面撑。

林爽文（1756—1788），原籍福建漳州平和。于乾隆三十八年（1773年）随其父亲到台湾，定居彰化县大里杙庄（今台中市大里区），以耕田、赶车为业。乾隆三十年参加严烟组织的"天地会"，不久成为台湾天地会的北路领袖。1768年至1788年，台湾爆发台湾历史上规模最大、范围最广的农民起义。起义军的领袖就是林爽文。

1787年1月16日因台湾府知府孙景燧取缔天地会，逮捕天地会领袖林爽文之叔伯，林爽文率军劫狱反抗，号称有50万众响应，随后攻下彰化，杀台湾知府孙景燧，进驻彰化县衙门，自称"盟主大元帅"。林爽文建号"顺天"，往南攻打诸罗等地，福建陆路提督署台湾兵备道柴大纪力守。凤山天地会领袖庄大田亦集众起兵响应，至2月全台除南部台湾府、诸罗，中部海港鹿港外均陷落。但因军纪不良，桃竹苗等地的客家居民被迫以乡勇形式组织义民团练，抵抗林爽文军队保卫自己的家乡。

清廷派陕甘总督大学士福康安、参赞大臣海兰察共率绿营八千人自鹿港登台，上岸后再招团练六千，总兵力一万四千，与林爽文三万兵力对峙，双方战于八卦山。福康安先后收彰化、诸罗。林爽文败走集集、水沙连（今南投县鱼池乡）等地。1788年2月10日福康安令人说服当地居民于老衢崎（今苗栗县竹南镇崎顶里一带）生擒林爽文。林爽文遭清政府于北京审讯判决凌迟处死。此事清廷仅派军不足4万，费时一年四个月平定，之后清乾隆皇为了嘉奖诸罗县义民义举，而将诸罗改名"嘉义"。乾隆将平台民变一事，列入十全武功。

义旗聚首天地会，
攻城略地民众随。
族群械斗由来久，
不敌清廷精兵追。

陈若霖（1759—1832），字宗觐，号望坡，福州人。乾隆五十二年进士。初授庶吉士，历任主事、员外郎、郎中、按察使、布政使、巡抚、总督等职，道光初期官至刑部尚书。嘉庆年间先后任云南、广东、河南、浙江巡抚，道光元年升任湖广总督，次年调任四川总督，后入京为官，直至逝世。

陈若霖为官清正，注意兴修水利，精通法律，善于断案。他为举子进京赴考，首倡捐廉俸，大加修葺北京福州新旧会馆。首倡重新修纂《福建通志》。他注重民生，在浙江巡抚任上，多次组织修筑山阴、上虞、萧山等地的塘堤水利工程；在湖广总督任上，关注广大苗民的生存之本，奏请朝廷为苗民减租免赋。即使暮年，依旧亲自到堤面上勘察地形。

林则徐曾得到陈若霖的帮助，他亲自为陈若霖书写墓志铭。2015乙未岁为清官陈若霖造像，周旻录林则徐评价陈若霖对联如下：

三十州都督，
文武兼资，
王命秉钺临天府；
五百里德星，
恩威并济，
老尚陈篇对古人。

徐继畬（1759—1873），晚清名臣、学者。山西代州五台县人。晚清《纽约时报》称其为东方伽利略。道光六年进士，历任广西、福建巡抚，闽浙总督，总理衙门大臣，首位总管同文馆事务大臣。

徐继畬是中国近代开眼看世界的先驱之一，又是近代著名的地理学家。1844年春，徐继畬和美国新教传教士雅稗理在厦门进行了历史性对话，中国人始知以古希腊为孤本、为母体的西方现代民主政治思想和制度，始知美国共和政体和华盛顿。徐继畬又广泛接触了西方来华人士，对清朝的国家专制制度的合法性及永恒性深表怀疑。他五年数十易稿，1848年出版《瀛环志略》。此书率先突破根深蒂固的天朝意识和华夷观念，将中国定位于世界的一隅，引进西方民主政治思想的价值体系，记录了当时世界各国各类政体，宣扬了西方民主制度和理念。2014年4月查美国国会图书馆存有徐继畬模糊照片一张，以此为参考创作，2015年重绘。周旻并记。诗云：

厦门偶遇雅稗理，
重识天朝与华夷。
冷眼向洋看世界，
忧时忧国几人知？

王得禄（1770—1841），祖籍江西，高祖父于朱一贵事件期间随军来台定居。王得禄在林爽文事件期间招募乡勇，协助平乱，官拜千总。嘉庆年间屡次痛击海盗，累官至浙江总督加太子太保衔。是清朝时期官位最高的台湾人。王得禄于1840年鸦片战争期间驻防澎湖，积劳成疾，卒于任上。王得禄墓位于台湾嘉义县新港乡，是全台最大的私人墓园。目前台湾嘉义县有太保市，便得名于王得禄。周旻并记。诗云：

生逢弱朝心气高，
护我宝岛迎海潮。
勤勉警惕除外患，
积劳成疾辛岛礁。

梁章钜（1775—1894），清代名臣、楹联开山祖。字闳中，又字茝林，号茝邻，晚号退庵。祖籍福建长乐，生于福州。其先祖于清初迁居福州，故自称福州人。曾任江苏布政使、甘肃布政使、广西巡抚、江苏巡抚等职。

梁章钜上疏主张重治鸦片囤贩之地，强调"行法必自官始"，并积极配合林则徐严禁鸦片，是坚定的抗英禁烟派人物。他也是第一个向朝廷提出以"收香港为首务"的督抚。梁章钜是一位政绩突出，深受百姓拥戴的官员。

梁章钜晚年从事诗文著作，一生共著诗文集近70种。他在楹联创作、研究方面的贡献颇丰，乃楹联学开山之祖。梁章钜七十寿辰时，好友王淑兰所撰贺联非常贴切地概述了他一生的往历和成就。联曰：

二十举乡，三十登第，四十还朝，五十出守，六十开府，七十归田，须知此后逍遥，一代福人多暇日；

简如格言，详如随笔，博如旁证，精如选学，巧如联话，高如诗集，略数平生著述，千秋大业擅名山。

陈化成（1776—1842），民族英雄。鸦片战争抗英名将。福建同安人，童年移居台湾，入行伍与海盗蔡牵作战，晋升至金门总兵。任福建水师提督，迎击英国舰队，旋任江南提督。道光十二年，67岁高龄在守卫吴淞口战役中与英舰力战，身受七处重伤，血流至胫，愤然驳斥两江总督牛鉴议和之劝，秉旗促战，大喊施炮，终至牺牲。英军认为"自与中国军队作战以来，中国人的炮火以这次为最厉害"，有"不怕江南百万兵，只怕江南陈化成"之说。陈化成将军牺牲后，部将将其遗体匿于芦苇之中，祭奠之日，万民哀恸。后将军归葬鹭岛，墓在金榜山。甲午岁周旻敬绘。诗云：

山河恸群英，
风雨也飘零。
将军魂魄在，
长城铁铸定。

邓廷桢（1776—1846），抗英名将。江苏南京人。嘉庆六年进士，工书法，擅诗文，授编修，官至云贵、闽浙、两江总督，与林则徐协力查禁鸦片，击退英国舰队挑衅。邓廷桢改调任闽浙总督后，由广东到福建，加强海防建设。他与吏部右侍郎祁隽藻、刑部左侍郎黄爵滋等，决定在厦门岛的胡里山，建起一道五百丈的石壁，并于石壁后建筑营房、建造炮墩。在厦门岛安置了100门铁炮，又在鼓浪屿、屿仔港等处安置160余门铁炮，把他在广东购置的14门洋炮都使用上。这就是被英军称作长列炮台的厦门海防壁垒。

道光二十年九月（1840年9月），在投降派的陷害下，道光皇帝下令革了林则徐和邓廷桢的职，道光二十一年四月，道光皇帝颠倒是非，谴责邓廷桢在广东任职多年，懈惰因循，不加整顿，所设排练空费钱粮，全无实用，以致虎门之役不能抵挡，对他从重处理，发配伊犁以效力赎罪，直到道光二十三年才被召回，赏三品顶戴，任甘肃布政使，派他到银川、洮陇、酒泉等地勘察荒地。道光二十五年调任陕西巡抚。在此期间，他始终与林则徐保持着联系。道光二十六年三月二十日，病死任内。

邓廷桢这首词《酷相思·寄怀少穆》，是寄给林则徐的，抒发其调离两广总督时的愁苦情怀：

百五芳期过也未，但笳吹，催千骑。看珠澥，盈盈分两地。君住也，缘何意？侬去也，缘何意？

召缓征和医并至。眼下病，肩头事，怕愁重，如春担不起。侬去也，心应碎，君住也，心应碎。

周凯（1779—1857），字仲礼，浙江富阳人。道光二年冬，周凯任湖北襄阳知府，因使民众著蚕桑致富而有政声。道光十年，周凯赴厦门任兴、泉、永道职，道光十三年，周凯调署台湾道。期间抚案平乱，政绩卓然。他亲赴澎湖赈济风灾，又以海之墓，又亲赴金门明鲁王朱以海之墓，对台湾蚕桑业的发展、卓有贡献。他亦提拔后进，清末便聘陈板桥家任教师的吕世宜时化匪等均出自其门。诗赞曰：蚕桑盈市知府乐，恤民纪胜情也奢。台海风波眼底过，衰世幸有守疆者。甲午周旻题。

周 凯（1779—1837），清代治理闽台名臣。字仲礼，浙江富阳人，为宋代著名理学家周敦颐后裔。道光二年冬，周凯任湖北襄阳知府。百姓贫困，他首倡种桑养蚕，派人到浙江采购桑苗八千余株，襄阳丝绸作坊星罗棋布，百姓富裕，安居乐业，对周凯感恩戴德。1830年11月12日，周凯赴厦门任兴、泉、永道职，他深感厦门地处泉、漳之交，扼台湾之要，为东南之门户、十闽之保障、海疆之要区，应有完备之志书，以供守备参考。遂与凌翰、陈荣瑞、孙云鸿等先后纂修《厦门志》与《金门志》。其间在金门发现明鲁王朱以海之墓，乃作重点文物加以保护，又亲赴澎湖赈恤风灾，作《彭海纪行诗》二卷。

道光十三年七月，周凯调署台湾道事，十六年九月，任台湾兵备道。其间抚灾平乱、政绩卓然。道光十七年七月三十日，终因积劳成疾，病殁于任所，终年59岁。

周凯不仅为官勤政清廉，在艺术上也有较高造诣。精通诗书画，堪称三绝。为京都二十四诗人之一，所绘《武当纪游》二十四图，为传世名作。《闽南纪胜》描绘厦门胜景，多年流失民间，近年为龚洁先生慧眼拍回。周凯的书法墨迹，在厦门、台湾、南普陀等地的匾额、楹联碑文中尚可见。甲午周旻重画并记。

蚕桑盈市知府乐，
恤民纪胜情也奢。
台海风波眼底过，
衰世幸有守疆者。

苏廷玉（1783—1852），清代名臣。字韫山，号鳌石，福建省同安新店澳头村人。少时孤苦贫寒，十分好学，进士及第后被选为庶吉士，任刑部主事。为人公正，忠于职守，对于案情的处理明察秋毫。在任四川按察使期间，兼理边政，除暴安民，并捐俸济军饷，受到朝廷嘉奖。

1842年，英军侵犯厦门，苏廷玉积极招募地方青壮年，组织民兵组织队伍聘请神枪手。他与林则徐一道力主禁烟。林则徐被贬伊犁，曾写信给好友苏廷玉谈到"自顾之行，愤时激辄思，追静中细思，即出亦无所益"，表达对时势的无奈。林则徐在最后一年，与苏廷玉通信频繁，他们语长情重，不啻促膝谈心。鸦片战争期间，陈化成给同乡挚友苏廷玉的信中写道："英夷到处猖獗，已破虎门、厦门、定海，势必窥视吴淞，某海上攻占四十余年，风涛素习，严兵戒备，如夷来，必能破之，以张军威。设事机不测，亦必以死继之！"陈化成为国捐躯后，苏廷玉撰诗哀悼："公死不死，公如生时。热血满腔，英灵千古。国事孔殷，忠魂来补。"抒发痛失挚友的悲痛心情。甲午初夏周旻并记。诗云：

澳头少年苦贫寒，
秉公勤勉巧办案。
抵御英夷扶挚友，
情系泉厦云水间。

林则徐（1785—1850），清朝时期的政治家、思想家和诗人。福建省侯官（今福州）人，字少穆，官至一品，曾任湖广总督、陕甘总督和云贵总督，两次受命钦差大臣。因其主张严禁鸦片、抵抗西方列强的侵略，有民族英雄之誉。1839年，林则徐于广州禁烟时，强迫外国鸦片商人交出鸦片，并将没收鸦片于虎门销毁。虎门销烟使中英关系陷入极度紧张状态，成为第一次鸦片战争英国入侵中国的由头。

林则徐一生力抗西方人入侵，但对于西方的文化、科技和贸易则持开放态度，主张学其优而用之。根据文献记载，他至少略通英、葡两种外语，且着力翻译西方报刊和书籍。晚清思想家魏源将林则徐及幕僚翻译的文书合编为《海国图志》，此书对晚清的洋务运动乃至日本的明治维新都具有启发作用。1850年11月22日，林则徐在潮州普宁老县城病逝。

林则徐抗英有功，却遭投降派诬陷，被道光皇帝革职。他忍辱负重，于1841年7月14日走上"从重发往新疆伊犁，效力赎罪"的戍途。在赴戍途中，仍忧国忧民，并不为个人坎坷而怨叹。当与妻子在古城西安告别时，他写下了"苟利国家生死以，岂因祸福避趋之"的激励名句。这是他爱国情感的抒发，也是他性情人格的写照。

1849年冬，林则徐因病卸去云贵总督一职，途径长沙回福建时，与37岁的左宗棠见面。临别时，林则徐将自己在新疆整理的资料和地图全部交给左宗棠，并书赠"苟利国家生死以，岂因祸福避趋之"。这是传世名言。左宗棠将这对联当作自己的座右铭，时时激励自己，左宗棠说：每遇艰危困难之日，时或一萌退意，实在愧对知己。回到福州，林则徐命次子徐聪彝代写遗书，向大清皇帝一再推荐左宗棠。因此，左宗棠的名字第一次引起京城注意。周旻记之。

姚莹（1785—1853），字石甫，号明叔，晚号展和，安徽桐城人。从祖姚鼐，为桐城派古文主要创始人。姚莹于嘉庆十二年中举，次年为进士，又次年招入粤督百龄幕府。当时海盗骚扰，日事招讨，因而得知海上事。嘉庆二十一年任福建平和县令，任知县期间，办事干练，诛奸抑暴，民俗一变。次年调任龙溪知县，无论贫富，秉公断狱，漳州人大悦，称誉姚莹为"闽吏第一"，嘉庆二十四年（1819年）春，调任台湾知县。道光元年（1821年），任噶玛兰通判，在任职期间，多方规划，建造城垣衙署，改筑仰山书院，大力鼓励人民开垦，促进汉族人民与高山族人民的团结友好，对开垦宜兰地区做出积极贡献。

道光十一年至京都，与龚自珍、魏源、张际亮、汤鹏等相交游，讲究经世之学，关注时政利病。当时，道光皇帝诏谕朝廷内外大臣举荐人才，姚莹为两江总督陶澍、江苏巡抚林则徐所器重，力荐朝廷，认为可大用。

鸦片战争爆发，姚莹在台首推禁烟运动，与林则徐领导的禁烟运动相呼应。其间姚莹带领台湾军民共取得五战五胜的战绩。姚莹时任台湾兵备道，他与台湾总兵达洪阿，击退侵台英舰，俘虏驶入台湾大安港的英军49人。1842年9月29日，《南京条约》签订，英国代表濮鼎查要求清政府惩办抗英将领，姚莹、达洪阿竟被革职逮问。姚莹后来与林则徐同时被重新起用。周旻并记。诗赞曰：

舞文弄墨也握枪，
五番击退英舰船。
护国保台拼全力，
战功换来满腹冤。

江继芸（1788—1841），抗英名将。字源选，号香山，清朝爱国将领，是鸦片战争期间抗击英国侵略者的著名民族英雄。江继芸青年时加入清军水师。先后担任台湾副将、海坛镇总兵、金门镇总兵等职。

道光二十一年（1841年）七月，英国侵华大臣璞鼎查率领由战舰十艘、轮船四艘、各式运输船22艘、大炮366门、陆战队2519人组成的舰队，由香港起航，直逼厦门。闽浙总督颜伯焘急调金门镇总兵江继芸来厦，与巡道刘耀椿共同统领军事。道光二十一年七月初十日（1841年8月26日）晨，英舰乘潮入港，炮轰鼓浪屿和厦门沿海阵地，各炮台在江继芸指挥下，一举向英舰开炮阻击，击沉击伤英舰、英船只六艘。英军改变战术，集中炮火猛击左翼阵地，并在炮火掩护下分乘舢板强行登陆，包抄各炮台。江继芸一面指挥大炮还击，一面组织陆勇堵截登陆英军，用大刀、长矛与拥有精锐武器的侵略军展开白刃战，连续五次打退敌人进攻。浴血奋战之际，三艘英舰在右翼鼓浪屿登陆。闽浙总督颜伯焘、刘耀椿等撤离厦门，退守同安。江继芸孤军奋战，身负重伤，投海殉国。终年53岁。甲午周旻并记。

浴血奋战逐英舰，
总兵苦撑不胆寒。
炮台浊浪排空起，
难掩英雄情难堪。

璞鼎查（Sir Henry Pottinger, 1789—1856），英国军人及殖民地官员。他从1803年起，在印度从事殖民侵略近四十年。1841年4月，英国政府任命他为鸦片战争时期侵华全权代表，代替义律，来华扩大侵略战争。他亲率舰队攻陷厦门、定海、镇海、宁波和乍浦。1842年6月侵入长江，先后攻陷吴淞、上海和镇江。1842年8月29日在南京胁迫清政府签订中英《南京条约》。1843年成为香港首任总督。甲午年晚春周旻并记。诗云：

临岸但闻炮亦猛，
对面碰上陈化成。
舰队兵临南京日，
犹记当时还击声。

陈胜元（1797—1853），清代抗英名将。福建同安县厦门溪岸人。18岁加入福建水师，随陈化成赴台平乱，作战英勇，屡得提拔。鸦片战争期间，英军进犯东南沿海，陈胜元率军抵御，因不敌退守同安，被革职。后因功恢复原职。咸丰三年（1853年）在与太平军作战时，在芜湖江面被炮火击中，落水而亡。甲午岁次清明周旻并记。诗云：

年轻水师迎新兵，
追随化成去抗英。
时势不与英雄路，
捐躯未必得太平。

张际亮（1799—1843），鸦片战争时期享有盛名的爱国诗人和力主改革的思想家。与魏源、龚自珍、汤鹏并称为"道光四子"。字亨甫，号松寥山人、华青大夫。福建建宁县人。张际亮两次受业于福州著名的鳌峰书院。鳌峰书院时任山长陈寿棋，以及曾经在鳌峰书院学习的林则徐、姚莹，都对张际亮的一生产生过重要影响。

姚莹驻守台湾期间，多次击退英国侵略军，保卫台湾。但因遭到投降派迫害，被革职查办，押送京城受审。张际亮不顾重病在身，陪同上京，代姚莹作《狱中辨冤疏》。在张际亮等的积极营救下，姚莹终于出狱，可是张际亮却因为延误医治，病情恶化，病逝于京城，时年44岁。林则徐专门为其作传以志追悼。张际亮有《思伯子堂诗集文集》、《南浦秋波录》、《金台残泪记》等行世。听闻张际亮病逝，远在新疆戍边的林则徐深感悲痛，特寄《哭张亨甫》诗一首，以寄托对亡友的哀思：

尺素频从万里贻，
吟成感事不胜悲。
谁知绝塞开缄日，
正是京门易箦时。
狂态次公偏纵酒，
鬼才长吉愧攻诗。
修文定写平生志，
犹诉苍苍塞漏卮。

丁拱辰（1800—1875），清代军事科学家。又名君轸，字淑原，号星南，福建晋江陈埭人。清代军火科学家。32岁时，丁拱辰得到西人珍藏的有关图书，从中悟出炮法的基本原理，又留心观察各国火炮型式，使他对造炮和制造火药的技艺成竹在胸。鸦片战争爆发次年，他编著了《演炮图说》一书，在广州附近铸炮制弹，在反侵略的鸦片战争中，发挥了实际效果。

1851年，52岁的丁拱辰又写了《演炮图说后篇》一书，对大炮、炮弹和各种小型火器的技术，做了更为详细的说明。1863年，丁拱辰奉命到上海"襄办军器"，著《西洋军火图编》6卷，12万字，附图150幅。由于《演炮图说》及其《辑要》、《后篇》至《增补则克录》、《西洋军火图编》的撰述、出版和实践活动，使丁拱辰成为我国近代正确论述和制造西式武器的军事科学家。丁拱辰还在中国首先进行了蒸汽机、机车和轮船的模型制造，撰写了中国第一部有关蒸汽机、机车和轮船的著作，为创建中国近代机械工程做出了贡献。乙未周旻并记。

演炮图说细琢磨，
购置兵器添军火。
强国虽缺蒸汽机，
唤民崛起力不多。

雅裨理（David Abeel，1804—1846），美国归正教传教士。1842年2月24日，雅裨理取得英军侵华全权代表璞鼎查（H.Pottinger）的支持，登陆了当时还驻扎着英军的鼓浪屿，开始基督教新教在厦门的传播。之后，波罗满、罗啻、施敦力、打马字、宾为霖、杜嘉德、麦高温等英美传教士接踵而来，他们除了宣教，还为厦门社会的发展、中西文化交流作出了贡献。1844年，雅裨理被任命为福建布政使徐继畬与英国首任驻厦门领事记里布会晤的通译。他送给徐继畬《圣经》及一些地图，并回答许多关于世界历史、地理、政治制度以及自然科学上的问题，为徐继畬日后编写其《瀛环志略》打开眼界提供了丰富的资料。雅裨理与徐继畬在厦门会面，被称作历史性对话。甲午岁周旻并记。诗云：

捷足先登即开讲，
老徐问道通译忙。
天文地理加政体，
学人著述看西洋。

谢颖苏（1811—1864），福建诏安人。二十岁改字为管樵，三十年后更字为琯樵。晚年著名画家谢颖苏、沈瑶池、汪志周等被称为"诏安画派"的创始人。主中国艺术界的零独树一帜，卷有很高的声誉。台湾美术开山祖谢颖苏生于东佗台湾艺坛最有影响的旧闽西画家。早青时期的谢颖苏已经名噪八闽，其金石书画兼长的艺术成就，获得近代著名文学家林纾、著名画家陈子奋等的赞誉。咸丰元年（1851年）起谢颖苏多次东渡台湾，讲学作画。他先后在台南海东书院、艋舺青山宫和台北板桥大观义学讲授绘画和书法艺术，对台湾书画艺术起到了启蒙和开拓作用。谢颖苏不但把诏安画艺传授给台湾画界，而且把常规实用美术精粹，通过园林建筑艺术形象地介绍给台湾民众，著名的板桥林家花园就是谢颖苏的设计作品。被认为是中国南方庭园在台湾的翻版。甲午周旻寅记。

谢颖苏（1811—1864），台湾美术开山祖、"诏安画派"的创始人。福建诏安人。20岁改字为管樵，30年后更字为琯樵。被称为"台湾美术开山祖"的谢颖苏，是清末台湾艺坛最有影响的画家。年青时期的谢颖苏已经名噪八闽，其金石书画兼长的艺术成就，获得近代著名文学家林纾、著名画家陈子奋等的赞誉。

道光二十年（1840年），闽浙总督颜伯焘欣赏谢颖苏的艺术才气，邀其入幕府。谢颖苏寓居福州，出入于总督、巡抚和将军府三大衙门，点染丹青，广交朋友，书画作品开始流入台湾，为官府、士绅和文人雅士所收藏。

咸丰元年（1851年）起，谢颖苏多次东渡台湾，讲学作画。他先后在台南海东书院、艋舺青山宫和台北板桥大观义学讲授绘画和书法艺术，对台湾书画艺术起到了启蒙和开拓作用。谢颖苏不但把诏安画艺传授给台湾画界，而且把常规实用美术精粹，通过园林建筑艺术形象地介绍给台湾民众，从而进一步确立了他在台湾美术史上的地位。台北著名的板桥林家花园就是谢颖苏的设计作品。板桥林家花园被认为是中国南方庭园在台湾的翻版。

同治三年（1864年）冬，赴广东任官，路经漳州，为坐镇万松关的老友福建提督林文察所挽留。农历十一月初三夜，太平军奇袭瑞香亭，谢颖苏正与林文察饮酒，闻讯投筷上马奔避，中弹身亡。甲午周旻并记。

往返台湾筑板桥，
江南形胜入眉梢。
实用美术重设计，
万松关前惜命了。

左宗棠（1812—1885），字季高，清嘉庆十七年十月初七生于湖南湘阴左家塅。号湘上农人。自幼聪颖，14岁考童子试得第一名，曾写下"身无半文，心忧天下；手释万卷，神交古人"的对联以明心志。军事家、政治家、著名湘军将领。一生经历了湘军平定太平天国运动、洋务运动、镇压陕甘回变和收复新疆等重要历史事件。

左宗棠是中国近代洋务运动的代表人物之一，创办了福州船厂，即后来的福建船政局，并创办求是堂艺局，培养海军人才。还创办了甘肃制造局、兰州机器织呢局等。左宗棠最伟大的贡献是收复新疆，巩固海防。清同治以来，中亚阿古柏入侵南疆，沙俄侵占伊犁。李鸿章主张放弃"塞防"，拒不发兵，散布"出兵必败"。左宗棠力排众议，以古稀之年，带着棺材西征，大长士气。用其卓越的军事才能，督作战，并得到各族人民的支持，使新疆重新回到祖国怀抱，接着又屯垦边疆，授民农法以尽地利。

不久，中法战争爆发，左宗棠时任军机大臣，他自请赴前线督师。因调任两江总督，"以钦差大臣督办福建军务"，抱垂暮病痛之躯，亲临福州布防，组织兵力东渡台湾防御法军侵犯。1885年7月病重临终前，他还自责"未大伸挞伐，张我军威，遗恨平生，死不瞑目"，爱国之忱，感人至深。7月27日，左宗棠在福州病故，享年73岁。朝廷追赠太傅，谥号文襄。

左宗棠两次率部西征，一路进军，一路修桥筑路，沿途种植榆杨柳树。不出几年工夫，从兰州到肃州，从河西到哈密，从吐鲁番到乌鲁木齐，凡湘军所到之处所植道边柳树，除戈壁外，皆连绵不断，枝拂云霄，这就是被后人所称道的"左公柳"。2014甲午年国庆过后周旻敬为左公造像。清代诗人肖雄有一首名诗，专为咏颂"左公柳"而作：

　　十尺齐松万里山，
　　连云攒簇乱峰间。
　　应同笛里迎亭柳，
　　齐唱春风度玉关。

刘家谋（1813—1853），清代在台湾采风问俗的诗人。字仲为、苞川，侯官县（今福州市）人。清道光十二年（1832年）中举，他于1850年上任台湾府儒学训导，隶属于台湾道台湾府，该官职主要从事台湾府境内之教育行政管理事务。刘家谋在台湾所到之处，努力收集掌故，研究民情。著有《东洋小草》、《海音诗》等。这是较早集中描写台湾风情的诗作。这些吟咏台湾的诗作，除了真实地描述台湾的民情风俗、山川海岛、物产气候、少数民族外，还对侵台者的历史表示了警觉。

从清代康熙年开始，一批又一批大陆作家游历到台湾，几乎都写有采风问俗的作品。清代乾隆年起，在大陆去台作家的带动下，台湾本地作家先后响应，台湾文坛出现一股采风问俗之风。刘家谋与福建名儒谢章铤（字枚如）交好，曾作《寄枚如》诗：

梅子黄时我别君，
冲寒又作雪缤纷。
开花落实浑何定，
醉看南山朝暮云。

陈星聚（1817—1885），字耀堂，河南省临颍县人。道光二十九年（1849年）中举，同治三年后历任福建省顺昌、闽县、仙游、古田知县，同治十年（1871年）升任台湾淡水同知，五年后又调任鹿港同知，光绪四年（1878年）升任台北知府。在中法战争中，英勇保卫台北，为维护国家领土完整做出贡献，是一位深受台湾人民爱戴的民族英雄。

陈星聚于同治三年到顺昌任知县。据载，他"兴利除弊，政绩颇多"。在闽县任知县时，洋人要在闽县海口强筑炮台，严重威胁我国海防安全，陈星聚提出抗议，据理力争，加以制止。

陈星聚到台湾后，外出巡视，发现当地有收"埋葬税"的陋规，就是人死以后，都得交重税才能安葬，否则罚款判罪。很多人由于交不起"埋葬税"，只好让尸体在家里存放多年，腐烂发臭；有些穷苦人家，甚至放几具尸体都不能埋葬。陈星聚查明之后，下令废除"埋葬税"，得到了台北民众的拥戴。

台北百年祭孔习俗也源自台北知府陈星聚主政台北期间，一直延续至今，每逢孔子诞辰，历任台北市市长都要带领官员到文庙祭拜。

1884年9月，法军第二次进攻基隆；10月1日基隆失守，法军又兵分两路，进攻台北和淡水，台湾与大陆海上交通被隔绝，形势十分危险。此时年已68岁的陈星聚决心与台北共存亡。他让妻子、儿女坐守在后花园水井旁边，准备一旦城破即全家投井殉国。他日夜守在海防前线，激励士气，督战指挥，英勇抗击法国侵略军。几经生死搏斗，终于打退了法军的猖狂进攻，守住了台北。但是，清政府却在镇南关大捷之后，签订了丧权辱国的《中法条约》，陈星聚十分气愤，同时，由于劳累过度，背部毒痈发作，遂愤懑而死。各界人士在台北为他修建了一座"陈公祠"，年年追悼祭祀。同时，还联名奏请清政府，要求对他旌表晋级。清朝政府追封他为三品道台，"御赐祭葬如例"。诗赞曰：

　　转任闽台勇担当，
　　御敌守台督战忙。
　　台北知府祭孔例，
　　陈公祠前诵华章。

打马字（John Van Nest Talmage，1819—1892），美国归正会牧师。1847到厦门一带宣教长达42年，为中西文化交流做出了贡献。打马字倡导华人教会自治，在打马字、罗啻等宣教士的积极推动下，新街堂（1855年）、竹树堂（1860年）相继成立长执会，并培养了叶汉章、罗嘉渔、郑鹏程等华人牧师，闽南教会也成为中国最早的华人自立教会。建于筼筜港岸边的竹树堂，一时兴盛。后又在鼓浪屿办寻源书院。编撰《唐话字初学》，是闽南话拉丁字母正字法学习教材。

1865年6月1日，打马字的第二任妻子马利亚来到厦门。1867年，她开设"周课"，教妇女读《圣经》，1870年，在竹树堂办女学堂。1874年，打马字长女清洁和二女玛利亚也来到厦门，积极参与妇女宣教及教育事业，被厦门人亲切地称为"大姑娘"、"二姑娘"。竹树堂女学堂后来迁到鼓浪屿田尾，当地人称为田尾女学堂或花旗女学（1889年改为毓德女子小学），1895年，二姑娘发起成立厦门戒缠足会，为厦门废止缠足陋习作出了贡献。

1867年打马字母校美国纽布伦瑞克神学院授予打马字神学博士。1889年夏，打马字退休，偕其夫人搭乘阿拉伯号汽轮回到美国。他于1892年在美国新泽西州包恩溪辞世，享年73岁。甲午周旻为打马字牧师造像。诗云：

竹树脚下事亲临，
洋文翻作闽南音。
一叶汉章始自治，
多元文化添福音。

沈葆桢（1820—1879），晚清名臣。字幼丹，谥号文肃。福建侯官（今福州）人。清代抵抗侵略的著名封疆大吏林则徐之婿。沈葆桢先后任总理船政大臣及南洋通商大臣，主持福建马尾船政，培养了大批近代各领域人才。1874年"牡丹江事件"后又被清廷委任为钦差大臣督办台湾防务，对台湾近代史有着重要影响，是台湾近代化之路的首倡者。

沈葆桢在担任船政大臣期间，开办船政学堂，广招八闽子弟，以开放姿态充分吸收西方科学技术，聘用西方技术人员为学堂教师，使用西方原版课本教学。这种敢于吸收外来文明精华的胸襟，造就了马尾船政的辉煌。

在治理台湾期间，他实施了开禁、开府、开路、开矿四大措施，上书清廷解除了内地渡台的禁令，在台设立台北府，在台开山开路鼓励开采煤矿等资源，对地方经济的发展起到了促进作用。这些举措，对台湾的发展影响巨大，也对于后来内渡来厦门的一批名人产生深刻影响。如今，台湾为纪念这位治台有功的重臣，特地将台北市市政大厅命名为"沈葆桢厅"，并评价"沈葆桢开创了台湾现代化新页"。

沈葆桢多才好学，尤工于书法。其诗词常得到林则徐指点。有一次沈葆桢作咏月诗一首，其中两句曰"一钩已足明天下，何必清辉满十分"，颇显自傲。林则徐看后改成"一钩已足明天下，何况清辉满十分"。林则徐谦虚进取之心跃然纸上，沈葆桢佩服不已。甲午周旻并记。

久于其事一贯之，
研求事理愈熟悉。
兵略吏治并卓然，
船政以立富强基。

谢章铤（1821—1904），晚清福建名儒。字枚如，号药价退叟，福建长乐人。光绪二年进士。官内阁中书，不殿试而归，大吏聘为致用书院山长。谢章铤重情义，好游山水，尝至岭南、秦赣诸地。工诗词，有《赌棋山庄集》传于世。在任致用书院山长时，一时名彦如陈宝琛、陈衍、张元奇、林纾等皆出其门下。陈宝琛说谢章铤"其为教也，曰有耻、曰近情、曰有恒、曰不苟"，概括谢章铤一生的道德文章。林纾《谢枚如赌棋山庄记》叙其事，称谢章铤徒有雄心壮志而不被重用，乃发为文章，以泄其愤，面对深重的民族危机，国家之悲溢于言表。

据说，谢章铤在赌棋山庄有万卷藏书，其中多为名家抄校本、稿本，后来这些藏书大部分为陈宝琛所购得，1933年，陈宝琛将图书8万多卷捐赠给福建协和大学。乙未岁周旻并记。诗云：

致用书院聚群英，
有耻近情重有恒。
一时名彦出门下，
八闽文脉得传承。

丁日昌（1823—1882），字禹生，又作雨生，广东省丰顺县人。晚清洋务运动主要代表人物之一，军事家、政治家。英法军队自1860年（咸丰十年）入上海城内借住，久不退出。丁日昌从1864年（同治三年）开始交涉，促使两国军队于翌年撤出，又收回外国人占据的吴淞炮台基地。

1865年（同治四年）建立了江南机器制造总局，丁日昌自任总办。这是中国第一家近代化的大型军事工厂，是首次引进西方先进生产设备，按照西方机器工厂组织起来进行生产的企业。

1875年（光绪元年）8月，丁日昌出任福建船政大臣，不久署理福建巡抚，同时兼管船政。丁日昌是沈葆桢选中的继任者，任上积极推行左宗棠、沈葆桢确立的船政发展路线。沈葆桢关于福建船政建设与发展的很多富有远见的设想和主张，大多在丁日昌任上实现。他在福建两年，对福建船政建设发展做出了重要贡献。他兴办铁厂，建造铁甲船，加快开发台湾基隆煤矿，为福建船政提供燃料，创办中国第一所电报学堂，培养电信人才，在台湾建成第一条电报线。他还派遣船政学生出洋留学，开创我国学生留欧先河。丁日昌后来官至江苏和福建巡抚、船政大臣、以总督衔会办南洋海防，节制七省水师兼理各国事务大臣。身历道光、咸丰、同治、光绪四朝。一生做官为民，革新自强，表现出忠君爱国的情怀。甲午秋日周旻作，诗赞曰：

一代鸿儒豪侠身，
自强运动领航人。
船政日夕倾心血，
回追往事每伤神。

孤 拔（1827—1885），法国海军将领。曾任法国殖民地新喀里多尼亚行政长官，后率远征军出兵越南阮朝，由此促成法属印度支那殖民地的建立。又出任远东舰队司令，中法战争爆发后，率领中国海军舰队前往中国东南沿海，以威胁清军海防。1884年8月22日，孤拔接获指示，攻击南洋水师福州一带的海防设施。

8月23日下午，孤拔在伏尔达号上下达攻击令，马江海战正式爆发。由于清军战舰装备及训练水平皆不及法军，开战后仅一小时，法军已歼灭马尾港内的多艘船舰，并在当天傍晚之前消灭清军所有的海军战斗力。随后三日，孤拔指挥法军击毁附近的所有炮台和军营。这场战役中，法军损失极小。

孤拔随后率领舰队攻打台湾基隆，遭到刘铭传的抵抗。孤拔则从10月23日起对台湾实行海上封锁，全面切断大陆对台兵粮支援。在进攻镇海受阻后，法军转而攻占澎湖。1885年6月，在《中法新约》签订两天后，孤拔病逝于澎湖。甲午年周旻并记。诗云：

> 马江之役灭水师，
> 炮舰相逼也撑持。
> 殖民梦想澎湖灭，
> 归去巴黎一病尸。

林文察（1828—1864），字密卿，台湾清治时期彰化县阿罩雾庄（今台中县雾峰乡）人，雾峰林家第五代，清代著名台籍将领，曾协助平定小刀会、戴潮春事件，并于福建、浙江与江西等地领军对抗太平军，最后战死于漳州万松关。

1864年4月，左宗棠奏请林文察再度前往福建协防，然而因台湾战事、兵粮不足等因素，林文察6月22日上奏定期内渡（迁移至大陆），至7月24日才抵达泉州，9月7日抵达福州，与福建巡抚徐宗干商谈军情，并请求增补兵力。

10月12日林文察出兵漳州，但被击败，退守玉洲，之后攻下响水桥，移守万松关，与曾玉明军相互策应。11月3日清晨，太平军即发兵数千人攻打林文察军驻营，诱使林文察出兵，然后发兵数万由好景山等地四路包抄，将其团团围住。林文察虽奋勇杀敌，但援军始终未来接应，终于全军覆没，而本人也战死沙场，得年36岁，尸身则不见踪影。

林文察虽早逝，但却对清朝平定太平天国的战事有深远影响。他在福建驻守期间，不但收复被占领的郡县，并成功阻止太平军由江西至东南沿海扩张。林文察传奇性的军旅生涯不但令他由一乡勇升至总兵职位，林家也由一地方土豪成为握有数千精良私人兵力的官宦士族。而他担任家长期间，不但收购大量田产，使林家田产倍增，并因平定戴潮春事件有功，得清廷赏赐全福建省（当时包含台湾）的樟脑专卖权，使林家财力举全台顶尖（仅次于板桥林家）。从此，雾峰林家成为全台湾最有权势的家族之一。周旻并记，诗云：

为讨生计渡海峡，
房头兴旺雾峰家。
内忧外患尽担当，
魂魄犹在万松关。

传教士杜嘉德造像
闽南使徒二十年，编撰厦
英大辞典。闽台方言原
同体，兴奋布道往台南。
乙未年三伏重画杜嘉德法雨旻

杜嘉德（Cartairs Douglas，1830—1877），苏格兰长老会来华的宣教士。他在闽南地区宣教20多年，被称为"闽南使徒"。为了达到传教效果，杜嘉德每天用8小时研究闽南方言，后编撰出版《厦英大辞典》，能指出厦、漳、泉三地闽南话的差别。1860年，杜嘉德由厦门渡海到台湾访问，他发现台湾人大都能讲闽南话，感到非常意外和兴奋。据此他多次报道与呼吁派宣教士到台湾。几年后，苏格兰长老会差派了马雅各医生到台湾宣教，以台南为中心展开医疗和布道工作，得到杜嘉德大力协助。1877年夏天，杜嘉德染上霍乱，不久病逝，终年47岁。教会在厦门鼓浪屿鸡母山建立了杜嘉德纪念堂。2014甲午年周旻绘于厦门。诗云：

闽南使徒二十年，
编撰厦英大辞典。
闽台方言原同体，
兴奋布道往台南。

叶汉章（1832—1912），福建平和人。他是竹树堂首任华人牧师。竹树堂为早期来厦传教士打马字选定的布道所，始建于1849年。

叶汉章年少时被厦门一木材商家庭收养。他早年听过打马字讲道，深受影响。后来叶家财产在小刀会动乱中尽失，走投无路的叶家被打马字牧师收留，遂全家信教。叶汉章在竹树堂18年后，又到平和小溪、台湾等地宣教。

林至诚牧师（林语堂之父）在《平和基督教会史略》中就指出，叶汉章牧师"温温恭人，守成善道，竹杖芒鞋，旬宣福音"。

叶汉章还积极从事社会公益事业。1895年打马字牧师二女儿玛利亚等人发起成立厦门戒缠足会，亦在移风易俗，废止缠足陋习。叶汉章参与其中，著有《戒缠足论》，痛斥缠足的危害。在书中他写到："爱人之道，莫先于爱己子女，奈何将己之子女，自五六岁时，则苦其足，牢束紧扎，俨似烙逼，气阻不行，若同压踝？……或观缠足之时，紧扎呼痛，母即酷打其女，强使之痛楚难堪。"

叶汉章牧师于1912年6月在厦门逝世，安葬在鼓浪屿华人基督徒墓园西北侧。甲午岁晚春周旻作于厦门并记。诗云：

> 传教之余做公益，
> 劝善沟通不择时。
> 悉心侍奉竹树堂，
> 文化融合重在地。

日意格（1835—1886），马尾船政高薪聘用的法国专家。日意格自幼家庭贫寒，勤奋好学。他涉猎颇广，尤其对造船、驾驶深感兴趣，后成为法国海军一名上尉军官。英法发动第二次鸦片战争之际，他随军来华。1857年12月参加了攻占广州的侵略活动。后曾任宁波海关税务司，担任中法混合军"常捷军"教练，协助浙江巡抚左宗棠与太平军作战。由此与左宗棠建立起良好的私人关系。

1863年，洋务运动的骨干左宗棠开始酝酿设厂造船。1866年8月日意格随已升任闽浙总督的左宗棠来到福州选择厂址，勘定马尾中岐山下濒江民田为建厂基地。左宗棠在国内没有工业基础和技术人才的条件下开办近代造船工业，只有依赖洋人帮助。左宗棠主张给洋人以优厚报酬，聘用他们为中国服务。1867年，马尾船政聘日意格担任正监督。日意格工作勤勉，忠实履行职责，他统揽头绪万端的大小事务，调度得法，仅一年多时间便造出中国第一艘千吨级轮船"万年青"号。在造船同时，日意格也关注船政学堂的建设，全面落实"包造"、"包教"的合同条款。其间日意格获得丰厚回报，月薪高达一千两白银。鉴于他为中国造船业作出的贡献，清政府还给他一品提督衔、花翎、穿黄褂等荣誉。甲午岁周旻为法国人日意格造像。诗云：

开放襟怀左文襄，
不惜重金用专长。
履约勤勉日意格，
船政学堂身影忙。

刘铭传（1836—1896），台湾省首任巡抚。字省三，自号大潜山人，安徽合肥人。清末淮军重要将领，洋务派骨干，台湾省首任巡抚。早年曾参加对太平军、捻军作战，后来督办台湾军务，率军击溃法国舰队的进犯，且编练新军，从事建设铁路等一系列洋务改革，为台湾的现代化奠定基础。除持续整顿台湾防务外，设立西学堂、番学堂、铁路局、机器局、大药局、水电局、矿务局、樟脑局、抚垦局等机构，修筑基隆至新竹间的铁路，开办远洋轮船，创办邮务及电报业务等。刘铭传被誉为台湾洋务运动之父和台湾近代化之父，1891年去职。

刘铭传在台湾击退法国孤拔舰队的进攻，开发台湾，直接影响了海峡两岸包括厦门等地的局势。中日甲午战争爆发后，清军溃败，清廷命刘铭传出山，刘铭传因病辞命。《马关条约》签订的消息传来，刘铭传得知自己一生中花精力最大创置的台湾省被割让给日本，忧患郁结，口吐鲜血，于光绪二十二年一月十二日在安徽六安刘新圩病逝。甲午岁周旻并记。诗云：

> 统领官民退法舰，
> 洋务运动进台湾。
> 《马关条约》签订日，
> 气煞巡抚刘铭传。

杨岐珍（1836—1903），回族，字西园，安徽寿州赖山集人。清末淮军将领。1885年春，法国兵舰进犯镇海口，杨岐珍率部御敌，击伤法兵舰两艘，朝廷赏头品顶戴。

1892年7月，杨岐珍升任福建水师提督，次年赴厦门视事。为加强南洋水师建设，加固海防，杨岐珍接替前任水师提督彭楚汉修建胡里山炮台基地及厦门海岸炮台群，耗时五载。他督建胡里山炮台，精心设计，费尽心机。他命水师管带赖启明绘图，禾山工匠叶文进负责承造，委任钮承潘、张文治、罗鸣凤为督造，林世春为总巡工。在杨岐珍的筹划下，清廷委任纪升为炮台守备，赖启明为管带，设左右旗官各一名、正副炮目各一名、匠目一名，编制炮兵140名。1894年，日本蓄意挑起战端，海疆多事，7月，杨岐珍渡海赴台，驻扎台北府，统率基隆、沪尾诸军，力筹防务，策划周详。北洋水师战败，清廷和日本订立《马关条约》，台湾割让给日本。

1895年5月20日，清政府命令所有在台湾文武官员限期内渡。杨岐珍奉旨回到福建水师提督本任，这一年，他在督衙后的厦门城岩壁上题写了"山环水活"四个大字，概括了古城周围自然景观的特色。1896年，杨岐珍和几个远房兄弟捐资扩建了位于厦门玉屏巷的清真寺，占地500多平方米，可供数百回民群众进行宗教活动。甲午初夏梅雨连绵，周旻为杨岐珍将军造像并记于厦门。诗云：

金厦山川壮军威，
渡海布防遭撤回。
将军面海炮犹在，
手挽沧溟誓不归。

马雅各（1836—1921），传教士。生于英国苏格兰，医师，长老会传教士。1860年英国长老会在杜嘉德牧师的建议下，将台湾列入医疗传道的宣教区，安排医师背景的宣教士前往。马雅各辞去英国伯明翰的高薪职位，自愿前往台湾。1863年抵达上海英国租界，再赴厦门。1864年马雅各先行前往台湾考察，1865年正式以基督教长老会传教士和医生双重身份前往台湾。1865年6月16日选择在台南府城看西街租屋开始传道医病。因此，6月16日成为英国长老会在台湾开始设教的日子，并成为全台纪念日。他是英国长老会第一位驻台湾宣教士，创设了台湾首座西式医院"新楼医院"，与马偕医师齐名。2015年2月周旻作于厦门。

传教起点在闽南，
　方言架桥过台湾。
医病布道两兼顾，
　台南府城建医院。

刘永福（1837—1917），黑旗军将领，抗日名将。字渊亭，广西上思人。雇工出身，原为广西天地会领袖，1865年起义失败，受清政府镇压，率三万人出镇南关，在中越边境保胜一带，开辟山林，聚众耕牧，号"黑旗军"。中法战争时，黑旗军帮助越南政府抗击法国侵略军，名闻中外。中法战争后回国。所率黑旗军被清政府裁减大半。

甲午战争爆发，刘永福奉命赴台，协助台湾巡抚邵友濂办理防务。《马关条约》签订后，清政府将台湾割让给日本，一时全岛丧气。僻处台南的刘永福聚众宣誓，要与台湾共存亡。他在极端困难的条件下，率领台南民众坚持抗日，迫使侵台日军逐渐增兵至5万人，付出近卫师团长白川宫能久亲王，近卫师团第一旅团长山根信成以下4600余人阵亡的代价，花了4个月时间，才勉强占领台湾。刘永福内渡后，1902年署广东碣石镇总兵。1911年广东独立后，被推为广东民团总长，后辞职回籍。1917年1月，病逝于家。甲午岁夜读甲午战争史事，敬为刘永福造像，并诗赞曰：

海角人归鬓已苍，
徒将热血唤空场。
早知天意终难复，
不悔当年意气扬。

马兆麟（1837—1918），福建省东山岛人。光绪元年举人。中举后，马兆麟不求仕禄，筑"宜宜轩"自娱，潜心书画诗文、灯谜、戏曲研究。他的国画连续几届获得当时全国画展一等奖。清光绪十一年（1885年），其山水画作品获巴拿马世界博览会荣誉奖。书画作品被法国国家博物馆、北京故宫博物院等机构收藏。是清末民初颇负盛名的画家、学者。著有《吹剑轩诗钞》。

马兆麟还致力于教育事业。掌教南溟书院。应邀到潮州、漳州海澄以及漳州师范学堂讲学，一时贤士皆从之游。晚年遍历了东南沿海各省，在上海与著名画家任伯年、吴昌硕会面，交流合作书画，使诏安画派的画风汇流海派。马兆麟还极力主张在铜山设立县治。1915年，他偕乡贤向福建巡抚许世英诉说争取，次年获准成立东山县。乙未2015年周旻并记。

吕文经（1838—1908），清末海军将领。福建同安人。吕文经小时候孤苦，7岁随母亲自金门移居厦门，以卖油条谋生，由于接触外国船员，便善操西语。谋职于厦门海关税务司，以"善英语"为厦门海关税务司所赏识，所"爱重"。税务司去任之日，将吕文经带去英国学习，毕业后回国。

同治三年（1864年），吕文经投身福建水师，以"善捕盗"，为闽浙总督左宗棠和福建船政大臣沈葆桢所起用，由外委拔补至都司。先后管带靖海、长胜、福星炮舰。曾督带福星轮船，奉命赴台湾剿平番社之乱，战功卓著。又先后管带安澜、济安、伏波各兵船。

中法马江战役爆发时，吕文经是福建海军伏波号管带。战后，以中炮"先退"罪被朝廷革职充军处理。马江战役后，钦差大臣左宗棠督办福建军务，"以经罚非其罪"，奏请将吕文经"留闽差遣"。吕文经竭力效命，发挥其熟悉海道的长处，"履险如夷"，七次冒险运兵渡台，增强台防实力，使法国侵略军未能攻下台湾。是时，率部援台、帮办军务的杨岳斌又奏请将吕文经"留于台湾效力"，由于清朝廷不肯原谅吕文经在马江战役中的"先退"，坚持要将吕解赴军台，既不允留闽差遣效力的奏请，也不准留台效力的奏保，所以吕文经仍赴军台充军。尽管两次遭贬，然而从左宗棠、沈葆桢、丁日昌到李鸿章、岑春煊等封疆大吏，无不赞赏他，无不奏保他，且都将他留置身边，差遣委以重任，说明吕文经是清末海军不可多得之才。晚年时局动荡，他遂告老回籍休养。嘱为其墓碑写上"金门浯江"，不忘其出生地金门。周旻并记。

运兵渡台屡建功，
浴血马江说真容。
振威洋面终割地，
浯江源流记始终。

孙开华（1840—1893），保台抗法名将。湖南慈利人，是中国近代史上一百位民族英雄之一，在清代为保卫台湾，捍卫祖国领土完整做出过巨大的贡献，至今在台湾地区影响很大。他所领导的抗击法军的淡水之战，率先击毙法军旗手，扭转战局，是清代晚期唯一一次对外取得彻底胜利的战争，其记录在《清史稿》等文献中。

孙开华1856年从军，转战江西、湖北、安徽、江苏、广东诸省间，被朝廷赐号"擢勇巴图鲁"，累官至提督。1874年日本人侵犯台湾，孙开华任福建漳州镇总兵，署陆路提督，募丁勇成"捷胜军"，驻守厦门、台北防卫，曾用兵后山地区。中法战争时，驻守台湾沪尾，大败法国侵略军，歼敌三千余。封世称，帮办台湾军务。1893年病殁于台北沪尾。因为他战功卓著，光绪皇帝为其写祭文《祭孙提督文》。乙未周旻敬绘于厦门。诗云：

首擒旗手壮军威，
捷胜军容震边陲。
临危赴阵谋抗法，
提督护台殁沪尾。

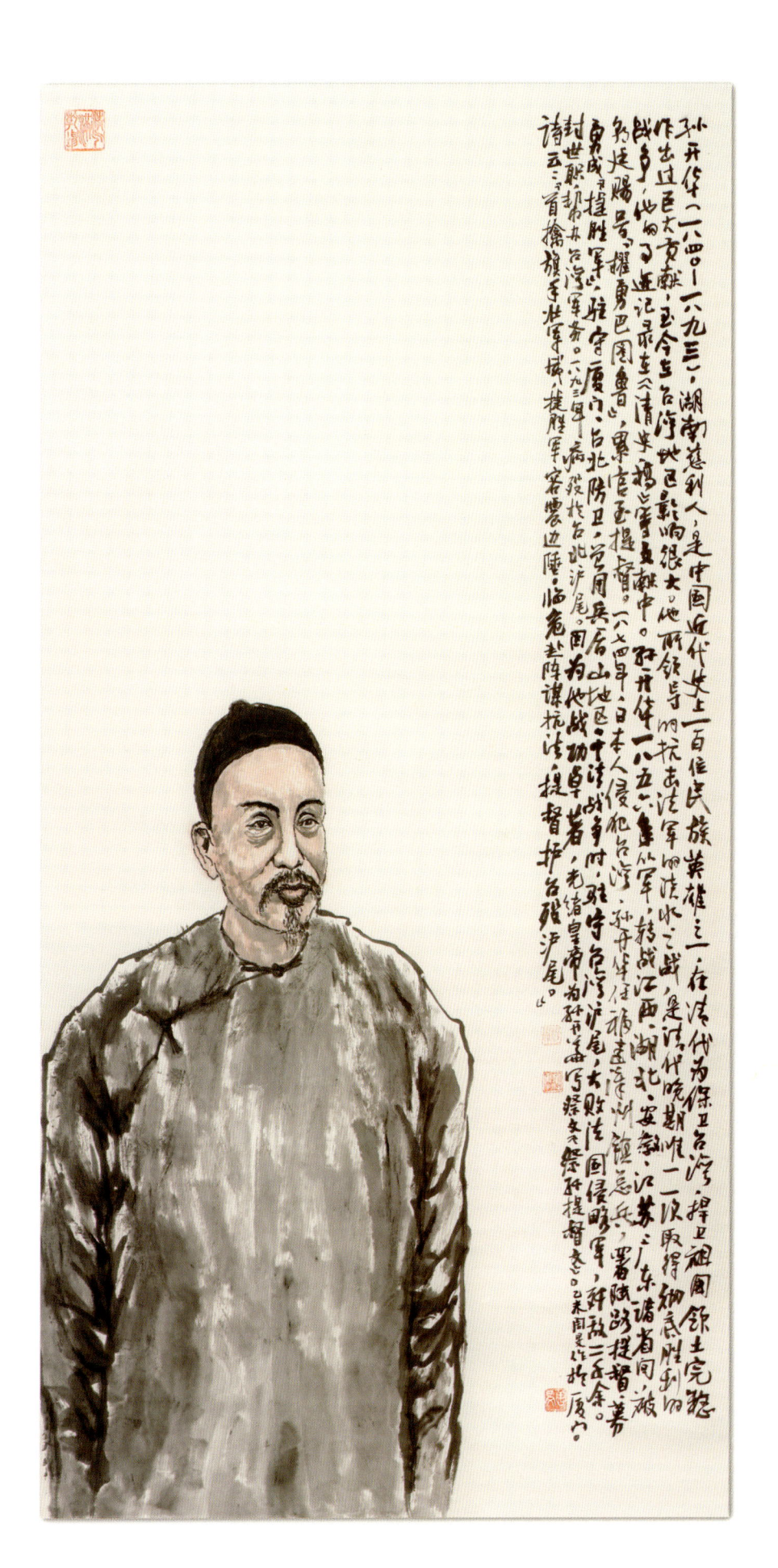

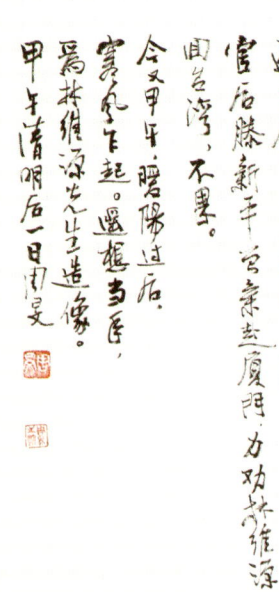

林维源（1840—1905），台北板桥人，林尔嘉之父。幼时与兄林维让同在厦门受教于陈南金门下。1884年中法战争爆发，捐赠50万两经费并组织家丁支持刘铭传抗法。1894年中日甲午战争清廷战败，割让台湾给日本，林维源率家族避走厦门。日本统治台湾后，台湾民政长官后藤新平曾亲自赴厦门，力劝林维源回台湾，不果。今又甲午，暖阳过后，寒风乍起。遥想当年，为林维源先生造像。甲午清明后一日周旻并记。

自古厦台讲根源，
身历外侮占家园。
散财助国拼心力，
尔嘉后继好家传。

虚云法师（1840—1959），中国近代高僧。俗姓萧，初名古岩，字德清，别名幻游。原籍湖南湘乡，生于福建泉州。咸丰八年（1858年），虚云法师在鼓山涌泉寺披剃出家，次年随鼓山妙莲和尚受具足戒。1953年被推为中国佛教协会名誉会长。同年，应请复兴江西云居山真如寺。其禅功和苦行为人所重。虚云法师是现代中国禅宗代表人物之一，生于改朝换代的乱世，凭其先天的禀赋及后天的修养，志大气刚，悲深行苦，振兴佛教，度生无数。住世120年，历经"五帝四朝"和"九磨十难"，终达成慈悲救世的心愿。

据后人研究法师修持养生的要诀，归纳起来，不外下列数点：一、坚定不移的宗教信仰；二、艰苦卓绝的修行生涯；三、淡泊名利，一介不取；四、吃苦耐劳，始终如一；五、坚持步行，锻炼体魄；六、饮食起居，一切从简；七、情想爱憎，守身如玉；八、云门事变，死而复生；九、吟诗抒怀，悟道度人；十、无疾而终，遗爱世人。

虚云法师是中国近代禅宗的代表人物，一生兼挑禅宗五家法脉：于鼓山接传曹洞宗，兼嗣临济宗，中兴云门宗，扶持法眼宗，延续为沩仰宗。他定慧圆通，参禅之余曾著有《楞严经玄要》、《法华经略疏》、《遗教经注释》、《圆觉经玄义》及《心经解》等，但俱已散佚无存。他平常教导弟子时多以诗偈代禅机，著有诗偈数百首，教导弟子们重行持，勿尚空读。后人辑为《虚云和尚法汇》及《虚云和尚禅七开示录》行世。

1939年春，周恩来到南岳衡山为游击干部训练班作报告，在上封寺，僧人丘赞请周恩来题词，周恩来挥笔写下"上马杀贼，下马学佛"八个大字，体现他佛学的造诣。鲜为人知的是，周恩来也是佛门皈依弟子，他的皈依师父就是虚云老和尚。甲午周旻并记。

五帝四朝久磨难，
艰苦卓绝自参禅。
慈悲救世传楷模，
虚云心经阅世看。

唐景崧（1841—1903），字维卿，广西灌阳县人。同治年间以进士入词林，改吏部主事。中法战争期间，请缨南下越南，招抚黑旗军刘永福，且领军与法军激战有功，历升道员、布政使，署台湾省默认巡抚。

1895年，台湾被割让给日本后，唐景崧曾出任短暂存在的"台湾民主国总统"。日军攻陷基隆后，唐景崧乘德国轮船弃职逃亡至厦门。唐景崧内渡后，朝廷命其休政返乡，其声望从此一落千丈。

胡适《题唐景崧先生遗墨》："南天民主国，回首一伤神。黑虎今何在，黄龙亦已陈。几枝无用笔，半打有心人，毕竟天难补，涛涛四十春。"景崧孙女唐篔是陈寅恪之妻，此诗是胡适写给陈寅恪的。甲午周旻并记。

山雅各（1842—1914），英国传教士。1867年，二十出头的山雅各被英国伦敦宣道会选派到厦门传教，他在鼓浪屿笔架山选择一块龟形坡地建造别墅。山雅各是基督教中少有的将孔子学说纳入基督教教义的传教士之一。他认为中国社会最大的问题是"教化未能臻于极点，风俗不善，私欲良多，赌博之徒及争讼棍骗之辈遍地皆是。"他认为造成这种状况的原因是国人抛弃了孔子之道：若要挽救气数，须仰赖"上帝之灵扶其心性"，帮助世人抛弃恶俗，回到孔子的美善。山雅各翻译过一本科普书，向国人介绍包含有哥白尼、天文台、行星、彗星、千里镜、潮水及潮水所形成之物等等当时最新奇的科学知识。

从现有资料来看，山雅各是近代以来少有的能把以孔子为代表的中国传统文化和中国两千年来的政治体制区别对待的少数学者之一。

山雅各在厦门的主要活动时间为1867—1911年。山雅各到厦门后第五年，他的幼子查尔斯·詹姆斯就不幸逝世。痛定之后，山雅各仍奔走于漳州、长泰、龙岩、漳平、华安、惠安等地传教，创办义学、诊所。山雅各任《鹭江报》的总理兼主笔，多次在《鹭江报》中申明：自己是个"以开风气益民智为宗旨者"，所谓"开风气益民智"，其核心就是教育问题。1898年发生戊戌变法，这一年，山雅各在鼓浪屿创办了英华书院。《鹭江报》是一项亏本生意，出到第90期，就再也无力维持了。1907年，山雅各在厦门服务时间达到40年，年近七十，早已有了退休资格，但他仍舍不得离开。1911年，因为患病，山雅各不得不回到伦敦治疗。就在山雅各离开厦门的那一年，中国爆发武昌起义，1914年，他再次跨越万里重洋来到中国。不幸的是，他抵达厦门不久就再遭病魔袭扰，赴广州医治未愈，1915年病逝于广州寓所。周旻并记，诗云：

倡言开风气，
传播益民智。
基督并儒学，
上帝加孔子。

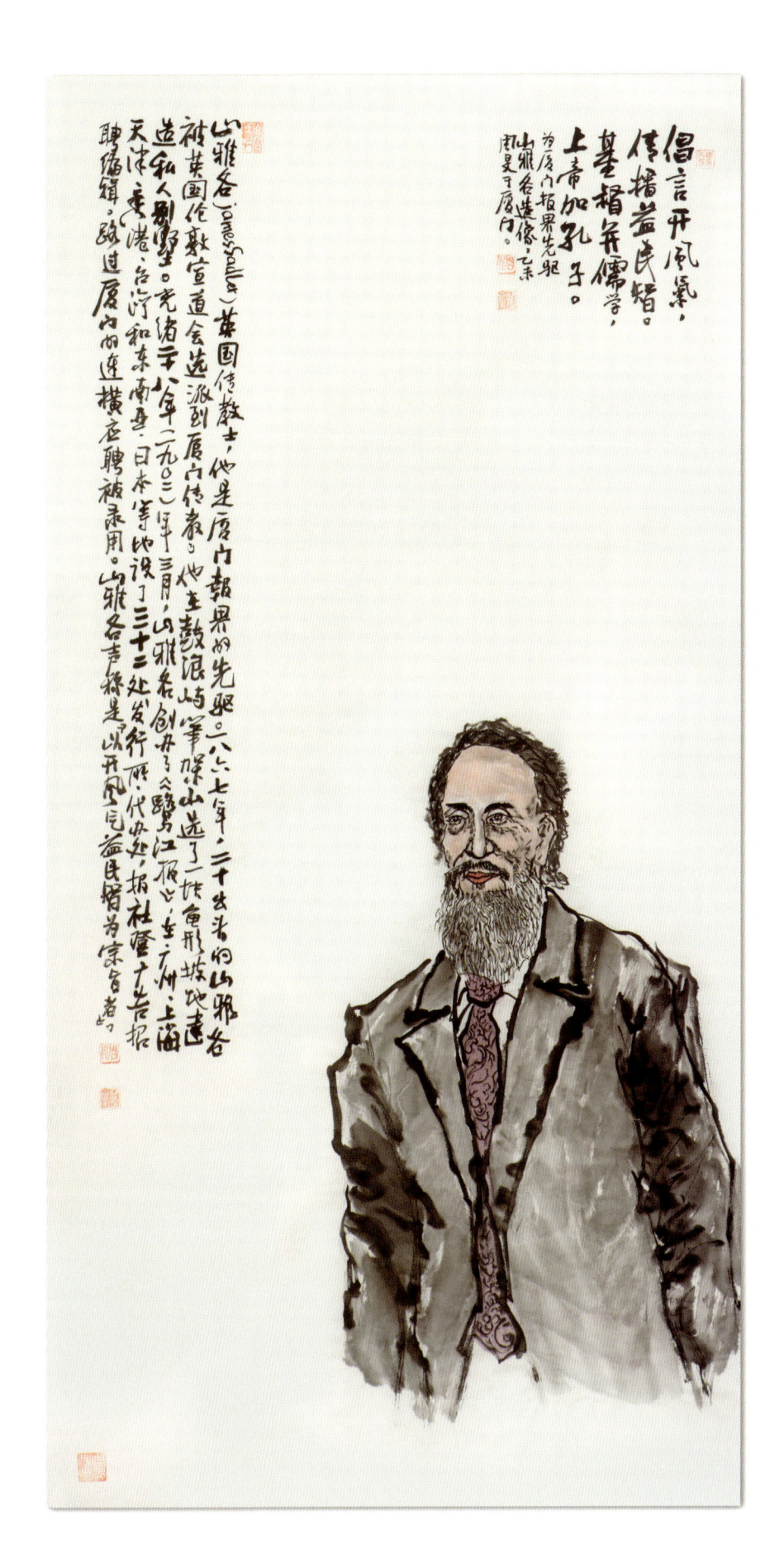

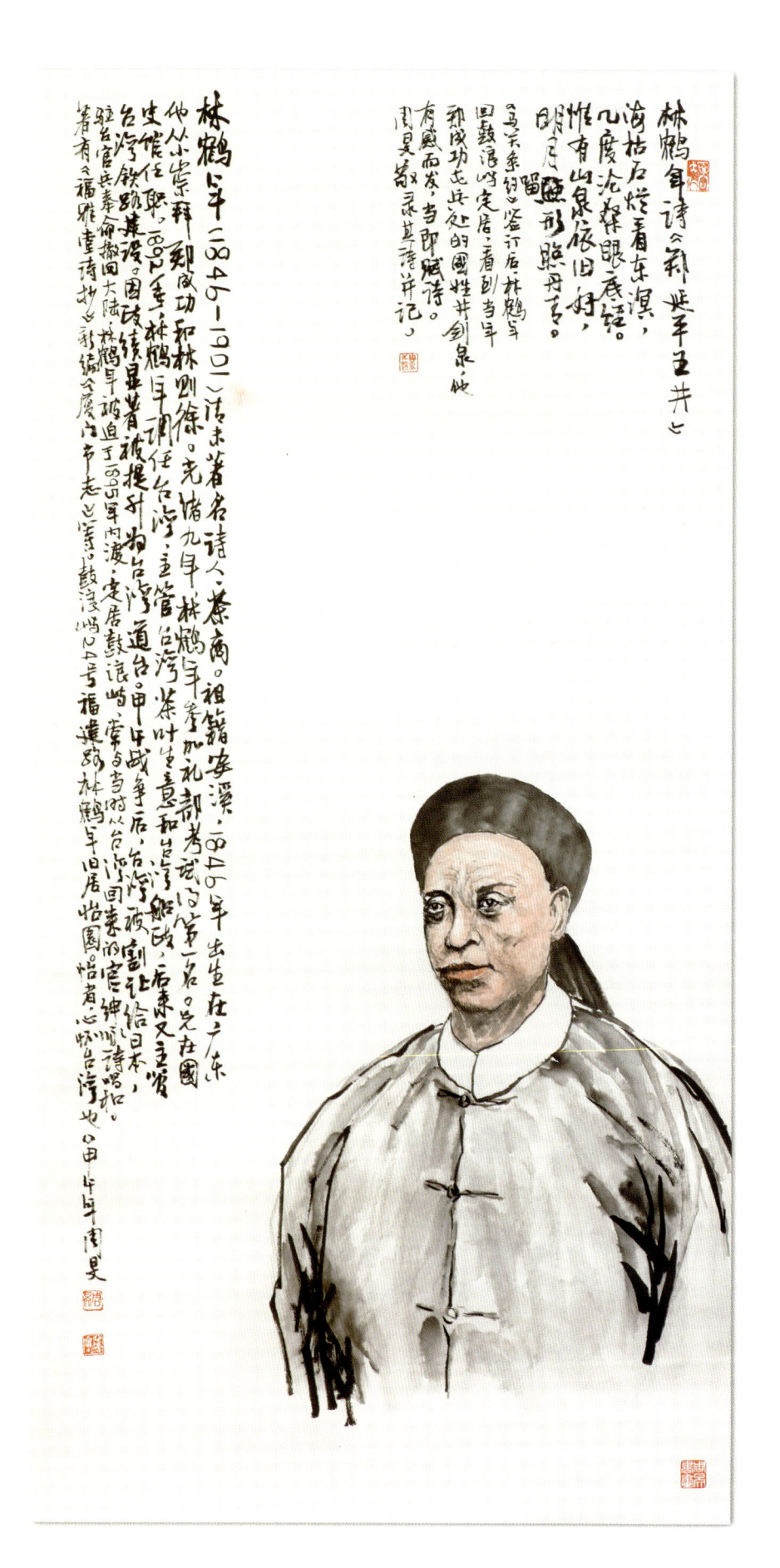

林鹤年（1846—1901），清末著名诗人、茶商。祖籍安溪，1846年出生在广东。他从小崇拜郑成功和林则徐。光绪九年，林鹤年参加礼部考试得第一名。先在国史馆任职。1892年林鹤年调任台湾，主管台湾茶叶生意和台湾船政，后来又主管台湾铁路建设。因政绩显著被提升为台湾道台。

甲午战争后台湾被割让给日本，驻台官兵奉命撤回大陆，林鹤年被迫于1895年内渡，定居鼓浪屿。他常与当时从台湾回来的官绅咏诗唱和。著有《福雅堂诗抄》，新编《厦门市志》等。鼓浪屿福建路24号有林鹤年的旧居怡园。怡者，心怀台湾也。《马关条约》签订后，林鹤年回鼓浪屿定居，看到当年郑成功屯兵处的国姓井剑泉，有感而发，当即赋诗《郑延平王井》。周旻敬录其诗并记。

海枯石烂看东溟，
几度沧桑眼底经。
唯有山泉依旧好，
明月留形照丹青。

陈宝琛（1848—1935），字伯潜，号弢庵、陶庵，福建闽县螺洲人。是清末皇帝溥仪的老师。陈宝琛13岁中秀才，18岁中举人，21岁中进士，选翰林院庶吉士，后擢翰林院侍讲，充日讲起居注官、内阁学士兼礼部侍郎。

中法战争期间陈宝琛因参与褒举唐炯、徐延旭统办军务失当事，遭部议连降九级，从此投闲家居达25年之久。赋闲期间，热心教育事业，创立全闽师范学堂（今福建师范大学）。他是开拓福建现代教育的功臣。其间任福建铁路总办，修漳厦铁路。辛亥革命期间出任山西巡抚，1909年调京充礼学馆总裁。辛亥革命后仍为溥仪之师。1935年卒于天津。有藏书10万册，清末其私家藏书之多，冠于全闽。

宝琛一生被后人引用最多的当属失落花诗中的两句"委蜕大难求净土，伤心最是近高楼"，其无奈坚韧与孤愤之心，历历可昭。甲午周旻诗赞曰：

倚天照海悠成空，
风雨忧思看落红。
故林虽好难珍护，
潮漫夕阳沐晚风。

侨领黄乃裳先生造像
皈依基督看西洋，
垦殖诗巫下南洋。
投身革命无反顾，
同文顶上做文章。乙未三伏挥汗作周旻

黄乃裳（1849—1924），清末民初著名侨领。原名久美，字绂丞，号慕华，晚号退庵居士。福建闽清人。是中国清末民初的华侨领袖、民主革命家、教育家、基督徒。他曾率领福州移民开垦马来西亚砂拉越的诗巫即新福州，诗巫的福州种群繁衍至今。

1905年，黄乃裳受聘主办《福建日日新闻》，因抨击美国政府限制闽人移民菲律宾，导致报纸被罚款停刊。复刊后更名为《福建日报》。1906年，黄乃裳在新加坡会见孙中山并加入同盟会，此后在国内各地宣传革命，抨击康梁保皇说。后又参与策划潮州黄冈起义。回闽不久，被厦门同文书院聘为教习，他利用自己的声望，对学生做大量宣传工作。

1914年正月，袁世凯为迫害同盟会会员，指使闽清县知事诬陷黄乃裳阻挠烟禁，并判其无期徒刑入狱。在海内外多方营救下，政府数月后释放黄乃裳，福建省省长汪声玲也因处理失当而被撤职。出狱后，黄乃裳致力于在闽清开凿福斗圳用于农业灌溉，工程于1919年2月完工。

1916年，他在福州创办《伸报》。1920年12月1日，孙中山在广州重组军政府，为福建军阀李厚基所不容的黄乃裳离开福建，应邀出任元帅府高等顾问。1921年6月，因身体原因返闽休假。在福建期间，先后被林森和萨镇冰聘为福建省省长公署高等顾问。1924年7月，黄乃裳因肝病回闽清休养。同年9月22日病逝于闽清城关梅城镇。甲午周旻并记。

诗云：

皈依基督看西洋，
垦殖诗巫下南洋。
投身革命无反顾，
同文顶上做文章。

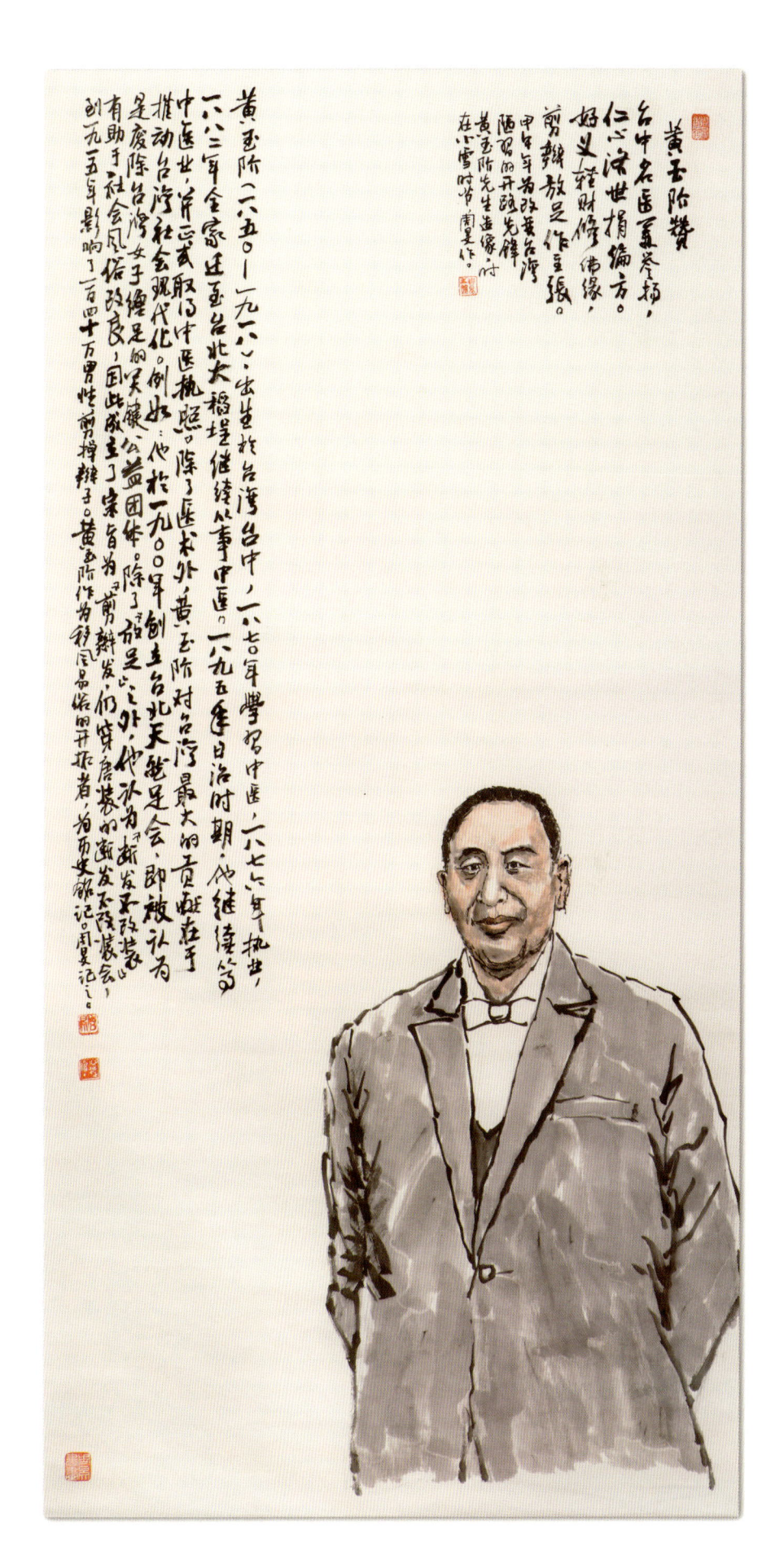

黄玉阶（1850—1918），一个改变台湾风俗的社会活动家。黄玉阶出生于台湾台中，1870年学习中医，1876年执业，1882年全家迁至台北大稻埕继续从事中医。1895年日治时期，他继续从事中医业，并正式取了中医执照。除了医术外，黄玉阶对台湾最大的贡献在于推动台湾社会现代化。例如：他于1900年创立台北天然足会，被认为是废除台湾女子缠足的首个公益团体。除了"放足"之外，他认为"断发不改装"有助于社会风俗改良，因此成立了宗旨为"剪辫发，仍穿唐装"的断发不改装会，到1915年影响了140万男性剪掉辫子。黄玉阶作为移风易俗的开拓者，为历史铭记。甲午年为黄玉阶先生造像，时在小雪时节，以《黄玉阶赞》记之。

台中名医美誉扬，
仁心济世捐偏方。
好义轻财修佛缘，
剪辫放足作主张。

魏瀚（1850—1929），中国第一代军舰制造专家。名植夫，字季潜，福州人。魏瀚以船政前学堂第一届学生中第一名的成绩毕业，留在福州船政做技术工作，成为中国第一批赴海外考察和留学的海军军官。并兼学法律，获得法学博士，成为第一个获得法学博士的中国人。魏瀚回国后，出任福州船政"总司制造"，即总工程师。组织研制了中国第一艘巡洋舰"开济"号。鉴于中法马江海战福建水师覆灭的教训，魏瀚建议尽快制造铁甲船，其建议得到左宗棠的全力支持。1887年年底，在魏瀚等人的主持下，中国自己制造的第一艘铁甲船"龙威"舰正式下水。1904年，魏瀚调往广东，主管广东水雷局、鱼雷局、黄埔船局等。1910年，魏瀚出任海军部造船总监。民国元年，魏瀚出任福州船政局局长。其家族四代产生数十位海军精英。乙未岁周旻为魏瀚先生造像。诗赞曰：

马江沉沦恨未销，
铁甲龙威趁江潮。
水师几盼强舰梦，
后来子弟须记牢。

林永升（1853—1894），英雄管带。福建侯官（今福州）人。清代海军将领。清国治年间毕业于福州船政学堂。林永升于光绪三年留学英国学习海军，归国后任守备调直隶，光绪十三年与邓世昌等赴英国接收定购的"致远"、"经远"等舰。后任经远舰管带。光绪十五年因功署理副将，不久升总兵。

光绪二十年甲午黄海海战爆发时，林永升正率舰护送军队赴朝鲜，战役中受伤，仍奋勇督战，击伤日舰多艘，后中炮身亡，舰中水雷沉没。林永升为国捐躯后，满朝上下及海军将士无不痛惜。清廷以其在黄海海战中"临阵之勇，奋不顾身"、"争先猛进，死事最烈"，与邓世昌一样给予褒奖，"照提督例优恤，追赠太子少保"。甲午周旻并记。

刘步蟾（1852—1895），英雄管带。字子香，福建侯官（今福州）人。1867年考入沈葆桢兴办的福州船政学堂学习驾驶，后获派往英国留学，曾在英国皇家海军地中海舰队旗舰实习。1887年回国。刘步蟾是中国清朝时北洋水师高级将领，为旗舰定远号管带。官至右翼总兵。1894年9月17日，北洋水师与日本联合舰队在黄海发生海战。战斗中，定远号中弹极多，而提督丁汝昌受伤，刘步蟾代理受伤的丁汝昌为水师提督。1895年2月4日，日军鱼雷船突袭威海卫，定远号受损入水，2月9日，日军占领地上岸炮，击伤定远号，为免定远号落入敌手，刘步蟾下令炸沉定远号，然后服鸦片自杀。甲午周旻并记。

英雄管带树标杆，
驾我定远赴海战。
水师报国志未酬
惨烈自沉留长憾。

林朝栋（1851—1904），又名松，字荫堂，号又密，人称"目仔少爷"，台湾清治时期将领，雾峰林家第六代，曾参与中法战争的台湾战争，率领栋家军取得抗法战争的局部胜利。林朝栋协助刘铭传在台湾办理新政，以及平定施九缎事件，并于甲午战争后支持筹组"台湾民主国"。

林朝栋在中法战争时优异的战功，使他得到刘铭传的青睐，因而在刘铭传主政台湾期间受到重用，除了负责抚垦业务外，也接掌当时台湾樟脑的贸易，并统帅当时全台湾最具战斗力的部队"栋军"。而他内渡之后，旗下的栋军十营仍未解散，并投入抗日的台湾中部战场，成为"台湾民主国"对抗日军的重要力量。

但甲午战争的结果却令他心灰意冷，于是举家迁至厦门，最后病死上海。周旻为台湾雾峰林家之林朝栋造像，诗赞曰：

乡勇五百助铭传，
率领栋军护台湾。
甲午西迁鼓浪屿，
百年凤愿沧海间。

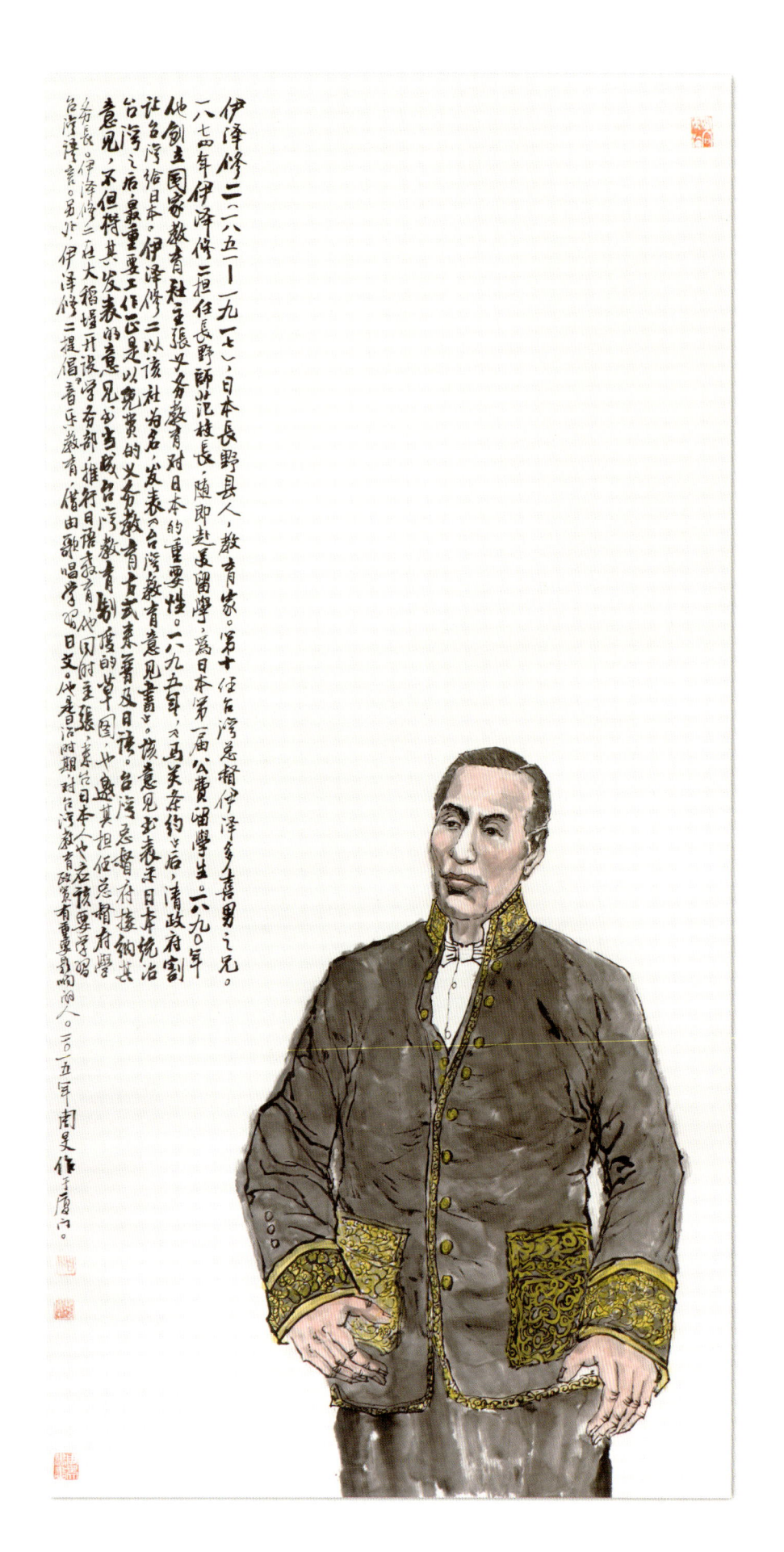

伊泽修二（1851—1917），日本教育家。日本长野县人。第十任台湾总督伊泽多喜男之兄。1874年伊泽修二担任长野师范校长，随即赴美留学，为日本第一届公费留学生。1890年他创立国家教育社，宣传义务教育对日本的重要性。1895年，《马关条约》后，清政府割让台湾给日本。伊泽修二以该社为名，发表《台湾教育意见书》。该意见书表示日本统治台湾之后，最重要工作正是以免费的义务教育方式来普及日语。台湾总督府接纳其意见，不但将其发表的意见书当成台湾教育制度的草图，也邀其担任总督府学务长。伊泽修二在大稻埕开设学务部，推行日语教育，他同时主张，来台日本人也应该要学习汉语。另外，伊泽修二提倡"音乐教育，借由歌唱学习日文"。他是台湾日据时期，对台湾教育政策有重要影响的人。2015年周旻作于厦门。诗云：

同化台湾有选项，
童谣歌赋普及网。
语文政策频修订，
间离吾民思故乡。

陈季同（1851—1907），清末外交家。字敬如，号三乘客。福建侯官（今福州）人。早年入福州船政局，后去法国学习政法学、政治学，历任中国驻法、德、意公使馆参赞。刘铭传赴台湾时，陈季同任幕僚、副将，1895年，甲午战败后，因《马关条约》，台湾被清廷割让给日本，陈季同参与策划"台湾民主国"并起草"民主国"宣言，后被"台湾民主国""总统"唐景崧任命为外务大臣，失败后内渡大陆。这位晚清时期中国新政的参与者，最早独立翻译了《拿破仑法典》，率先将中国文化、中国戏剧介绍给西方读者。在法国，陈季同用法文发表了《中国人自画像》、《中国戏剧》、《中国人的快乐》、《黄衫客传奇》、《中国人笔下的巴黎》与《我的祖国》等。这些著作受到法国人民普遍欢迎，也为陈季同在法国文学界赢得了声誉。他的作品总体来说富有民族尊严感，在当时法国社会有一定影响。甲午周旻。

才华横溢遇弱朝，
国际法理效益少。
热情笔荐祖国梦，
赢得西方意趣高。

陈季同（一八五一—一九〇七），清末外交家。字敬如，福州人。早年入福州船政局，后去法国学习政法学、政治学，最早独立翻译《拿破仑法典》，而任中国驻法、德、意公使馆参赞。副铭传赴台湾时曾作为幕僚、副将，参与组织台湾民主国，传为外务大臣，失败后内渡大陆。乙未周旻重绘。

林纾（1852—1924），中国近代著名文学家、翻译家。原名群玉，字琴南，号畏庐，别署冷红生。晚称蠡叟，践卓翁、长安卖画翁，春觉斋主人。室名烟云楼等。福州莲宅人。中国近代著名文学家。曾创办"苍霞精舍"，即今福建工程学院的前身。

林纾是中国最早翻译西方文艺作品的人。能诗善画，文章擅叙事抒情，文笔婉约动人。林纾不懂外文，依靠别人口译，用文言文翻译欧美诸国小说180余部。其《巴黎茶花女遗事》得到国人相当认可。曾任北京大学讲席，性情急躁，思想保守。晚年在北京，专以译书卖文卖画为生。甲午秋日周旻为林纾先生造像，并录严复诗《甲辰出都呈同里诸公》赞林纾：

孤山处士音琅琅，
皂袍演说常登堂。
可怜一卷茶花女，
断尽支那荡子肠。

严复（1854—1921），清末启蒙思想家、翻译家和教育家。字几道，福建福州人。先后毕业于福建船政学堂和英国皇家海军学院。曾担任过京师大学堂译局总办、上海复旦公学校长、清朝学部名辞馆总编辑。在李鸿章创办的北洋水师学堂任教期间，培养了中国近代海军第一批人才，并翻译了《天演论》，创办了《国闻报》，系统介绍西方民主和科学思想，宣扬维新变法思想，将西方的社会学、政治学、经济学、哲学和自然科学介绍到中国，提出的"信、达、雅"的翻译标准，影响深远。严复是清末极具影响的资产阶级启蒙思想家、翻译家和教育家。甲午周旻敬为严复先生造像，诗赞曰：

作育英才向海洋，
变法维新登讲堂。
体用一致信达雅，
至今闪耀闽之光。

卢戆章汉字拼音文字首创者清末学者中国汉字改革先驱创制中国切音新字发明标点符号提倡简化汉字横排横字注音识字福建同安人长期居住鼓浪屿甲午周旻

卢戆章（1854—1928），清末学者，汉字拼音文字首创者，中国汉字改革先驱。福建同安人，长期居住在鼓浪屿。卢戆章9岁入义学，18岁参加科举考试，但不中，后在私塾教书。曾往新加坡攻读英文，三年后即1879年回到了厦门鼓浪屿，以教华人英语和西方人华语为业。

1892年（清光绪十八年），卢戆章将自己创制的汉字拼音方案中国切音新字编成著作《一目了然新阶》，并个人出资交由厦门五崎顶倍文斋刊印，是中国人编著的第一本拼音著作。其中"天下第一块切音新字"是中国人制订的第一套拼音文字方案。该书是中国提倡汉字改革、提出拼音化的主张、研制拼音方案、出版拼音读物的开端。这一年被认为是中国汉字改革运动的开始。他的汉语拼音方案实行"词素连写，词间分开"，注意词儿连写、标记调号、横行书写、使用标点符号等，这在我国都是首创。

卢戆章从事中国文字拼音化工作的目的在于节省国人学习文字的时间，好从事实学的学习，以求国家富强。他认为汉字是发展的，其趋势是趋易避难，拼音文字的三大优点就是易认、易懂、易写。他认为推行拼音方案可以"统一语言，以结团体"，可以普及教育创制中国切音新字。总之，发明标点符号，提倡简化汉字、横排横字、注音识字等，都是历史性贡献。甲午周旻并记。

普及教育重于言，
强国素质选题难。
易认易懂易书写，
拼音方案大贡献。

许南英（1855—1917），台湾抗日名士。字子蕴，号蕴白或允白，别号窥园主人。清代官员，台湾台南府安平县（今台南）人。1890年中进士，授官兵部主事。甲午战争和台湾"民主国"时，在台南担任行政职务，大力支持刘永福。其间曾率众抗击日军，终因局势难挽，日军进入台南，他与刘永福等人在英国人帮助下乔装逃到厦门，转汕头，在兄弟许子荣、许子明帮助下到泰国、新加坡发展。年仅3岁的第四子许地山和原配吴慎、大兄梓修等家人随后到汕头。许南英再次从南洋回福建后寄籍福建漳州龙溪，身往广东做行政工作，先后在广东为官十数年，曾任乡试阅卷官、税务总办、广东徐闻知县等。1917年年底客死印尼棉兰。

著有《窥园留草》等书。兼擅书法，所书《许春熙墓志铭》碑，为潮汕金石瑰宝。其子许地山在抗日战争期间在香港发起组织爱国文学社团。许氏父子一生面对民族矛盾时，都做出爱国奉献的个人选择。2015春节周旻作。诗赞曰：

兵部主事回台湾，
垦土修行欲"化番"。
甲午局势困名士，
南英之后许地山。

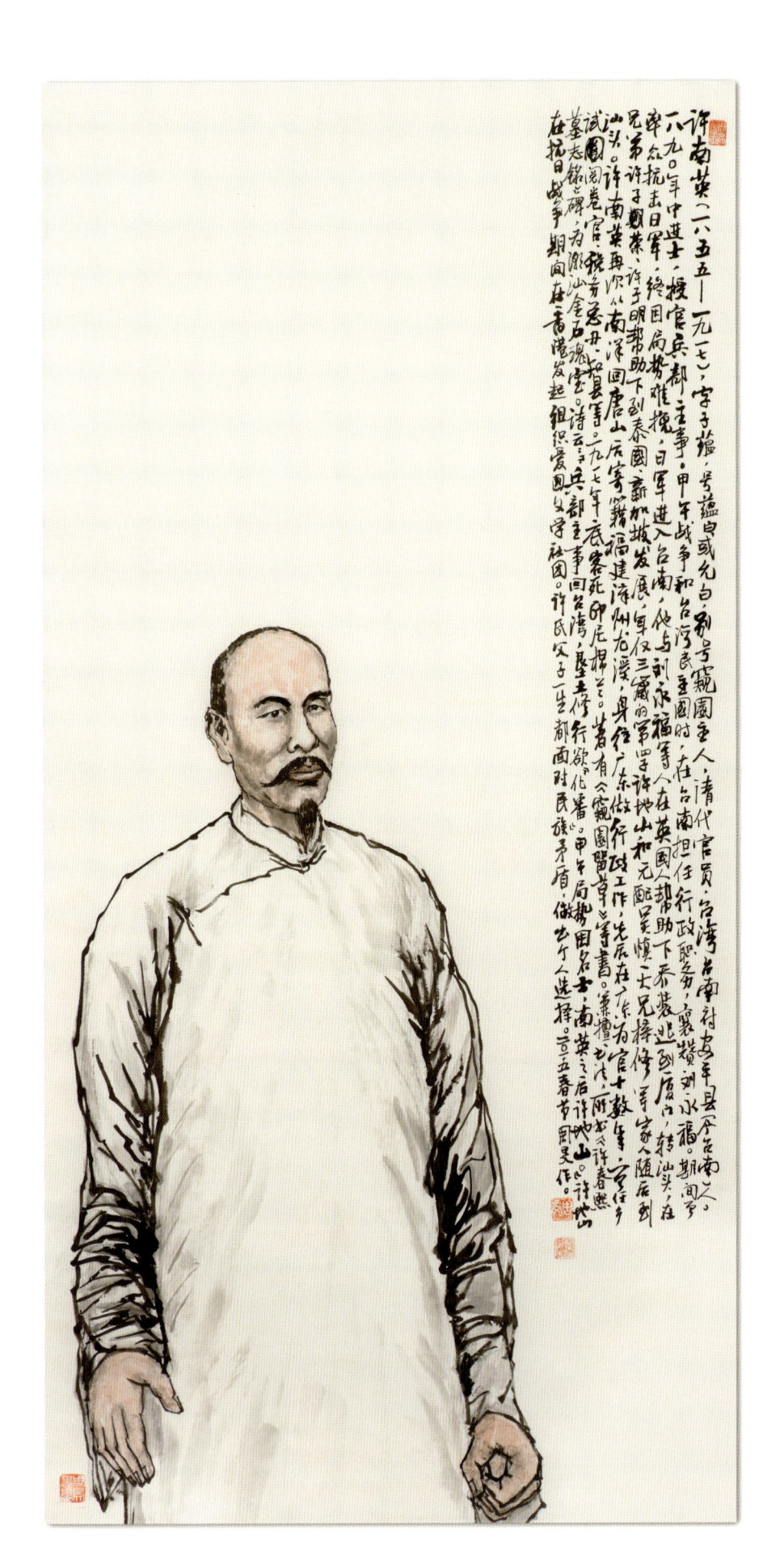

邓世昌（1849—1894），民族英雄。广东番禺人。中国北洋海军将领，甲午战争时期阵亡，追赠太子少保，入祀昭忠祠，被誉为民族英雄。1867年考入马尾船政学堂驾驶班第一期学习。在甲午战争黄海海战中，因"致远"舰受伤，弹药用尽，难以继续战斗，邓世昌语曰："倭舰专恃吉野，苟沉是舰，则我军可以集事。"便意图撞沉日舰主力舰"吉野"，但"致远"舰因为日舰攻击引起鱼雷爆炸而沉没。邓世昌决心与战舰同存亡，在落水后几次推开救生圈，拒绝救援，与爱犬"太阳"相抱一同壮烈殉国。甲午周旻敬绘。

船政学堂思国强，
致远弹尽受重伤。
振臂高呼撞吉野，
太阳与之共存亡。

陈衍（1856—1937），近代文学家。字叔伊，号石遗老人。福建侯官（今福州）人。清光绪八年举人。曾入台湾巡抚刘铭传幕。1886年在北京时，与郑孝胥共同标榜"同光体"，并成为"同光体"闽派的代表人物。甲午战争后期，《马关条约》签署，举国哗然，陈衍起草并与林纾等人联名上书都察院，反对割让辽东半岛、台湾等领土。1897年夏，陈衍被公推为《求是报》主笔，关注时事评论，读者日多，风行一时。时湖广总督张之洞邀其前去武昌，任官报局总编纂。1907年陈衍到北京任学部主事，并兼京师大学堂文科教习。1911年清朝灭亡后，到南北各大学讲学。后来《石遗诗话》出版风靡一时。各地诗人"欲得其一言为荣，于是投诗乞品题者无虚日"。1933年，钱锺书拜会陈衍，其时钱锺书尚在清华读书，可谓忘年之交。30年代初，陈衍仍对钱锺书到国外学文学大惑不解，认为文学何必去国外学，中国文学不就很好吗？！"晚年寓居苏州，倡办国学会。甲午年周旻敬为陈衍先生造像，读陈衍《石遗诗话》有感，诗赞曰：

同光健将称遗老，
生平论诗存直道。
泥古不化终得浅，
异曲同工偷来巧。

辜鸿铭（1857—1928），学博中西，号称清末怪杰，精通中西文化的名人。祖籍福建省同安县，生于南洋英属马来西亚槟榔屿。他的父亲辜紫云当时是英国人经营的橡胶园的总管，操流利的闽南话，能讲英语、马来语。母亲为葡萄牙人与马来人混血。1867年，辜鸿铭随其义父布郎前往苏格兰，先后在英国、德国、法国等国家学习，获得多种学位，掌握了英文、德文、法文、拉丁文、希腊文等多种语言。1880年，辜鸿铭结束14年欧洲求学历程返回故乡槟城。

1881年，他遇到马建忠并与其倾谈三日，思想发生重大改变，随即辞去殖民政府职务，学习中国文化。1885年，辜鸿铭前往中国，被湖广总督张之洞委任为外文秘书。其间参与谋划筹建由中国人自立筹建、自主管理的高等学府、武汉大学的前身自强学堂。

辛亥革命后，辜鸿铭辞去公职，1915年在北京大学任教授，主讲英国文学。辜鸿铭学博中西，号称清末怪杰，是清代精通西洋科学、语言兼及东方华学的中国第一人。他翻译了中国《四书》中的三部，即《论语》、《中庸》和《大学》，影响很大，并著有《中国的牛津运动》和《中国人的精神》等英文书，热衷向西方人宣传东方的文化和精神。

他自称"生在南洋，学在西洋，婚在东洋，仕在北洋"。或许辜鸿铭的"怪"，正是一种极端的执着。他曾说："现在中国只有两个好人，一个是蔡元培先生，一个是我。因为蔡先生点了翰林之后不肯做官，就跑去革命，到现在还是革命。我呢，自从跟张文襄（张之洞）做了前清的官以后，到现在还是保皇。"其在北京大学最为显著的外形标志是"拖着辫子"。甲午周旻并记。

学贯中西混血儿，
狂怪未泯中国志。
文明血统重四书，
北大殿堂留辫子。

后藤新平（1857—1929），日本明治、大正、昭和时期官僚、政治家，殖民扩张主义头目。台湾总督府民政长官。

1894年中日甲午战争爆发，战后时任台湾总督的儿玉源太郎出任台湾总督府长官，他邀后藤新平一道到台湾，担任总督府卫生顾问，后又破格提拔其为民政长官，后藤的才干得以充分展示。后藤新平提出生物学原则的殖民地经营思想。对此后藤新平作过比喻和阐述：比目鱼的眼睛不能改变成赤鬃鱼的眼睛，赤鬃鱼的眼睛对称地长在头的两边，而比目鱼的眼睛则双双长在头的一侧。不能因其形状的古怪，就要把它的眼睛像赤鬃鱼那样改装在头的两边。

事实上后藤新平为了能够把日本政府对外扩张的殖民统治政策迅速融入台湾当地及民众之中，便精心地对台湾的旧制、土地资源、人口构成状况和民俗风情进行大规模细致的调查，并在此基础上制定对台湾的统治政策和法律制度。后藤新平的思想本质就是一种殖民统治的掠夺，后藤竭力建设的阿里山铁路，就着眼于丰富的森林资源，而大量日本国内资金流向台湾制糖业，使台湾本土的糖商和蔗农受尽盘剥。日本在台土地调查的结果，近八成台湾私有土地变官有。在《马关条约》之后，后藤新平的殖民统治理论，使台湾进一步为日本同化。甲午周旻并记。

甲午侵台虑远谋，
比目赤棕生物钟。
土地森林皆细算，
赚取台湾入囊中。

黄秀烺（1859—1925），字犹炳，晋江东石人，清咸丰九年（1859年）生于晋江深沪。幼丧父母，与二兄秉猷共同生活，后偕二兄往来宁波、香港等地经商。二兄殁后，旋转往菲律宾谋生。初在同乡店中当记账员，因勤谨诚厚，为林姓华侨巨商所器重，提供资金支持其从事商业活动。经20余年艰苦奋斗，成为菲律宾华侨巨富。

光绪二十五年（1899年）回国，定居于厦门鼓浪屿。投资5万银圆，在厦门开设炳记商行，以信用笃著，获利甚丰。清末向清廷捐献巨资，受诰封为一品忠宪大夫。民国元年（1912年），黄秀烺投巨款25万银圆，在祖籍东石檗谷村营建古檗山庄，历经三年方告竣工。康有为、蔡谷仁、陈宝琛、郑孝胥等名士显宦，纷纷题词相赠。

黄秀烺对家乡公益事业十分热心。独资修葺泉州开元寺仁寿塔（俗称西塔），出资调解安海地区封建械斗。发动侨胞，为创办漳厦铁路筹集资金。至于怜恤孤寡，救贫济穷，则不胜枚举。民国初年，大总统黎元洪曾颁赠嘉禾勋章，孙中山也题赠"热心公益"、"急公好义"匾额。民国十四年病逝于鼓浪屿。诗云：

经营基业勤俭起，
热心公益捐巨资。
同文顶上俯瞰处，
海天堂构游人织。

萨镇冰（1859—1952），中国近代著名的海军将领。字鼎铭，海军上将，出身于著名的福州色目人萨氏家族。先后担任过清朝海军统治（总司令）、民国海军总长等重要军职，还曾代理过国务总理。他在担任清朝北洋海军副统领时，创建了烟台海军学校。

萨镇冰经历了清末、民国与解放初期的各个历史时期，是中国海军史上一位卓越的人物。他年轻时目睹了中日甲午战争失败，耄耋之年看到了日本的投降。新中国成立后拒绝蒋介石去台邀请，转而加入中国共产党，并以老迈之躯为共和国建立做出了力所能及的贡献。萨镇冰是中国近代史中一位在国共两党都享有名望的人物。他一生扶贫济困，广造福祉，被人民大众称为活菩萨。可谓生前享有隆声，活时享有赞许，死后享有美誉。甲午年庚午月周旻敬绘于厦门。

历经数朝看风云，
痛定思痛建海军。
老迈之躯高名望，
强国信仰志高存。

吴汤兴（约1860—1895），抗日名士。台湾省苗栗客家人，祖籍广东嘉应州今梅州。秀才出身。1895年正月，愤清政府割让台湾给日本，在台湾聚合粤籍（客家）乡人，盟誓抗日。得到台湾巡抚唐景崧支持，奉命统领义民队伍。六月中旬，日军进犯新竹时，吴汤兴与徐骧、姜绍祖等义军奋勇抵抗，屡败日军。七月上旬，会各路义军反攻新竹，与日军反复搏杀。八月中旬，与敌苦战于苗栗，八月下旬在彰化保卫战中，率义军与日军激战于八卦山，中炮阵亡，时年35岁。其妻黄贤妹闻讯后，投水自尽，虽被旁人救回，之后仍绝食而亡。甲午过后是乙未羊年，周旻为抗日秀才吴汤兴造像于厦门。因作《抗日秀才吴汤兴》诗赞曰：

客家秀才吴汤兴，
聚合义民作精兵。
当时朝廷已割地，
炮阵冲锋留英名。

杨衢云（1861—1901），中国最早受西方民主思想影响的人士之一。厦门人。1891年在香港创立反清组织辅仁文社并任社长。与孙中山志同道合，1895年在香港共创兴中会，并首任会长，负责策划广州起义。1901年在香港遭清政府派人暗杀。他的废除帝制、建立共和的思想，对孙中山产生了深刻的影响。蒋介石前妻陈洁如在她的回忆录中提到一则轶事："蒋介石当年为取得一张杨衢云坐于中央，孙文站于后排的集体照，愿意付出一百万元，原因是：如果给人看见我们堂堂中华民国大总统竟居于随从的地位，那才真叫人难堪。"

杨衢云遭暗杀后，谢缵泰为杨衢云安排下葬于跑马地香港坟场，并为其设计墓碑，碑上没有留下名字，只刻有编号6348，碑上刻有青天白日图案，追封其功绩，并象征杨衢云革命精神。无名碑于1901年12月23日建成。甲午岁周旻敬绘于厦门。

无名碑上留天地，
近代革命自君始。
拥抱共和第一人，
收却照片几人知？

郁约翰(Dr. John Abraham Otte, 1861—1910),传教士、医生。1861年生于荷兰,6岁时随父母移民美国。年轻时曾学土木工程。后入密执安大学攻读医学。1887年,归正教派郁约翰前往厦门宣教。同年年底,郁约翰从纽约坐帆船出发来华,1888年1月13日踏上厦门的土地。他在厦门学习闽南语。之后,被差会派往平和县小溪镇宣教。郁约翰建立了小溪医院,就诊者络绎不绝,使西医学在闽南地区广为传播。当时,郁约翰看到中国人受鸦片的毒害,便建立戒烟所,帮他们脱离毒瘾。1897年,郁约翰回美国述职完毕回厦门。差会计划在厦门建一所医院,郁约翰在美期间筹集一笔近万元的资金。

1898年4月,厦门第一所正规西医院即救世医院在鼓浪屿正式建立。从医院开办到郁约翰去世的12年里,共收治17000多名住院病人及135000多位门诊患者,做了7500多次手术。郁约翰一边行医一边收徒教学,他的学生黄大辟、陈天恩等日后均成为闽南名医。

郁约翰不仅是宣教士、医生,还是一位出色的建筑师。小溪医院及救世医院均由他设计并建造,鼓浪屿著名的八卦楼、船屋、同文书院的主体建筑等,都是郁约翰的设计作品。1910年春,厦门鼠疫流行,很多人染病而死。郁约翰冒着生命危险救治病人,不幸遭到感染,1910年4月14日在鼓浪屿去世,享年49岁。次日被安葬于鼓浪屿番仔公墓。感其以身殉志,生不遗力,殁不归骨,甲午岁酷热挥汗为郁约翰先生造像。周旻写于厦门。因赋诗赞曰:

漂洋过海到闽南,
救死扶伤医德传。
殉志长留不归骨,
天风海雨日光岩。

詹天佑（1861—1919），中国铁路之父。字眷诚，号达潮，祖籍徽州婺源，广东省南海县（今广东广州市）人，是首位中国铁路总工程师，负责修建了京张铁路等工程，有"中国铁路之父"、"中国近代工程之父"之称。1872年，清末革新思想家容闳在香港招考幼童，12岁的詹天佑考进了幼童出洋预备班。1872年8月，包括詹天佑在内的首批清代官派留学幼童30人远赴美国。1878年，詹天佑以优异成绩进入耶鲁大学，修读土木工程、铁路专业。同年，清政府撤回所有留学生，一百多名归国留学生中，只有詹天佑和欧阳庚能及时取得学位。

回国后，詹天佑被派往福州船政局后学堂学习海军轮船驾驶，成绩优异，得五品军功。清光绪八年（1882年）在福州船政学局后学堂毕业，考取一等第一名，被派往"杨武"号舰实习，后任船政后学堂教习，10月，由张之洞邀请回粤任广州黄埔水师学堂教习。1888年，经邝孙谋推荐，转入李鸿章、伍延芳兴办的中国铁路公司任工程师。此后詹天佑参与主持的铁路工程如唐山铁路、河大桥、京津铁路、新易铁路、京张铁路等都载入史册。

1912年，詹天佑受孙中山之邀筹划全国铁路，全面主持汉粤川铁路的修建。他所创设的"竖井开凿法"和"人字形线路"震惊中外。著有《铁路名词表》、《京张铁路纪略》等。1919年，第一次欧战结束，詹天佑不顾身患腹疾，代表中华工程师会出席远东铁路国际会议，冒着严寒赶赴会议，与企图霸占我国北满中东铁路的日本方代表论战，取得我国保护中东铁路的权利。回乡途中，他抱病登上长城，浩叹："生命有长短，命运有升沉，初建路网的梦想破灭令我抱恨终天，所幸我的生命能化成匍匐在华夏大地上的一根铁轨。"乙未正月初二周旻为詹天佑先生造像并记。诗赞曰：

兴国阜民脚踏实，
临终遗嘱不及私。
生命之轨铺华夏，
呼啸向前写人字。

丘逢甲（1864—1912），清朝官员、抗日名士、诗人和教育家。字仙根，号蛰山，晚号沧海君，祖籍广东省嘉应州镇平县（今梅州市蕉岭县）。丘逢甲幼聪颖，6岁能文，14岁即考取秀才，得到巡抚丁日昌的赏识，25岁赴福州乡试中举，次年至燕京考中进士。丘逢甲无意在京师做官，回台湾讲学。

1894年甲午战争爆发，丘逢甲奉旨督办团练。次年清廷战败，与日本签订《马关条约》，割让台湾。丘逢甲与陈季同等倡立"台湾民主国"，率绅民奉旗、玺及总统印，献于巡抚唐景崧，并声援义军反抗。后任"台湾民主国"义勇军统领。日军登台，守军不敌，"总统"唐景崧弃职逃往厦门，丘逢甲见局势不可为，便返回台中，携家眷内渡广东嘉应州。丘逢甲内渡广东后，在潮州和汕头等地兴办教育，倡导新学，支持康梁维新变法，后又投身孙中山的民主革命。1912年肺病复发去世，终年48岁。丘逢甲离台前有诗，传颂一时：

宰相有权能割地，
孤臣无力可回天。
扁舟去作鸱夷子，
回首河山意黯然。

周殿薰（1867—1929），厦门名儒。厦门人。厦门有条周宝巷，据说是因清代科举末年周殿薰及其兄周殿修兄弟同榜中举而得名。周殿薰早年弃官从教，在厦门，他是第一位担任中学校长的中国人。他是厦门图书馆第一任馆长、厦门修志局局长。是20世纪初期厦门的名儒。1928年3月，厦门同文中学校庆，校长周殿薰先生创作校歌，勉励青年学子勤奋读书励志救国。甲午岁敬为周殿薰先生造像，并录其所作同文中学校歌于厦门鼓浪屿对岸同文顶。歌词如下：

望哥石畔瞰沧溟，
山海是怡情。
层楼杰构，一片读书声，
天风卷入海潮鸣。
三十年前荒草地，
迄于今朴樕茂莪菁。
中西融合一炉成，
学术阐文明。
德智体群，不悖道并行。
荒嬉必戒勉勤精，
莘莘学子多努力，
好从此成才成学成名。
欧风美雨莫侵凌，
多士即干城。
天下治乱，责岂匹夫轻？
人群进化宜竞争，
好把读书来救国，
当勿忘民族民权民生。

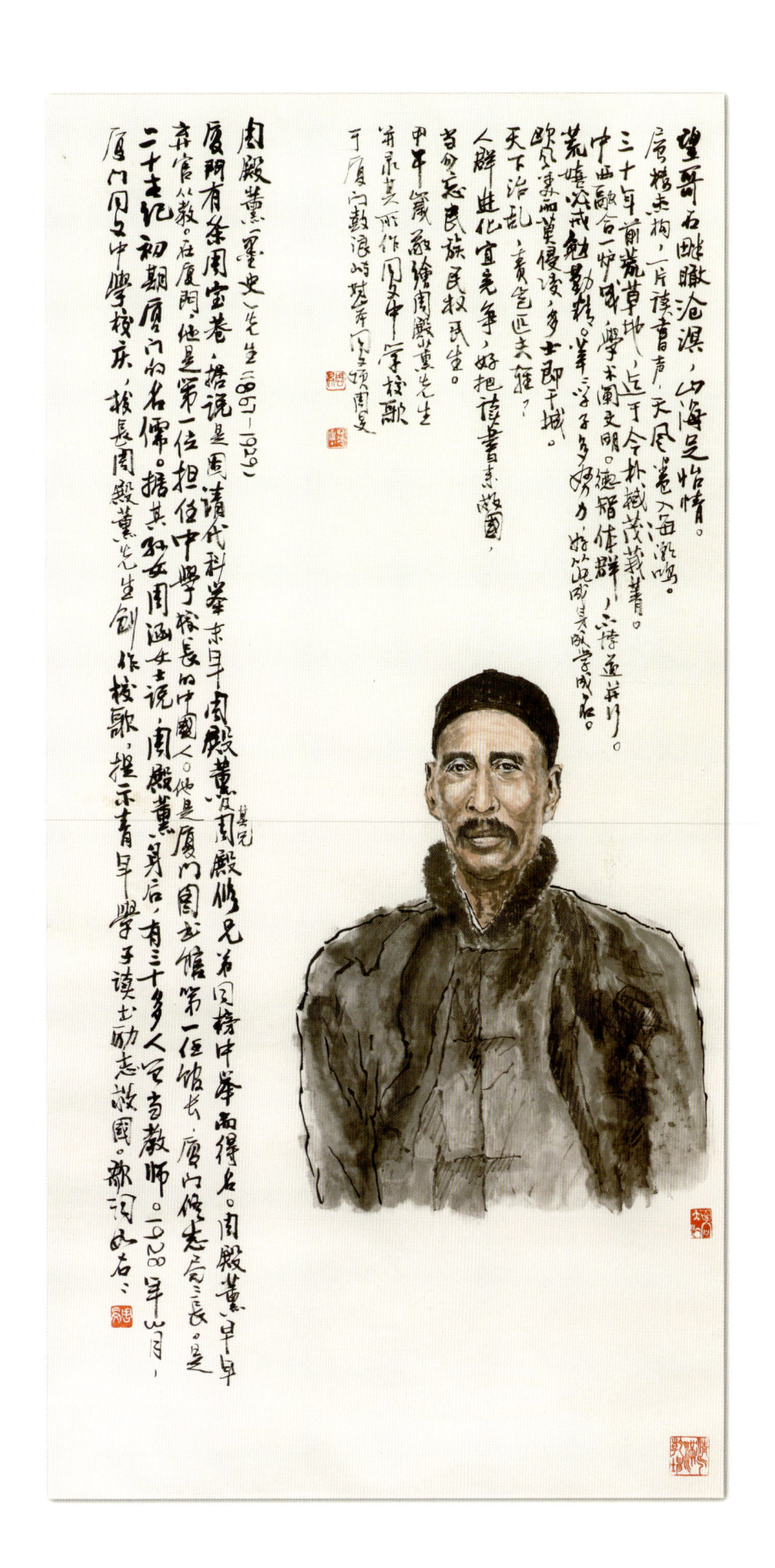

林森（1868—1943），近代著名政治家。原名林天波，字长仁，号子超，自号青芝老人，别署百洞老人、虎洞老樵，福建林森县（今闽侯县）人。林森幼居福州，入英华学堂，因反清被开除，后参加反割让台湾斗争，并加入兴中会。中国同盟会成立时率会加盟。辛亥革命中，领导九江起义，并促海军反正，派兵援鄂、皖，稳定革命大势，被推举为民国开国参议院议长。1914年在东京加入中华革命党。此后又担任过大元帅府外交部部长、参议院院长兼宪法会议议长等职。1928年2月，林森被选为国民政府委员，11月当选为立法院副院长，接着又当选为中国国民党中央监察委员。

1931年12月23日，接替因"九一八"事变而下野的蒋介石任国民政府主席。1937年抗日战争爆发后，林森于11月20日宣布迁都重庆，并率员于11月抵达重庆。1941年12月9日，林森代表国民政府对日宣战。1943年8月1日，因车祸在重庆逝世，葬于重庆歌乐山林园。

林森临终之时，嘱咐蒋介石等人：务必要光复台湾。中共中央致唁电说："林公领导抗战，功在国家，慈闻溘世，痛悼同深。"

乙未岁次春分，敬为林森先生造像，周旻并记于厦门。诗赞曰：

辛亥先驱护法臣，
临难持节率群伦。
"三不原则"留青史，
曾经"国府看印人"。

黄奕住（1868—1945），著名爱国华侨企业家和社会活动家。出生于福建南安金淘镇楼下乡。祖上世代务农，家境贫寒，12岁开始学习理发手艺，后随乡人出海，先后到新加坡、印尼，最后移居到中爪哇的三宝垄市。经过苦心经营成为著名的糖业大王。

1919年4月5日，黄奕住将其所积累资产两千万美元汇回祖国，结束了他侨居印尼35年的生活和事业，返回鼓浪屿定居。黄奕住回国后，创办银行，扶助发展华侨工商业，创办经营社会公用事业，创建厦门市自来水公司，承办厦门电话公司，从事厦门鼓浪屿房屋及市政建设。1945年日本投降之前病逝于上海。黄奕住对福建家乡的文化教育事业亦多有捐献，如捐赠厦门大学图书馆的图书及设备，同文书院的奕住楼，鼓浪屿中山图书馆的图书等。甲午岁周旻并记。诗云：

　　南安走出剃头匠，
　　爪哇做成糖业王。
　　回望岛上繁华处，
　　黄家别墅游人访。

汪春源（1869—1923），"公车上书"第一人。字杏泉，号少义，晚号柳塘，台南安平人。光绪戊子（1888年）举人，光绪乙未年汪春源来京参加会试，时值清军在中日甲午战争中战败，清朝廷与日本签订《马关条约》，割让台湾给日本。消息传出，全国震惊，在清政府的各级官员之中，很多人对条约的签订非常震怒。台湾安平举人翰林院庶吉士李清琦等联名呈文，发起著名的"公车上书"。汪春源等五人多方奔走，率先上书都察院，坚决反对割台议和，史称"台湾五举子上书"。

汪春源1898年中进士。清政府割让台湾后，汪春源弃家内渡。历任江西宜春、大庾、安仁、安义等县主持。辛亥革命后，定居鼓浪屿。著有《柳塘诗文集》。2015年4月为"公车上书"第一人王春源造像，周旻并记。诗云：

孤悬海外命运悬，
举子激昂上书谏。
可怜弃岛弃民策，
换我志士鲜血溅。

林文庆（1869—1957），字梦琴，福建海澄县（今龙海市）人（一说为今福建省厦门市海沧区鳌冠村人），清同治八年（1869年）生于新加坡一华侨家庭，幼年父母双亡，由祖父抚养成人。先在福建会馆附设的学堂读《四书》《五经》，又学英语，后升入新加坡莱佛士学院。1887年因成绩优异，获英女皇奖学金，是获得该项奖学金的第一个中国人。毕业后，赴英国爱丁堡大学攻读医学，获内科学士和外科硕士，受聘剑桥大学研究病理学。1893年，创办新加坡第一所女子学校。1906年，林文庆加入同盟会，曾组织成功营救孙中山和宫崎寅藏出狱。他带头剪掉辫子，反对妇女缠足，反对吸食鸦片。

1912年应孙中山电召回国，任孙中山的秘书和医生，旋又任临时政府内务部卫生司长（实为总长）。1916年出任外交部顾问。林文庆创办新加坡华人商业银行，1920年与黄奕住等合资创建"和丰银行"和"华侨保险公司"，成为新马华人金融业的先驱。他还引种巴西橡胶到南洋种植成功，橡胶园获得巨大收益，陈嘉庚就是在他影响下经营橡胶园的，林文庆被陈尊为"南洋橡胶之父"，他俩也就此结下不解之缘。

1921年7月，林文庆接受陈嘉庚的聘请，辞掉一切职务，到厦门大学担任校长达16年。他倡校训"止于至善"，高薪延请海内外学者汇集厦门大学，一时兴盛。其间亦发生厦大师生出走事件。其间，他还兼任鼓浪屿医院院长，为支持厦大，他将为人诊病所得、全年薪金以及夫人的私房钱献给厦大。

1937年厦大改为国立，林文庆返回新加坡。1941年，在日寇的刺刀下，违心接受"华侨协会"会长的职务。战后，他对此深感内疚，闭门谢客。1957年元月，林文庆在新加坡逝世，终年88岁。临终遗嘱将他3/5的遗产和鼓浪屿的别墅故居捐献给厦门大学。甲午岁余伫立同文顶，先贤已去，文脉犹在。乃提笔为林文庆先生造像，并记其事咏诗感怀。周旻并记，诗云：

止于至善十六载，
天南地北网人才。
毁誉到来闭门处，
故居阶前满藓苔。

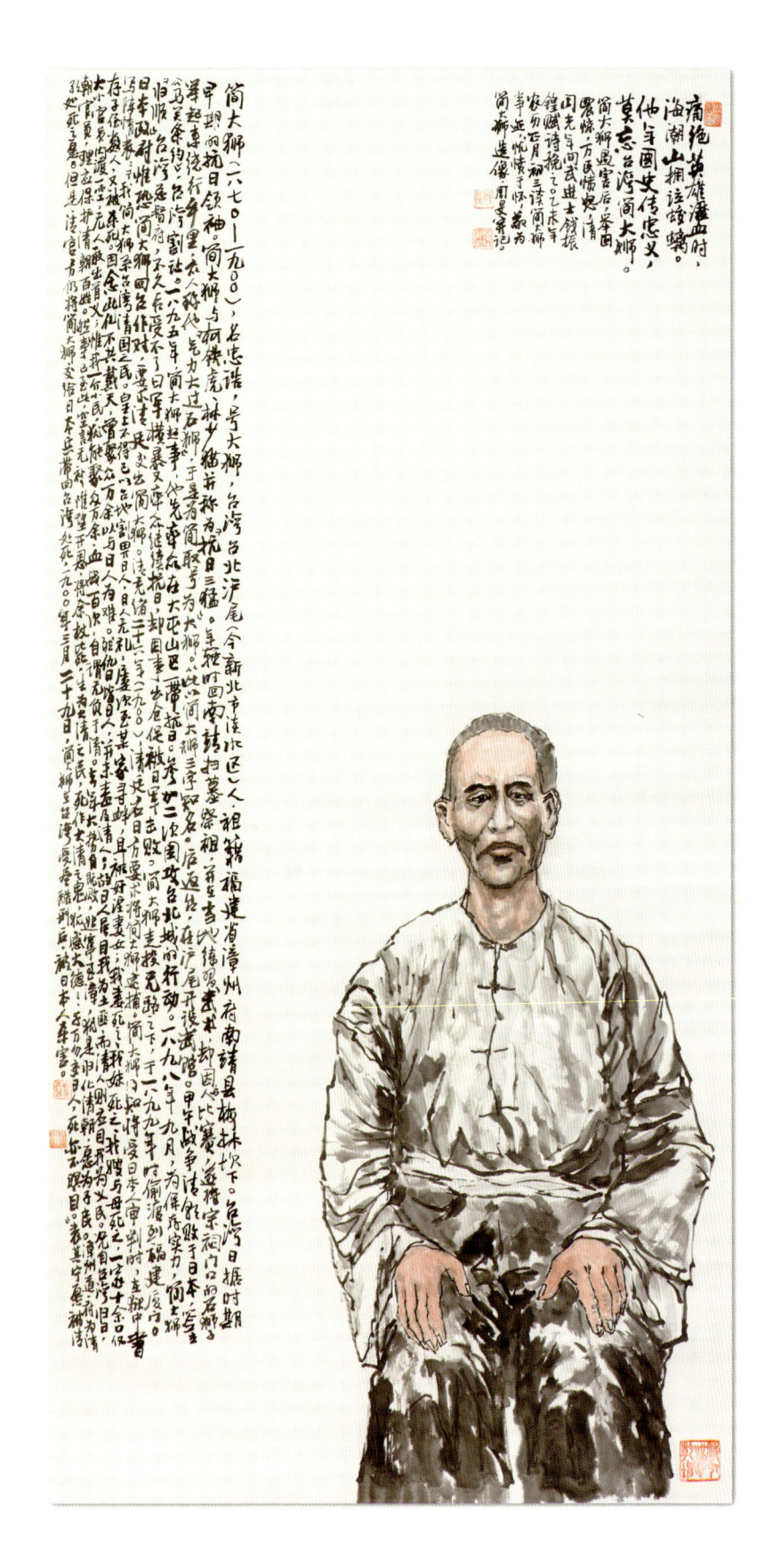

简大狮（1870—1900），台湾日据时期早期的抗日领袖。名忠诰，号大狮，台湾台北沪尾（今新北市淡水区）人，祖籍福建省南靖县梅林坎下。简大狮与柯铁虎、林少猫并称"抗日三猛"。年轻时回南靖扫墓祭祖，并在当地练习武术，因与人比赛，遂将宗祠门口的石狮子举起来绕行乡里，众人称他"气力大过石狮"，于是取号为大狮。从此以简大狮知名。后返台，在沪尾开设武馆。

甲午战争清朝败于日本，签订《马关条约》，割让台湾。1895年，简大狮起事，他先率众在大屯山区一带抗日。参加二次围攻台北城的行动。1898年9月，为保存实力，简大狮"归顺"台湾总督府，不久后受不了日军横暴又率众继续抗日，却因事出仓促被日军击败。简大狮走投无路之下，于1899年偷渡到福建厦门。日本政府唯恐简大狮回台作对，要求清廷交出简大狮。清光绪二十六年（1900年），清廷应日方要求将简大狮逮捕。

简大狮得知将受日本人审判时，在狱中书写陈情表："我简大狮系台湾清国之民。皇上不得已以台地割畀日人，日人无礼，屡次至某家寻衅，且被奸淫妻女；我妻死之、我妹死之、我嫂与母死之，一家十余口仅存子侄数人，又被杀死。因念此仇不共戴天，曾聚众万余以与日人为难。然仇日皆日人，并未毒及清人；故日人虽目我为土匪，而清人则应目我为义民。况自台湾归日，大小官员内渡一空，无人敢出首义；唯我一介小民，犹能聚众万余，血战百次，自谓无负于清。去年大势既败，逃窜至漳，犹是归化清朝，愿为子民。漳州道府为清朝官员，理应保护清朝百姓。然事已至此，空言无补，唯望开恩，将余杖毙，生为大清之民，死为大清之鬼，犹感大德！千万勿交日人，死亦不瞑目。"表其宁愿被清朝处死之愿。但是，清官方仍将简大狮交给日本兵带回台湾处死，1900年3月29日，简大狮在台湾受尽酷刑后，被日本人杀害。

简大狮遇害后，举国震惊，万民愤怒，清同光年间武进士钱振锽赋诗挽之。乙未年农历正月初三午夜，读简大狮事迹，忧愤于怀，敬为简大狮造像，周旻并记之，并录钱振锽进士挽诗如下：

痛绝英雄沥血时，
海潮山拥泣蛟螭。
他年国史传忠义，
莫忘台湾简大狮。

高梦旦（1870—1936），商务印书馆元老，近代中国最富实绩和最具声望的出版家之一。原名凤谦，号梦旦，福建长乐人。"五四"运动后，51岁的高梦旦自认对新学所知不多，主动辞去商务印书馆编译所所长之职，并亲赴北京，邀请不满30岁的北大教授胡适前来担纲。胡适虽未上任，但推荐了他的老师王云五。王云五当时毫无名气，怀疑他的能力的人很多，但到位后，王云五的能力很快得到体现。1932年"一·二八"事变，商务印书馆遭日机轰炸，几成废墟，王云五仅用半载，便使商务印书馆恢复元气。

高梦旦爱才识才，他提升青年沈雁冰任《小说月刊》主编，后者却向他提出现存稿子不能用，全部改用五号字，以及全权自我办事等要求，高梦旦全部应允。王云五研究汉字号码检字法，高梦旦将自己苦心钻研的稿件送他参考，王云五在此基础上加以改进，终于在1926年获得成功。《四角号码检字法》单行本出版后，高梦旦为其作序，对让稿一事，序中只字未提。

商务印书馆曾发生职工罢工，要求增加薪酬，高梦旦代表资方，其女婿郑振铎是罢工中央执行委员会委员，翁婿在谈判桌上唇枪舌剑，会下依然相敬如常。周旻记之并诗赞曰：

辨才识势书稿佳，
遗老新人接未遐。
如今梦旦几人识，
当时名气满天涯。

李霞（1871—1936），仙游画派代表画家。字云仙，号髓石子，莆田仙游县赖店人。少时随伯父学画，为庙宇作壁画。16岁始以卖画为生。1908年在北京故宫以《麻姑晋酒图》誉满京城，被称为"麻姑李"。1910年，先后在南京、上海等地举办个人画展，轰动一时。1914年，其名作《十八罗汉渡江图》被选送巴拿马参加世界博览会，获优等奖章。

李霞的人物画多取材于历史人物、民间传说及神话，笔法神逸、老练、奔放，继承中国画传统技法，又有独特艺术风格。抗日战争期间，他抱病卖画，捐助抗战，直至病逝。李霞、李耕、黄曦为仙游现代饮誉海内外的三大画家，三人中要数李霞最为年长，且生前成名最早，交流最广，而谢世也最先。他一生历尽五湖风霜，画誉名噪东南欧亚，既是一个身怀绝艺、富有个性、风流倜傥的著名画家，又是一个播仙游画风于四海，开仙游画派之先河的活动家。一代国画大师吴昌硕看到其巨幅人物画，赞叹其麻姑画"体态丰腴，风采照人而又不失仙风道骨，端庄典雅，可谓别树一家"。

1928年8月，李霞到台湾，参加了当时由"新竹益精书画会"举办的"全台书画展览会"，被聘为评审委员。他参展的《大欢喜图》、《抱琴独立图》获得很高评价。这次宣扬民族精神的画展，为日据时代台湾渐趋萎靡的中国传统绘画注入了一股新活力。在新竹期间，李霞结识了当地著名画家范耀庚、周笑轩、郑雨轩等。而范氏父女对李霞在台湾的画及活动给予很大支持，使得李霞《李霞先生画道展览》获得很大成功，中外人士争购李霞作品，至今台湾民间仍收藏有李霞许多作品。台湾"闽习"画风曾盛行，知名画家多来自福建，他们的绘画风格与李霞画风很接近，这都是闽台一家的历史渊源。甲午周旻并记。台湾画家、广东人詹培勋在《抢琴独立图》上题诗赞誉：

吟风弄月抚牙琴，
独立燕南寄慨深，
落落高山流水调，
子期既往孰知音。

转道法师（1872—1943），近代高僧。福建南安人，俗姓黄，讳海青。天生聪慧，年十九，礼漳州南山寺善修禅师出家。翌年于南山崇福寺受具足戒。年三十三，为报母恩，发愿朝礼四大名山，以忏悔业障，先后朝礼五台山3次，普陀山20次。后以厦门南普陀寺设立僧伽学院，乃赴南洋筹募经费。至新加坡，曾迎请圆瑛法师前往该寺讲大乘起信论。其后重修泉州开元寺、漳州南山寺。在新加坡，转道法师担任两届中华佛教会会长，曾代表新加坡出席世界佛教会。晚年的转道法师倡办华文佛教会，使华侨得闻佛法，研读华文。新马佛寺林立，穷本清源，转道法师功不可没。

当年转道法师22岁，父亲病逝，回家营葬之后，持钵行脚，参访名山，赴扬州高旻寺，行至三叉河边，见雪月交辉，心中妄念顿熄。抵高旻寺，适与虚云和尚相遇，在此同参，并与圆瑛、会泉诸师，到天童寺受教于智通法师，间从谛闲法师习天台教规。在天童寺七年，足不出户，某冬夜立广庭，见空际云月交皓，乃口占一绝：

皎月光中绝万缘，
一声剥落意忘然。
了知怎样平常事，
一云同山中挂天。

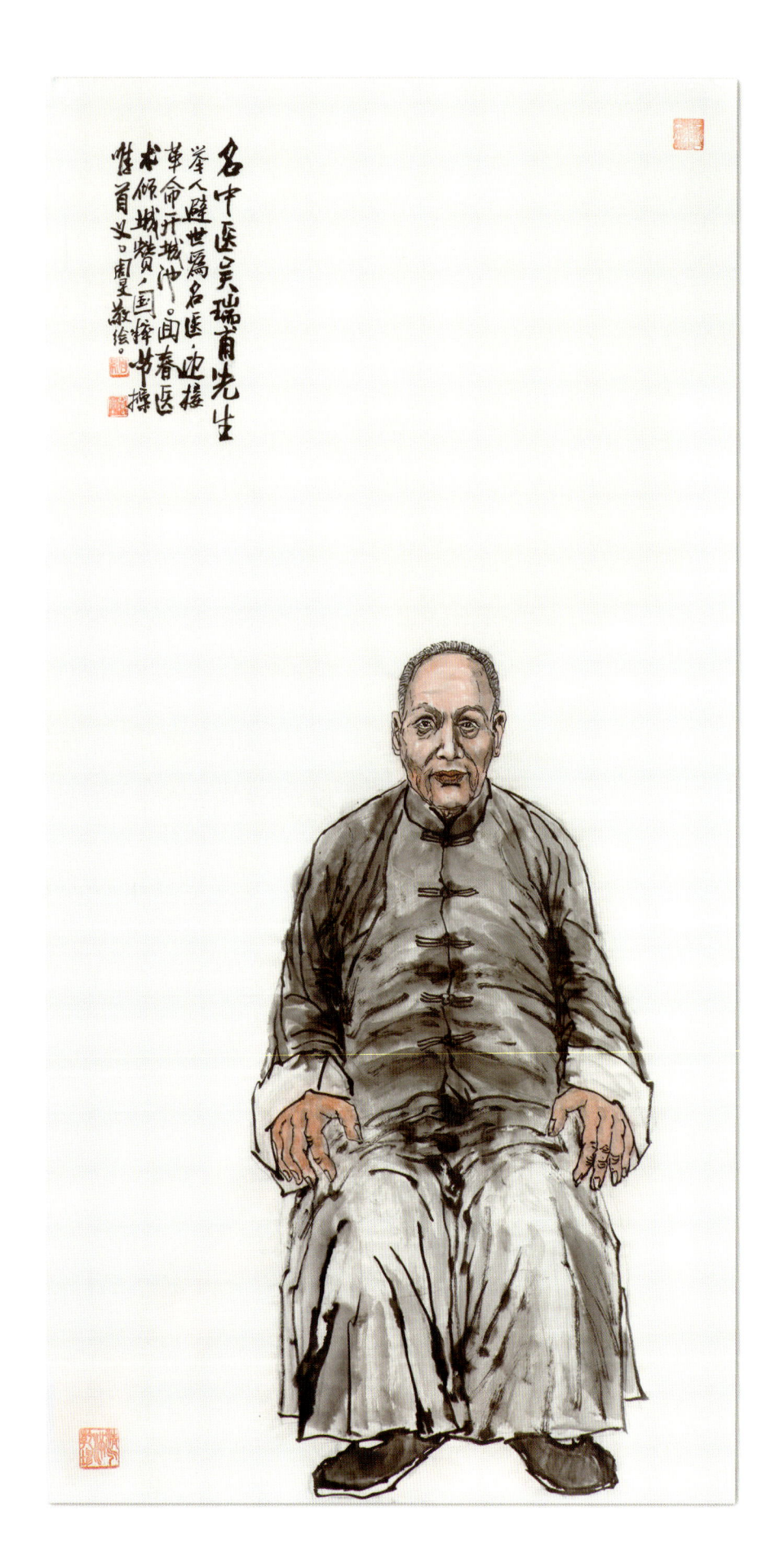

名中医吴瑞甫先生
举人避世为名医,迎接
革命开城池。回春医
术倾城赞,国粹节操
唯首义。周旻敬绘。

吴瑞甫（1872—1952），名医。厦门同安人，世居同安县城后炉街，祖辈七代以医名。32岁中举，放弃广西知县候补。辛亥革命前夕参加中国同盟会，任同安青年自治会会长，策动清兵起义。革命军兵临同安城，吴瑞甫率众乡绅开城门迎接并主持光复仪式。民国九年，应聘厦门回春庐医院院长，潜心著述，声名远播。当时，汪精卫力禁中医，吴瑞甫挺身驳斥之。日军占领厦门，吴瑞甫避居鼓浪屿，为拒绝出任伪厦门市市长，翌年避难新加坡。吴瑞甫以其医术和人格，被世人誉为国医名家。他在新加坡行医之余，还致力于中医研究，创办中医学会，成为新加坡中医界公认的"国医名家"。1952年1月13日在新加坡逝世。主要著作有《伤寒纲要》、《中西医温热串解》、《册补中风论》、《奇验喉症明辩》、《诊断学》、《内科学》等近20种。甲午岁周旻敬绘并记。

举人避世为良医，
迎接革命开城池。
回春医术倾城赞，
国粹节操为首义。

许世英（1873—1964），中国近代政坛著名人物。字俊人，又字静仁，安徽省秋浦县（今东至县）人。光绪二十三年拔贡，以七品官分发刑部任事，从此跻身官场。光绪三十三年，任奉天高等审判厅厅长，宣统三年任山西提法使、布政使。辛亥革命时吁请清帝退位，支持建立民国，并先后在袁世凯、黎元洪、段祺瑞军阀政府中任大理院院长、民政总长，福建省省长，安徽省省长，国务总理等职。

许世英在闽任巡按使时，曾巡视福建历时42天，作有《闽海巡记》，对研究清末民初的福建省情来说，是第一手珍贵资料。1936年为驻日大使，1938年回国，任全国赈济委员会委员长和蒙藏委员会委员长等职，1950年自香港赴台湾，1964年病逝于台北。他历经晚清、北洋和国民党政府三个时期，久居高位60多年。他又是国民党元老级人物，在民国史、民国名人传记中有不可缺少的地位。乙未周旻并记。

卢沟桥事变发生，抗日战争全面爆发，许世英奉命由上海赴东京返任驻日大使。他途经日本马关时，想起1895年中国战败，李鸿章在此签订《马关条约》的往事，不禁感慨赋诗云：

　　破浪乘风过马关，
　　春帆楼外夕阳殷。
　　天南遗恨今犹在，
　　河北征师不可班。
　　烛使退秦纾郑难，
　　曹生卫鲁却齐患。
　　卢沟晓月终无恙，
　　搅辔闲看海上山。

林白水（1874—1926），著名报人。林白水是报界先驱，民族民主革命的积极宣传者。福建闽侯人。1901年任《杭州白话报》主笔。同年赴上海，与蔡元培等成立中国教育会，组织爱国学社。后留学日本，入早稻田大学主修法政科，兼习新闻，是我国历史上第一个出国攻读新闻学的人。林白水敬重孙中山，加入同盟会。回国后历任福建军政府法制局局长、北京大总统府秘书、众议院议员等职。1916年起从事新闻事业，创办北京《公言报》、《新社会日报》、上海《和平日报》等。1926年8月因在社论中屡次抨击军阀张宗昌，被张宗昌逮捕杀害。北伐成功后，由林森等资助扶柩回乡安葬。著有《林白水先生遗集》传世。1986年，中华人民共和国民政部追认林白水为烈士。

1904年11月，清廷大肆筹办"万寿庆典"，为70岁的慈禧太后祝寿，林白水愤而写下一副对联，在《警钟日报》发表，此联既出，令人拍案，上海各报乃至外省不少报刊无不争相转载，传诵一时。

今日幸西苑，明日幸颐和，何日再幸圆明园，四百兆骨髓全枯，只剩一人何有幸；

五十失琉球，六十失台海，七十又失东三省，五万里版图弥蹙，每逢万寿必无疆！

甲午战争120年后之2014年冬季，为林白水先生造像，周旻敬绘于厦门老城区之禾祥西路。林白水被害之日离邵飘萍被杀，时间相距不过百日，而且都在同一地点北京天桥罹难，两位著名报人皆因"说真话不说假话"惨遭杀戮，成为中国新闻史上最悲怆的一幕。周旻再记于甲午冬月。诗云：

独立报人有主张，
乱世挺立舆论场。
文章犀利言犹耳，
真言如血写悲怆。

会泉法师（1874—1942），中国近代高僧。俗姓张，名侃，出家后法名明性，别号印月，字会泉，自署华满，晚年自称莲生道人。福建省同安县人。会泉一生游历参学路程，涉及法缘殊胜的福建、浙江、江苏三省。其问学的僧人如云果、圆瑛、太虚等皆为中国近代高僧，其结交的同参，皆为法门龙象。其宏利于闽南、台湾的贡献如：振兴了厦门南普陀、泉州承天寺等众多寺院，创办了闽南佛学院，协助众多高僧在闽南的弘法活动，四进台湾弘传正法，不仅开东南亚佛教弘法之先河，还团结培养了一批僧才，为佛教在东南亚的传播奠定了基础。乙未周旻敬绘。

四进台湾弘正法，
问学高僧留芳华。
僧才济济播佛堂，
善缘遍及东南亚。

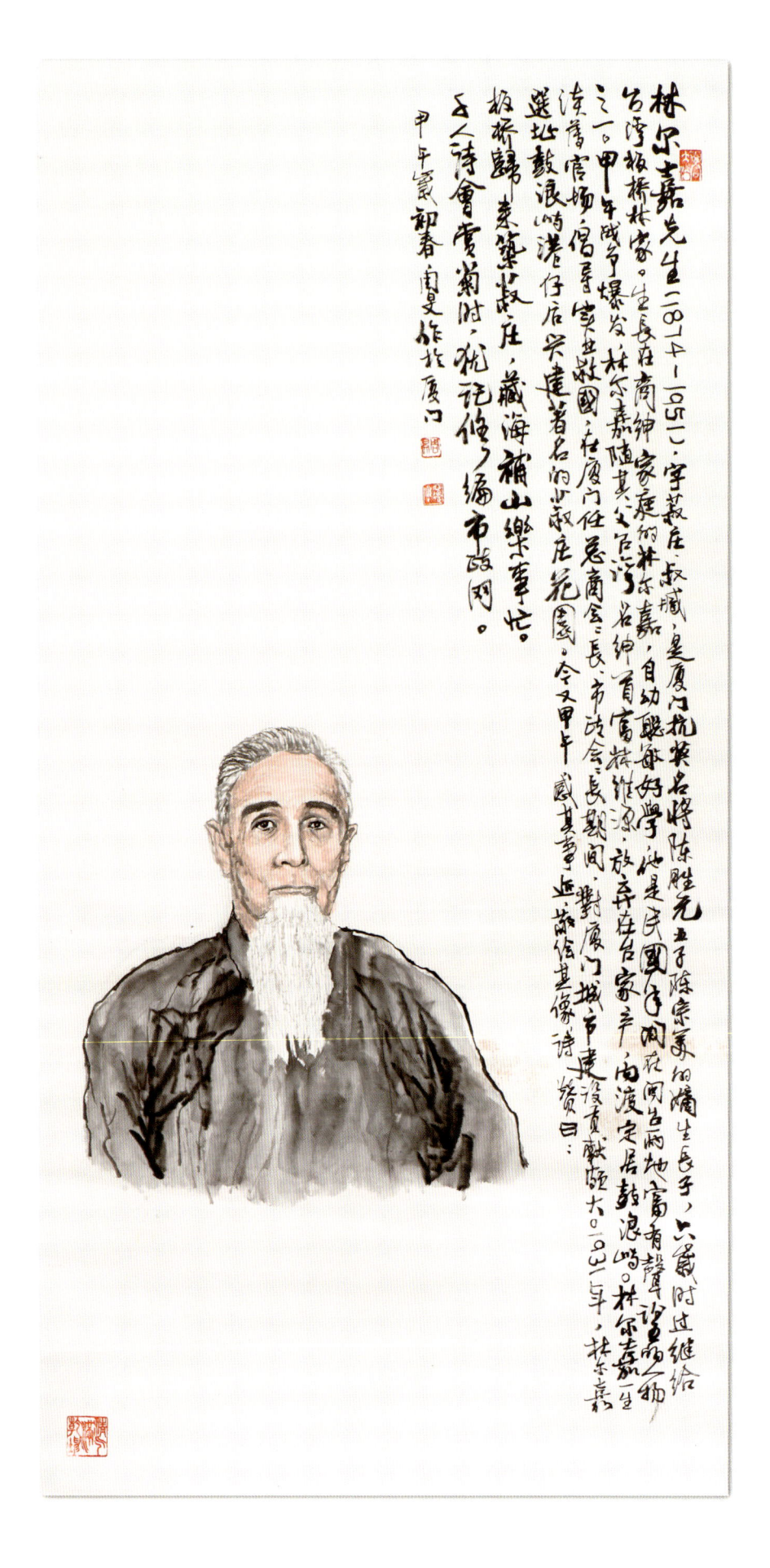

林尔嘉（1874—1951），闽台名士。字菽庄、叔臧，是厦门抗英名将陈胜元五子陈宗美的嫡生长子，6岁时过继给台湾板桥林家。林维源继承祖业，发扬光大，业产越发兴旺发达，名列台湾首富；且因参与地方建设卓有功绩，累官至二品，授"侍郎"衔"太仆寺卿"，在台北板桥建造"林家花园"，由美术家、诏安画派领衔人谢颖苏设计，富丽堂皇，名闻遐迩。维源有子四人，林尔嘉居长，诞生于光绪元年（1875年）五月十八日，已是林家迁台的第五代。生长在商绅家庭的林尔嘉，自幼聪敏好学。他是民国年间在闽台两地富有声望的人物之一。

甲午战争爆发，林尔嘉随其父放弃在台家产，内渡定居鼓浪屿。林尔嘉一生淡薄官场，倡导实业救国，自1904年至1907年，在厦门保商局总办兼商务总会总理任内，革除陋规苛例，方便华侨商旅，主持制定《土地买卖章规》、《华洋交易规约》各64款，推动厦门的对外贸易。1905年福建议建铁路，筹组"商办福建全省铁路有限公司"，由在籍京官、内阁学士陈宝琛主其事。林尔嘉在厦门任总商会会长、市政会会长期间，对厦门城市建设贡献颇大。

1913年，林尔嘉选址鼓浪屿港仔后兴建"菽庄花园"。园中有一胜景题名"小板桥"，寄托他对台湾故土和先人的深挚怀念。每逢中秋佳节，菽庄花园高朋满座，尽是鸿儒硕学，骚人墨客，放歌吟咏，乐在其中。又出版《闽中金石略》、《鹭江名胜诗钞》以及吕世宜著述的《古今文字通释》等书，名之为《菽庄丛书》，为保存地方文献做出了一定贡献。甲午岁初春，周旻感其事迹，诗赞曰：

板桥归来筑菽庄，
藏海补山乐事忙。
千人诗会赏菊时，
犹记修编市政网。

许春草（1874—1960），祖籍福建泉州安溪县，生于厦门，是厦门近现代史上一个传奇式人物。1907年由著名华侨领袖、民主革命家黄乃裳介绍加入中国同盟会，是厦门同盟会最早的会员和厦门辛亥革命领导人之一。先后担任孙中山的中华革命党闽南党务主任，福建讨贼军总指挥，厦门"收复东北失地同盟会"主席，厦门市参议员，人民代表大会特邀代表等职。他创设并领导的厦门"中国婢女救拔团"影响海内外，直至国际联盟。诗云：

教徒巧遇黄乃裳，
泥水工人思救亡。
除却公愤无私仇，
解放婢女立主张。

陈嘉庚（1874—1961），著名爱国侨领、企业家、教育家、慈善家、社会活动家。福建厦门集美人。创办厦门大学、集美学村等名校，被称为校主。一生具有强烈的爱国情怀，为辛亥革命、民族教育、抗日战争、解放战争和新中国建设做出卓越贡献。

1940年6月，爱国华侨领袖陈嘉庚率南洋华侨回国慰劳视察团从新加坡回到中国慰劳抗日将士。国民党拨巨资隆重接待陈嘉庚，希望他感恩图报，不料却被陈嘉庚怒斥道："此等虚浮之实，与抗战艰难时际不甚适耳。"

1940年6月，陈嘉庚不顾蒋介石的阻挠，毅然前往延安慰问。毛泽东留陈嘉庚吃饭。毛泽东在窑洞门口摆了一张桌子，这张桌子桌面不平，上面铺一层纸，菜还没出来，风把纸吹走了，干脆这张纸也不要了。毛泽东用自己院子里种的豆角、西红柿招待陈嘉庚，只是特地上了一碗鸡汤。毛泽东说：我没有钱买鸡，这只鸡是邻居老大娘知道我有远客，特地送来的，母鸡正下蛋，他儿子生病还舍不得杀呢。陈嘉庚把在延安观察到的和国民党统治区相比较，就越来越觉得延安是中国的希望所在。陈嘉庚感概说：我来往延安时，对中国的前途甚为悲观，以为中国的救星尚未出世，或还在学校读书，其实此人已经四五十岁了，而且做了很多大事了，此人现在延安，他就是毛主席。1949年，中华人民共和国即将诞生，毛泽东主席致函陈嘉庚，邀请他参加政治协商会议。

毛泽东曾称誉陈嘉庚先生为："华侨旗帜 民族光辉"。

甲午岁周旻敬绘，乙未年夏日重绘。

林旭（1875—1898），"戊戌六君子"之一。字暾谷，福州人，清朝末年维新派人士。出身贫寒家庭。1898年参加戊戌变法，9月28日被杀害于北京宣武门外菜市口，时年23岁，为"戊戌六君子"之一。遗著《晚翠轩集》。林旭夫人沈鹊应乃福州人，清代重臣沈葆桢之孙女，林旭遇害后，她曾以仰药、绝粒等方式殉夫，最后还是因哀伤过度，于1900年4月逝世，年仅24岁，无子女。沈鹊应曾作《浪淘沙》："报国志难酬，碧血谁收，箧中遗稿自千秋。肠断招魂魂不返，云暗江头。锦绣旧妆楼，我已君休，万千悔恨更何尤？拼得眼中无尽泪，共水长流。"甲午周旻记之。

秋 瑾（1875—1907），字璇卿，号旦吾，浙江绍兴市人，出生于一个官宦家庭。1881年9月，秋瑾祖父秋嘉禾离开福建云霄，赴台湾"鹿港厅同知"任。1885年，其父秋寿南在福建提督门幕府任内，以劳积保知县，分发台湾。1886年，秋寿南在台湾，嘱亲戚何禄安护眷赴台。秋瑾随母亲兄妹抵台北。三月后，随母亲兄妹返回厦门。秋瑾少年时期在闽南地区18年，仅在厦门、鼓浪屿就有11年时光。

1894年，其父秋寿南任湖南省湘乡县督销总办时，将秋瑾许配给王廷钧为妻。不久，秋瑾和丈夫发生了婚姻危机后离婚。1904年东渡日本，在日本积极参加留日学生的革命活动，与陈撷芬发起共爱会，和刘道一等组织十人会，加入冯自由和梁慕光受孙中山委派在横滨成立的三合会。清政府勾结日本政府，颁布取缔中国留学生规则，压迫留日学生，秋瑾愤然回国，在上海创办中国公学。

1906年，她由徐锡麟介绍，加入了光复会。她和一些同志在上海设立革命机关，并主持《中国女报》，第一个提出创建"妇人协会"的主张。1906年，秋瑾返回绍兴，主持大通学堂。在大通学堂，秋瑾成立了"体育会"，招纳会党群众和革命青年，进行军事操练，并积极联络浙江各地会党，组成"光复军"，推举徐锡麟为首领，秋瑾任协领，积极进行起义的筹备工作。

1907年5月，徐锡麟准备在安庆起义，秋瑾在浙江等地响应。但起义计划泄露。7月6日，徐锡麟仓促刺杀安徽巡抚恩铭，在安庆发动起义，起义很快失败，徐锡麟被捕牺牲。秋瑾留在大通学堂与前来包围的清军作殊死战斗。因寡不敌众，秋瑾不幸被捕，于1907年7月15日英勇就义。乙未周旻作，并录秋瑾《感时》诗云：

莽莽神州叹陆沉，
救时无计愧偷生。
搏沙有愿兴亡楚，
博浪无椎击暴秦。
国破方知人种贱，
义高不碍客囊贫。
经营恨未酬同志，
把剑悲歌涕泪横！

林长民（1876—1925），民国时期政治家、外交家、书法家。福建闽侯人。1906年入东京早稻田大学攻读政治法律，1909年回国，任福建省咨议局书记长等，后自办私立法政学堂，任总办。民国元年被推为闽省代表，参与制定《临时约法》。他是民国初年闻名士林的书生逸士，又是倡言宪政，推进民主政治的著名政客。在日本留学时，他主张以改良的方式实现立宪政治。因此当堂弟林尹民、林觉民慷慨陈词宣扬革命宗旨时，林长民则注重广泛地交流结纳。"五四"运动爆发，总统徐世昌怀疑林长民就是学生运动的幕后主使，将他召到总统府严加训斥。事实上，林长民正是"火烧赵家楼"的真正点火者。

1920年春，林长民携带16岁的女儿林徽因到欧洲考察。1924年任福建大学校长，1925年5月，应复出的段祺瑞临时执政的邀请，任宪法起草委员会委员长。后入郭松龄幕，参加反奉战争，11月24日在新民县苏家屯中流弹身亡。乙未周旻为林长民造像，诗赞曰：

赵家楼前一把火，
宪政之路坎坷多。
尹民觉民慷慨死，
留与徽因费琢磨。

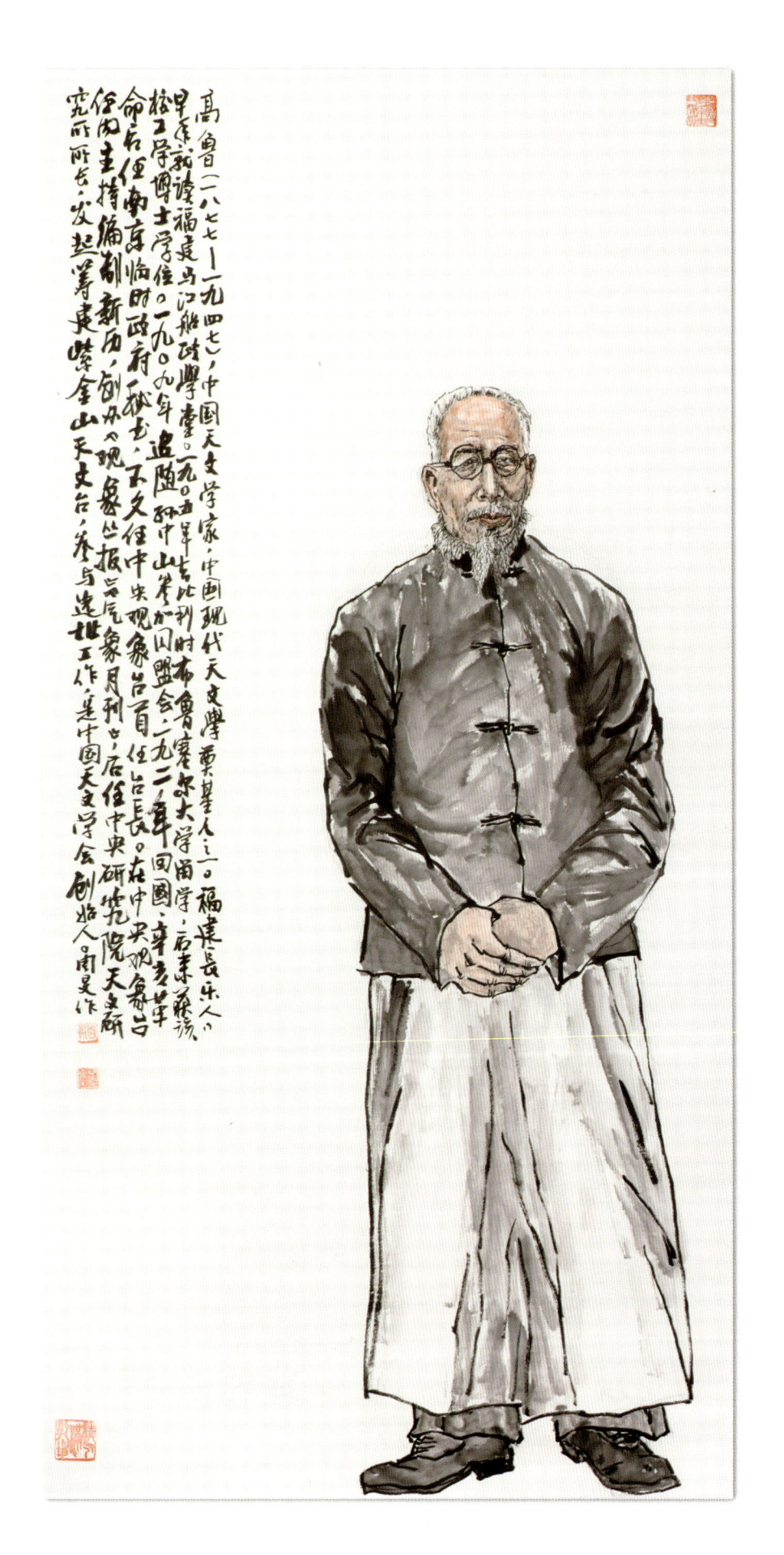

高鲁（1877—1947），中国天文学家，中国现代天文学奠基人之一。福建长乐人。早年就读福建马江船政学堂。1905年去比利时布鲁塞尔大学留学，后来获该校工学博士学位。1909年追随孙中山参加同盟会，1911年回国，辛亥革命后任南京临时政府秘书，不久任中央观象台首任台长。在中央观象台任上主持编制新历，创办《观象丛报》、《气象月刊》。后任中央研究院天文研究所所长，发起筹建紫金山天文台，参与选址工作，是中国天文学会创始人。周旻作于厦门。诗云：

仰天观象宇宙行，
辽远细密皆倾情。
紫金山上起高台，
留与后人看繁星。

黄仲训（1877—1956），原籍福建泉州。曾考中秀才，后到越南，协助其父经商。其父黄秀荣为越中华侨的首富。黄仲训与三弟黄仲赞继承其父遗产，除大宗房地产外，还有典当行、银行存款数百万元。黄仲训经营房地产业遍布越南、法、英、美、港、台等地，被称为"房地产天王"。黄仲训在厦门鼓浪屿建造一座"瞰青别墅"及五十多座楼房，还花费近百万元填海筑堤，建成"黄家渡"码头。黄仲训与黄奕住同为鼓浪屿华侨首富。"瞰青别墅"与黄奕住的"观海别墅"同为鼓浪屿著名景观。周旻并记。诗云：

当年卜居作"瞰青"，
会须登楼观海情。
黄家渡口潮声起，
游人如织惠风清。

吴适（1877—1958），黄花岗生还义士。字任之，号南园，福州连江人，晚清秀才。他早年加入同盟会，创建连江光复会，领导反清活动。辛亥三月，他率领连江志士前往广州参加起义，事败被捕，被清政府判斩监候，后因武昌起义成功，广州光复获释，因而有"黄花岗生还义士"之称。

后追随孙中山先生北伐，并任大元帅府秘书。在讨袁护法诸役中，奉命组织军队策应，任福建自治军总司令。中山先生逝世后，吴适引退，居福州乌石山卖画自给。抗日战争时期，有人拉吴适参加维持会，遭到严词拒绝，表现出民族气节。

新中国成立后，为福建省文史馆馆员、省政协委员、福建国画会名誉会长。吴适文武双全，擅画工书能诗。看到辛亥革命后各种军阀混战、利益争斗的情形，吴适很感慨。其凭吊黄花岗七十二烈士诗云："男儿赴死浑闲事，最是艰难后死任。敢问年来凭吊者，颂扬歌哭是何心？"1958年，吴适病逝于福州，葬于福州三山陵园，享年81岁。甲午年寒露后周旻敬绘。诗云：

义士生还黄花岗，
出生入死不彷徨。
归来乌石山上客，
笑看世间云飞扬。

林祖密（1878—1925），民国名将。名资铿，字季商，祖籍福建平和五寨埔坪。其先祖林石，于清乾隆十九年移居台湾彰化。其祖父林文察，官至福建陆路提督，赠太子少保。其父林朝栋，因抗击侵台法军，开拓台湾有功，钦加三品顶戴，赐穿黄马褂，统领全台营务。母杨水萍，也因率六千乡丁助夫击破入侵大屯山区的法军，封一品夫人。林祖密童年随父于军旅。

1895年，清政府甲午战败，与日本签订《马关条约》，割让台湾给日本。林朝栋抗日无望，愤而举家内渡，时祖密18岁。不久，他奉父命回台管理家产。光绪十三年，林朝栋逝世，祖密乘奔丧之机，全家迁回鼓浪屿。为此，他置在台家产于不顾，向日本驻厦领事馆提出退出日籍，恢复中国籍。

孙中山先生久闻祖密志向不凡，在闽台深孚众望，遂派秘书徐瑞霖前往联络，祖密欣然首肯，参加中华革命党。民国七年一月，孙中山委任他为陆军闽南军司令。他受命后即部署在德化、永春两县起义，继而转战闽中，收复莆田等七县。鉴于当时闽南军缺乏军事骨干，祖密在漳州创办随营军校，时间比黄埔军校早五年。民国八年，孙中山赏识祖密的忠诚和才干，调任他为粤军第二预备队司令，民国十年又调其任大元帅府参军兼侍从武官。林祖密和蒋介石被同时授予少将军衔。1925年8月，林祖密在漳州遭驻漳的北洋军阀李厚基旧部张毅捕杀，就义时年仅48岁。甲午岁周旻并记。诗云：

雾峰林家树标杆，
保台抗敌勇争先。
还我国籍第一号，
鼓浪声唤忠肝胆。

连横（1878—1936），又名连雅堂，台湾台南人，祖籍福建省漳州市龙溪县。著名历史学家，杰出诗人。著有《台湾通史》等。曾任厦门《鹭江报》主笔。1902年从台湾到厦门，筹资合办《福建日日新闻》。1914年春寓居北京时，耻为日本臣民，毅然提出恢复中国国籍。曾撰文稿，讴歌抗日英雄事迹。连横1930年在《台湾日日新报》上发文为鸦片有益辩称，全台舆论哗然。甲午岁初夏为历史学家连横先生造像，周旻并记。诗云：

袁世读书费思忖，
台湾通史笔下存。
台海风波过眼望，
青山依旧留故痕。

圆瑛法师（1878—1953），近代高僧。俗家姓吴，乳名昌发，学名亨春，福建省古田县平湖镇端上村人。6岁时父母双亡，自幼聪颖，18岁时考中秀才，萌生出家之念，翌年，决意皈依佛门，遂至福州鼓山涌泉寺拜曾西上人为师，后转至雪峰寺为僧。光绪二十五年，到江苏常州天宁寺依治开法师探研禅学。5年后，又转到浙江宁波天童寺从寄禅法师修习禅定。宣统元年，接任浙江鄞县接待寺住持，曾返涌泉寺开讲《护法论》，在禅林中崭露头角。从此，他辗转各名山大刹，演教弘法，法席遍及海内外。曾讲经于福建、浙江、北京、天津和台湾等地，远及南洋。

1934年，在上海创办圆明讲堂，讲经说法，著书立院。在佛学思想上，圆瑛法师以《楞严经》为核心，沟通天台、贤首、禅宗、净土四宗，博大精深，熔各宗于一炉，会禅净于一体，破除门户之见。

圆瑛法师还是一位爱国爱教的高僧，他主张"国家存亡，匹夫有责；佛教兴盛，教徒有责"。抗日战争爆发后，圆瑛法师主持召开中国佛教会理监事紧急会议，号召全国佛教徒投身抗日救亡，并成立佛教战时救护团，亲任团长。在上海淞沪抗战中，他派遣僧侣救护队奔赴前线抢救伤员，并不辞辛苦奔走于南洋，在华侨中提倡"一元钱救国运动"，将募到的巨款汇回国内。在上海，圆瑛法师还遭到日本宪兵逮捕，他坚持民族气节，以绝食抗议。1929年，圆瑛法师与太虚法师共同发起成立中国佛教会。1953年中国佛教协会成立，被推选为首任会长。1953年9月12日，圆寂于天童寺。甲午周旻并记。诗云：

讲经说法圆明堂，
著书立院播主张。
爱国爱教持节气，
禅净融合得弘扬。

余清芳（1879—1915），西来庵抗日事件的主要领导人。祖籍闽南，后迁居台湾屏东。15岁时，日本强占台湾，余清芳由学塾转入日文学校。20岁时考取了警员，在冈山（阿公店）任职。余清芳是位爱国的热血青年，常常与日警发生冲突，不久遭到当局的开除。离开警界后，他参加了佛教团体，到处集会结社，发动群众反抗日本统治者，因而成了日本当局眼里的危险人物，他们将其抓捕入狱，一关两年。

1911年辛亥革命爆发，中华民国诞生。余清芳受到极大的鼓舞，他决心为台湾摆脱日本的统治而进行武装斗争。1915年3月，与江定、罗俊等人在西来庵集会，组成台湾抗日革命军，成立"大明慈悲国"，被推为大元帅。他发表文告，号召全体台胞"奋勇争先，尽忠报国，恢复台湾"。利用台南西来庵的佛教信徒出售符禄，为抗日举事筹得一笔巨款。经过几次较量，对愈战愈强的义军，当地日本警方已是无能为力，于是就从其他地区抽调兵力加强进攻。正当义军得胜之后聚集于虎尾山时，日军正规部队突然包围了虎尾山，以巨炮自高山向义军猛轰，义军只有旧炮两门，且以铁片和石子代替炮弹，射程仅200米，其余武器除少数步枪外，只有刀、枪、棍之类，以此武器与装备精良的日军正规军作战，胜负已不难预测。在日军重炮猛烈轰击下，义军伤亡惨重。6日傍晚，余清芳下令放弃阵地，此时能撤出山谷的只有200余人了。日军乘胜追击，8月15日夜，已摆脱了日军追击的余清芳不幸被汉奸出卖而被俘。

日本台湾总督安东下令在台南设立临时法庭，所列被告计达1957名，余清芳等866人被判处死刑，700多人被判有期徒刑，不起诉者300多人，另一义军主要将领罗俊等8人则被判绞刑。义军剩下的残部，在余清芳副手江定的带领下，继续坚持斗争，直到翌年（1916年）5月，不幸中了日军的诱降之计，全部遭到秘密杀害。

辛亥革命新浪潮，
西来庵前发号召。
恢复台湾回祖国，
虎尾山顶轰旧炮。

于右任(1879—1964),民国元老、书法家。山西三原人。原名伯循,字诱人,尔后以"诱人"谐音"右任"为名,别署"髯心"、"髯翁",晚年自号"太平老人"。中华民国开国元勋之一。于右任早年系同盟会成员,民国成立之后长年在政府担任高级官员,尤其担任监察院院长长达34年,是历史上在任最久的五院院长。于右任也是中国近代知名的书法家,被誉为"当代草圣",被列为国民党四大书法家,其为楷书谭延闿、草书于右任、隶书胡汉民、篆书吴稚晖。于右任集字编成的《标准草书千字文》影响深远,至今仍在重印。于右任当监察院院长时,看到员工随地小便,遂提笔写下"不可随处小便"公告张贴,因墨宝珍贵被人偷去收藏,因其草书可以分开重组,遂成"小处不可随便"。1964年11月10日晚,于右任病逝于台北。于右任曾在日记中写道:"我百年后,愿葬于玉山或阿里山树木多的高处可以时时望大陆。"2015年2月周旻写于厦门。

莫那鲁道（1880—1930），台湾"原住民"赛德克族马赫坡社的头目，抗日运动雾社事件的领导人。在《台湾日日新报》的汉文版有称"毛那老"，战后或称莫那道。此人高大魁梧，据说身高近一米九。1930年，在部落青年的婚礼上，莫那鲁道长子塔达欧·莫那向日本警察吉村克己敬酒，吉村不接受，还动手侮辱敬酒者。族人立刻围殴警察，之后，吉村并不理会莫那鲁道率众所做的道歉，将情况呈报上面。当时攻击警察是严重罪行。莫那鲁道认为事情无法善了，加上长期受到当地日本人欺压，被禁止纹面，失去传统，决定在10月27日日本人举办雾社运动会时起事，"血祭祖灵"。杀死134名日本人，误杀了两名汉人。是为雾社事件。起事失败后，莫那鲁道饮弹自杀。2015年夏日为莫那鲁道造像，诗云：

丛林本我乡，
攀爬自遨翔。
尊严遭践踏，
祖灵血祭场。

光风霁月六艺通 勇猛精
进李叔同 戒律入心重生处 天心
月圆悲欣中 甲午岁周旻敬为弘一法师造像周旻

李叔同（1880—1942），著名音乐家、美术教育家、书法家、戏剧活动家，是中国话剧的开拓者之一。他从日本留学归国后，担任过教师、编辑之职，后剃度为僧，法名演音，号弘一，晚号晚晴老人。后被人尊称为弘一法师。弘一法师对中国佛教和中国现代文化艺术都有广泛深远的影响，尤其对闽南佛教及文化艺术界有历久弥新的感召力。弘一法师与厦门有非常特殊的缘分。1928年，弘一法师本欲前往泰国，船经厦门，偶然驻足，受到当时主持厦门大学校政的陈敬贤先生和南普陀寺的盛情接待，就留了下来。弘一法师晚年的大部分时间是在厦门和泉州度过的，修行、讲经，帮助整顿闽南佛学院，对厦门的宗教事业贡献巨大。甲午岁周旻敬为弘一法师造像。诗云：

光风霁月六艺通，
勇猛精进李叔同。
戒律入心重生处，
天心月圆悲欣中。

鲁迅在厦门

"两地书"说从南普陀所照的厦门大学全景，前面是海，对面是鼓浪屿，最左边是生物学院和国学院，第三层楼上有记号的便是我的所住地方。昨夜发飓风，拔木发屋，但我没有受损害。楼下的后面有一片花圃，用有刺的铁丝拦着，我因为要看它有怎样的阻力，跳了一回试试。那刺果然有效，给了我两个小伤：一股上，一膝旁。甲午岁周旻并记。

鲁迅（1881—1936），浙江绍兴人，原名周樟寿，后改名周树人，以笔名鲁迅闻名于世。为20世纪中国的重要作家，新文化运动的领导人、中国现代文学的开山巨匠。鲁迅的作品包括杂文、短篇小说、评论、散文、翻译作品，对于"五四"运动以后的中国文学产生了深刻的影响。

1926年8月，鲁迅因支持北京学生爱国运动，抗议"三·一八"惨案，受到北洋政府打压，于是南下厦门。鲁迅曾于1926年9月至1927年1月在厦门大学任文科教授。在厦大期间，开始住在生物学院三楼东南靠海的国学院，不久即迁居集美楼上左边第二间房。在厦门大学任国文系教授与国学研究院教授时间虽短，却留存丰厚：讲授和编写了《中国文学史》、《汉文学史纲》，创作故事新编《铸剑》、《奔月》，写下了家喻户晓脍炙人口的散文《从百草园到三味书屋》等，共约17万字，还作了五次演讲。鲁迅《两地书》说："从南普陀所照的厦门大学全景，前面是海，对面是鼓浪屿。最左边是生物学院和国学院，第三层楼上有记号的便是我的所住地方。昨夜发飓风，拔木发屋。但我没有受损害。""楼下的后面有一片花圃，用有刺的铁丝拦着。我因为要看它有怎样的拦阻力，跳了一回试试。那刺果然有效，给了我两个小伤：一股上，一膝旁。"甲午岁周旻并记。

林献堂（1881—1956），台湾政治家、诗人、民族运动先驱，被称为"台湾议会之父"。名大椿，号灌园，字献堂，原籍福建龙溪，出身望族雾峰林家。父亲林文钦是清末举人，与清朝台湾抗清名将林朝栋是同辈。林献堂倡导台湾民族运动，以汉人本位的思想，一生不说日语，不穿木屐，坚持汉民族的传统生活方式，从事对于日本人的抗争，是一位有道德勇气与使命感的民族运动先驱。1946年5月当选第一届台湾省议员。10月下旬蒋介石来台巡查时与之会面。4个月后，台湾发生"二二八"事件，加上林献堂被列入指为"台省汉奸"的黑名单，幸得友人相助才免去牢狱之灾。1949年9月林献堂以养病为由黯然离开台湾，寓居日本，留下了"异国江山堪小住，故国花草有谁怜"的伤感诗句。1956年病逝东京，年76岁。著有《环球游记》。甲午周旻为林献堂造像，诗赞曰：

抗争与否费思量，
议会设置求选项。
心中自有故园在，
无奈客死在他乡。

马约翰（1882—1966），近代中国运动员、体育理论家和体育教育家。出生于厦门鼓浪屿，3岁丧母，7岁丧父，与其兄过着孤苦伶仃的生活。他幼时经常和其他孩子一起在山上跑跳，爬树，钻山洞，在海滩上玩水和捉鱼虾，不到天黑不回家。由于家境困难，他到13岁才入私塾读书。18岁时到上海读中学，22岁考入圣约翰大学预科，两年后升入本科。当时，有个一直没有透露姓名者，每月给他寄来最低的生活费用，一直到他大学毕业。1911年大学毕业时，他已经29岁了。在圣约翰大学读书的7年期间，马约翰酷爱体育运动，是学校足球、网球、棒球、田径各项代表队的主力队员。他精于田径运动的中短跑。1936年担任中国代表团田径队总教练，参加了在柏林举行的第十一届奥林匹克运动会。

马约翰1914—1966年在清华大学任助教、教授、体育部主任等。在从事体育教学52年的实践中，研究体育运动的规律，参考国内外经验，编制出各种不同内容的徒手操近百套，发表过《体育运动的迁移价值》、《我们对体育应有的认识》等论著。马约翰是一位关注民族健康体质的思想家。他一生积极倡导体育，热情指导青年进行体育锻炼，为人师表、德高望重，受到国家的器重和人民的尊敬。1954年起任中国田径协会主席，被誉为"中国体育界的一面旗帜"。甲午年周旻为鼓浪屿马约翰造像。诗云：

踢跳攀爬早岁孤，
初试奥运田坛路。
心焦国人体孱弱，
动能健康好读书。

陈仪（1883—1950），字公洽，号退素。浙江绍兴人。日本陆军大学毕业，中华民国陆军二级上将。历任清政府陆军部官员，袁世凯政事堂统率办事处参议，孙传芳所属第一师师长，徐州总司令，浙江省省长。后任国民党军政部次长兼兵工署署长，福建省省政府主席，行政院秘书长，国民党党政工作考核委员会秘书长，陆军大学校长，国防研究院主任，中央训练团教育长。1945年8月日本投降后，到台湾受降，任台湾行政公署行政长官、浙江省省政府主席等职。第二次世界大战结束后，在任台湾省行政长官兼台湾省警备总司令部总司令任内，发生台湾历史悲剧"二二八"事件，为事件中最受争议的政治人物之一。

国共内战末期，战争形势急转直下，陈仪曾劝告蒋介石，对中国国民党丧失大陆政权要看开。1948年6月任浙江省省政府主席。11月释放浙江省警保处处长毛森报批处决的100多名共产党员。1949年1月，陈仪眼见局势不利于国民党，欲投奔中国共产党，并尝试策反京沪杭警备军总司令汤恩伯投共，汤将此事呈报蒋介石。

陈仪在1949年初被免去浙江省省政府主席职务，后来开始被软禁。1950年4月，陈仪被押解到台湾，被囚禁于基隆。1950年5月，蒋介石以匪谍案，指示台湾军事法庭判处陈仪死刑。6月18日清晨5时许，陈仪于台北市马场町刑场被枪决。

1980年6月9日，中共中央统战部、中共中央调查部在尊重历史、尊重事实的基础上，追认陈仪先生为"中国人民解放事业贡献出生命的爱国人士"。陈仪《无题》诗曰：

事业平生悲剧多，
循环历史究如何。
痴心爱国浑忘老，
爱到痴心即是魔。

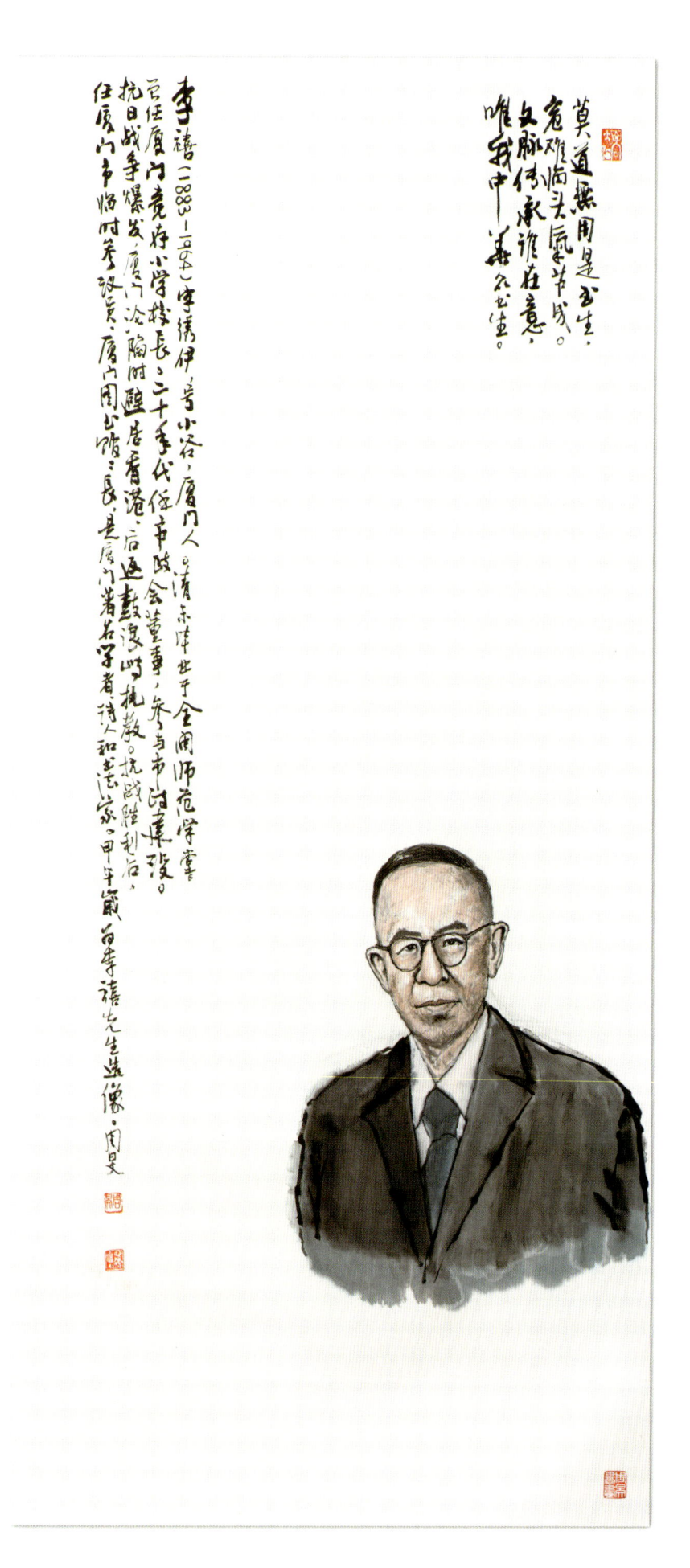

李禧（1883—1964），厦门名士。字绣伊，号小谷，厦门人。清末毕业于全闽师范学堂。曾任厦门竞存小学校长。20年代任市政会董事，参与市政建设。抗日战争爆发，厦门沦陷时避居香港，后返鼓浪屿执教。抗战胜利后，任厦门市临时参议员、厦门图书馆馆长，是厦门著名学者、诗人和书法家。甲午岁周旻为李禧先生造像。诗云：

莫道无用是书生，
危难临头气节成。
文脉传承谁在意，
唯我中华众书生。

邱菽园（1884—1941），新加坡侨领。福建海澄（今厦门海沧新垵村）人。清光绪举人。为新加坡华侨巨商。创办《天南新报》，宣传维新救国思想。支持康梁变法，后又与之绝交。广交名士，大凡诗友、画家、诗僧、小说家皆为熟客。平生资助无数人，自己生意失败却不愿接受救济。曾自造生圹，选择身后事。1905年后潜心研究清末新小说。其故居新垵红砖古民居因特色突出，保护较好，越来越受到关注。甲午岁清明后四月周旻并记于厦门。诗云：

　　散财济困情本真，
　　研诗办报倡维新。
　　贤人名士皆为客，
　　绝交康梁义犹存。

陈楚楠（1884—1971），著名侨领，"南洋革命党第一人"。祖籍福建厦门，生于新加坡，别号思明州之少年。家境富裕，早年与兄长合营树胶种植业，为当地颇有名气的工商业界人物。1903年在新加坡翻印邹容的《革命军》，改名《图存篇》，数千册在闽粤一带广为散发。1904年与张永福合办《图南日报》，宣扬反清革命。1905年结识孙中山，次年任中国同盟会新加坡分会会长。1907年创办《中兴日报》，与保皇派论战。积极筹款支援中国同盟会发动两广及云南起义。1917年7月间，孙中山在广州组建护法军政府，当选为军政府大元帅，陈楚楠回国任大元帅府参议。

1921年，陈楚楠担任福建省实业厅厅长，到任后规划创办银行、开发矿山及水产资源，以发展家乡经济。由于日本染指福建，加之民国乱世军阀混战，政局动荡以致成效无多，壮志难酬，遂于1932年重返新加坡，从此息影家园。抗日战争中拒绝担任汪伪中央监察委员及伪国民政府委员，表现出崇高的民族气节。1971年9月21日，被誉为"南洋革命党第一人"的陈楚楠病逝于新加坡。

陈楚楠生前著有同盟会早期文献《晚晴园与革命史略》，曾传诵一时。甲午周旻为陈楚楠先生造像并记于厦门思明区同文顶之同文书院。诗云：

思明州出一少年，
《革命军》作《图存篇》。
欲成大事唤民众，
至今犹读晚晴园。

庄银安（1885—1938），著名侨领。福建厦门同安人。青年时往仰光经商。1903年与徐赞周先后创办中华义学和益商学校，后任《仰光新报》经理。1908年参加同盟会，发起组织中国同盟会缅甸分会，被推选为会长。他积极筹饷支持革命。1909年与徐赞周等人创办《光华报》，大力宣传民主革命。缅甸华侨在庄银安的带动下，加入同盟会的达两千三四百人，为此，孙中山曾写信对他加以表扬。武昌起义后，他被推举为南洋各埠中国同盟会总代表，回福建厦门参与策应起义。晚年回国修养。其旧居映碧轩在厦门海沧。甲午岁周旻并记。诗云：

国家强大为首义，
血雨腥风最无私。
归来闲话映碧轩，
唯有故园两心知。

李济深（1885—1959），原国民党高级将领，中国国民党革命委员会主要创始人、领导人之一。字任潮，原籍江苏，广西苍梧出生。中华民国国民党军人、政治家，中华民国陆军二级上将。曾在黄埔军校任教，曾任黄埔军校副校长。北伐期间支持蒋介石的"四一二"事件，之后又多次反蒋。1931年，"九一八"事变后，李济深、陈铭枢、蒋光鼐、蔡廷锴等人由于抗日要求和行动得不到蒋介石政府的支持，决心联合共产党走抗日反蒋道路。1933年11月24日，以李济深为主席的"中华共和国人民革命政府"在福州成立，史称"福建事变"。

李济深曾多次被蒋介石除去国民党籍。抗战胜利后脱离蒋介石的中国国民党，另成立中国国民党革命委员会。中华人民共和国成立后，任中央人民政府副主席、全国政协副主席、全国人大常委会副委员长。甲午岁周旻为李济深先生造像，诗赞曰：

风云际会黄埔中，
三番除籍未改容。
时穷节现丹心谱，
及身要见九州同。

李耕（1885—1964），国画名家，仙游画派创始人。福建仙游人。13岁随父绘丹青绣像，浪迹民间，卖画为生。25岁丧父后，独立卖画糊口。1924年军阀孙传芳举办华东五省美展，其作品《弥勒佛》获第一名。20年代末，徐悲鸿到闽审查福州画展，对李耕的作品评价很高，曾在《申报》撰文褒扬。1959年李耕为人民大会堂绘制巨幅屏风。其绘画题材以故事传说为主，多系罗汉、八仙及李白、杜甫等历史人物。中晚期则独树一帜，形成八闽绘画的"李耕画派"。1959年成立仙游李耕国画研究所，培养了一大批画家。弘一法师曾将李耕和齐白石并称为"北齐南李"。周旻敬绘并记。

罗汉八仙笔下传，
仙游画派意翩然。
画到山间闲行客，
云起云开皆淡然。

方声洞（1886—1911），黄花岗烈士。字子明，福建侯官县人，出生于福州商人家庭，其父思想开明，兄弟姐妹及嫂嫂中共有7人赴日本留学，1人赴法国留学，其中6人都在清末加入中国同盟会。方声洞从青年时代起，就怀有挽救民族危亡、献身革命事业的信念。逢人痛论国事，力主推翻清朝廷。1911年3月中旬，方声洞接到组织传令，广州起义发动在即，但军火不足，需要马上秘密运送一批军火回国，方声洞立即争取到这个任务，回国参加起义，3月底离开日本，4月底经香港抵达了广州。起义前夕，他写下了两封绝命书，给父母和新婚妻子，表达为大义死而无憾的决心。27日起义爆发，方声洞奋勇当先，在黄兴的带领下冲进总督府，不见总督张鸣崎，便转攻督练公所，在双门底孤身被围，挥弹突击，计杀哨兵勇共二十余人。背面前身中弹，血流遍体，弹尽力竭而死，时年25岁。事后黄兴向党内报告起义经过，特别盛赞方声洞"以如花之年，勇于赴战"。方声洞成为黄花岗七十二烈士中的福建十杰之一。甲午周旻敬绘。节录方声洞《禀父书》：

夫男儿在世，若能建功立业以强祖国，使同胞享幸福，奋斗而死，亦大乐也；且为祖国而死，亦义所应尔也。儿刻已念有六岁矣，对于家庭本应有应尽之责任，只以国家不能保，则身家亦不能保，即为身家计，亦不得不死中求生也。而今竭力驱满，尽国家之责任者，亦即所谓保卫家也。他日革命成功，我家之人皆为中华新国民，而子孙万世亦可以长保无虞，则儿虽死亦瞑目于地下矣。

罗福星（1886—1914），别名东亚、中血、国权，祖籍广东嘉应，客家人。罗福星原居住于广东，母亲为印尼葡萄牙裔人，1903年18岁时随祖父来到台湾。1907年6月，他由台湾返回故乡途中，在福建厦门聆听老师讲述革命道理，明白必须唤起民众，才能救中国，于是毅然参加"中国同盟会"，投身革命事业。1911年中国爆发辛亥革命，罗福星率领于爪哇募集的两千多名民兵回国起义，对革命运动更加有心得，1912年，罗福星奉孙中山之命回到台湾成立同盟会支部，筹备抗日起事，以大稻埕（今台北市大同区境内）为活动范围进行地下抗日运动，往来于台北及苗栗之间，以华民会、同盟会、三点会及革命会等集会争取、招募更多抗日同志，主张以革命推翻日本殖民统治，结束台湾遭受异族统治的命运。1913年于苗栗成立"抗日志士大会"，正准备计划起事之时，台南关帝庙、台中东势角、新竹大湖及南投等地亦相继发生准备秘密起义的事件，引起台湾总督府及日本警察关注，而导致计划外泄。罗福星见大势不妙，便躲避追捕，台湾总督府立刻下令在全台进行地毯式搜索，逮捕革命党员，破坏革命总部。

1913年12月29日罗福星在淡水被捕，同时也有千人遭到拘役。行政当局乃称此事为"苗栗事件"，在苗栗召开临时法庭。除了苗栗罗福星外，被捕的抗日人士尚有台南关帝庙李阿齐、东势角赖来、大湖张火炉及南投陈阿荣等人，共计921人接受集中审判，罗福星等20人被判死刑。1914年3月3日，罗福星被绞死于台北刑务所（监狱），得年仅29岁。据说罗福星临行前，于狱中写了一首《祝我民国词》，把"中华民国孙逸仙救"八个字嵌于句首：

"中"土如斯更富强，
"华"封共祝着边疆；
"民"胞四海皆兄弟，
"国"本苞桑气运昌；
"孙"真国手著初唐，
"逸"乐中原久益彰；
"仙"客早沽灵妙药，
"救"人千病一身当。

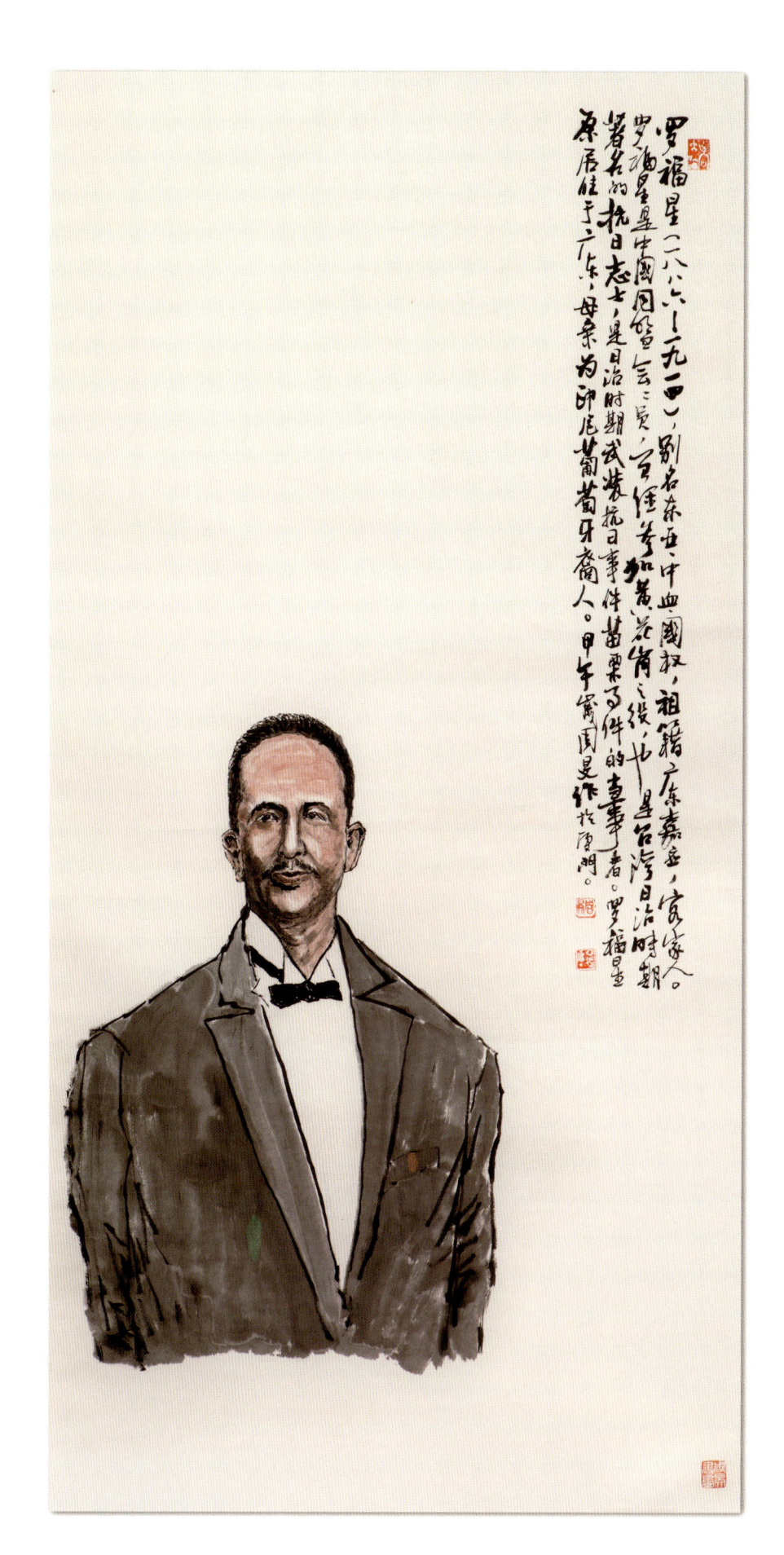

林觉民（1887—1911），黄花岗烈士。号抖飞，又号天外生，福建闽侯人。少年之时，林觉民即接受民主革命思想，推崇自由平等学说。留学日本期间，加入中国共盟会。1911年春回国，4月24日留下情真意切的绝笔《与妻书》，后与族亲林尹民、林文随黄兴、方声洞等革命党人参加广州起义，转战途中受伤力尽被俘。清吏审讯时，林觉民坐地侃侃而谈，纵论世界大势和各国时事，关注国家前途和命运。在被囚禁的几天里，林觉民连一勺水都不喝，就义时面不改色。史称"黄花岗七十二烈士"之一。

陈意映，林觉民之妻。字芳佩，父元凯，光绪乙丑举人，获花翎四品衔，广东截取知县。陈意映耽诗书，好吟咏，著《红楼梦》人物诗卷。后嫁革命党人林觉民为妻，受其影响，带头放缠小脚，入陈宝琛夫人创办的福州女子师范学堂学习，为该校首届毕业生。林觉民牺牲后，陈意映诞下遗腹子，两年后终因悲伤过度辞世，年仅22岁。甲午年周旻敬绘。诗云：

凄美一纸与妻书，
痛煞娇妻翻展读。
如花岁月经弹雨，
走向共和不踟蹰。

李清泉（1888—1940），著名爱国侨领。福建省晋江金井人。少年时光在家乡私塾读书，后到厦门同文书院深造。13岁随父出洋，在菲律宾从事木材经营。李清泉是20世纪初直到太平洋战争爆发前夕活跃在菲律宾政治、经济舞台的杰出人物，对菲律宾经济开发有两大贡献：一是木材行业的开发，一是金融事业的开发。他是菲律宾华侨史上最有建树、声誉卓著的爱国华侨领袖。北伐时期，他应蒋介石要求，捐饷资助北伐军13万银圆。南京政府成立后，应聘出任财政部和实业部顾问。

在抗日战争中，李清泉除捐款外，另一突出贡献是发起航空救国运动，组织华侨捐赠购买飞机15架，命名为菲律宾飞机队。又号召成立南洋华侨筹赈祖国难民总会，推举陈嘉庚为总会主席，李清泉、庄西言为副主席。筹得巨款有力支持了祖国的抗日战争。以抱病之躯为国奔走，52岁即患糖尿病去世。甲午岁为侨领李清泉先生造像，时已夏初临，缅怀同文校友，周旻敬绘于同文书院旧址。诗云：

事业鼎盛有几人，
不惜救难抱病身。
菲华友谊当记取，
侨领贡献情最真。

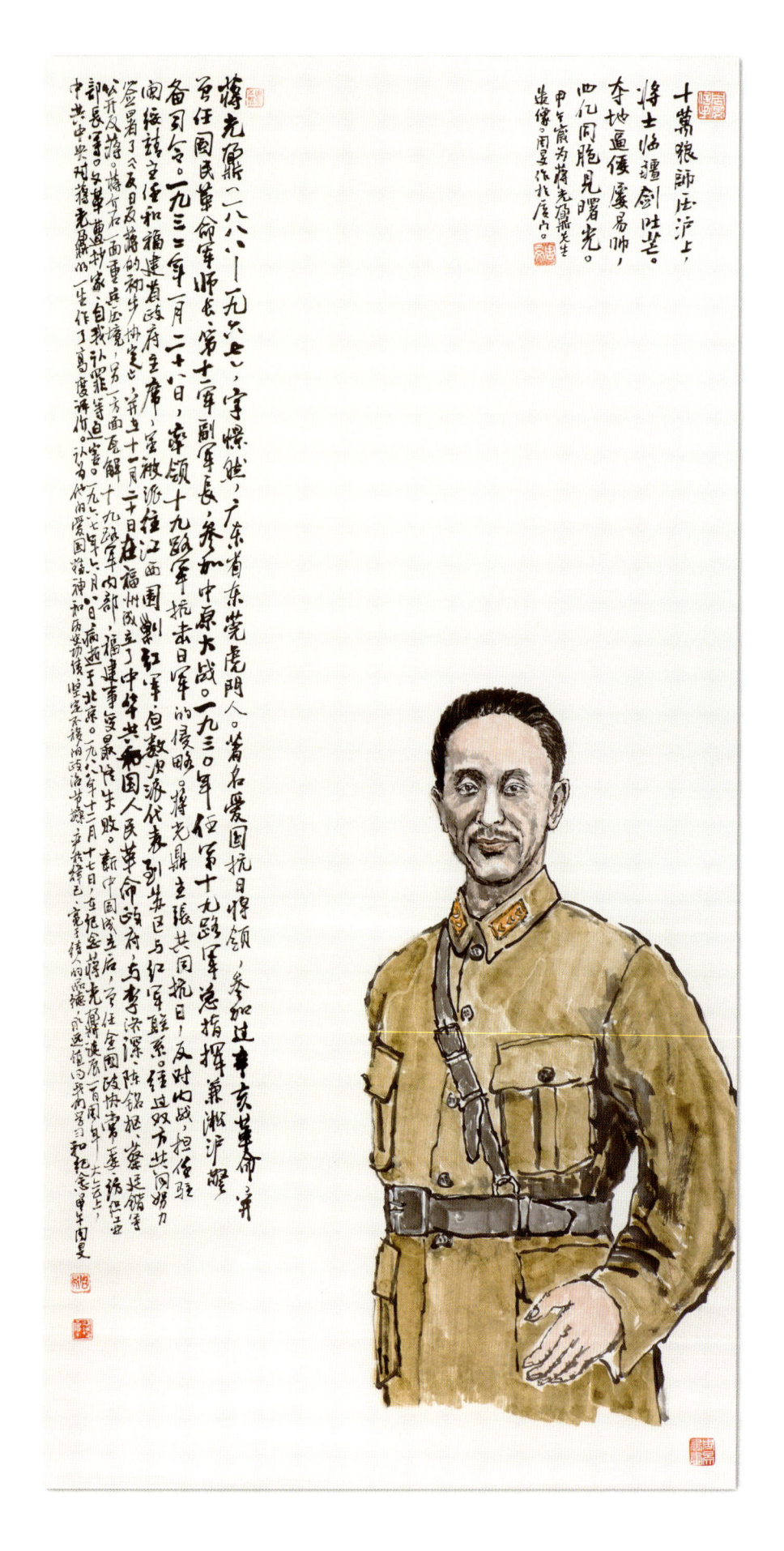

蒋光鼐（1888—1967），著名爱国抗日将领。字憬然，广东省东莞虎门人。蒋光鼐是著名爱国抗日将领，参加过辛亥革命，并曾任国民革命军师长、第十一军副军长，参加中原大战。1930年任第十九路军总指挥兼淞沪警备司令。1932年1月28日，率领第十九路军抗击日军的侵略。蒋光鼐主张共同抗日，反对内战，担任驻闽绥靖主任和福建省政府主席，虽被派往江西围剿红军，但数次派代表到苏区与红军联系。经过双方共同努力签署了《反日反蒋的初步协定》，并在11月20日在福州成立了中华共和国人民革命政府，与李济深、陈铭枢、蔡廷锴等公开反蒋。蒋介石一面重兵压境，另一面瓦解十九路军内部，"福建事变"最终失败。

新中国成立后，曾任全国政协常委、纺织工业部部长等。"文革"中遭迫害。1967年6月8日病逝于北京。

1988年12月17日，在纪念蒋光鼐一百周年诞辰大会上，中共中央对蒋光鼐的一生作了高度评价，认为他的爱国精神和历史功绩、坚定不移的政治节操、严于律己、宽于待人的品德，永远值得我们学习和纪念。甲午岁为蒋光鼐先生造像，周旻作于厦门并记。诗赞曰：

十万狼师压沪上，
将士临疆剑吐芒。
夺地逼倭屡易师，
四亿同胞见曙光。

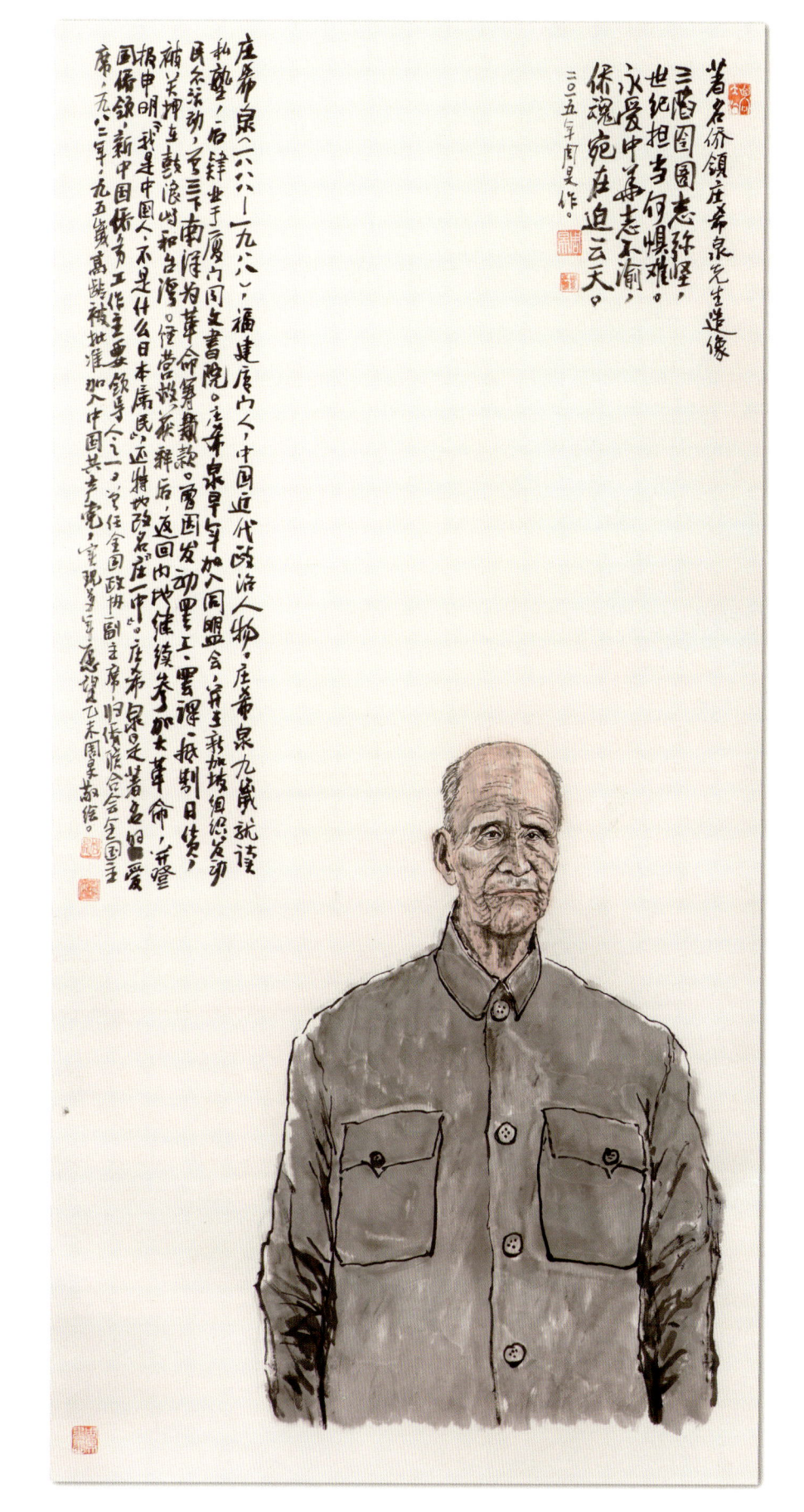

庄希泉（1888—1988），爱国侨领。福建厦门人，中国近代政治人物。9岁就读私塾，后肄业于厦门同文书院。早年加入同盟会，并在新加坡组织发动民众活动，曾三下南洋为革命筹款。曾因发动罢工、罢课、抵制日货，被捕关押在鼓浪屿和台湾。经营救获释后，返回内地继续参加大革命，并登报申明："我是中国人，不是什么日本属民。"还特地改名"庄一中"。

庄希泉是著名的爱国侨领，新中国侨务工作主要领导人之一。曾任全国政协副主席、归侨联合会全国主席，1982年，95岁高龄被批准加入中国共产党，实现多年愿望。乙未周旻敬为著名侨领庄希泉先生造像。诗云：

三陷囹圄志弥坚，
世纪担当何惧难。
永爱中华志不渝，
侨魂宛在迫云天。

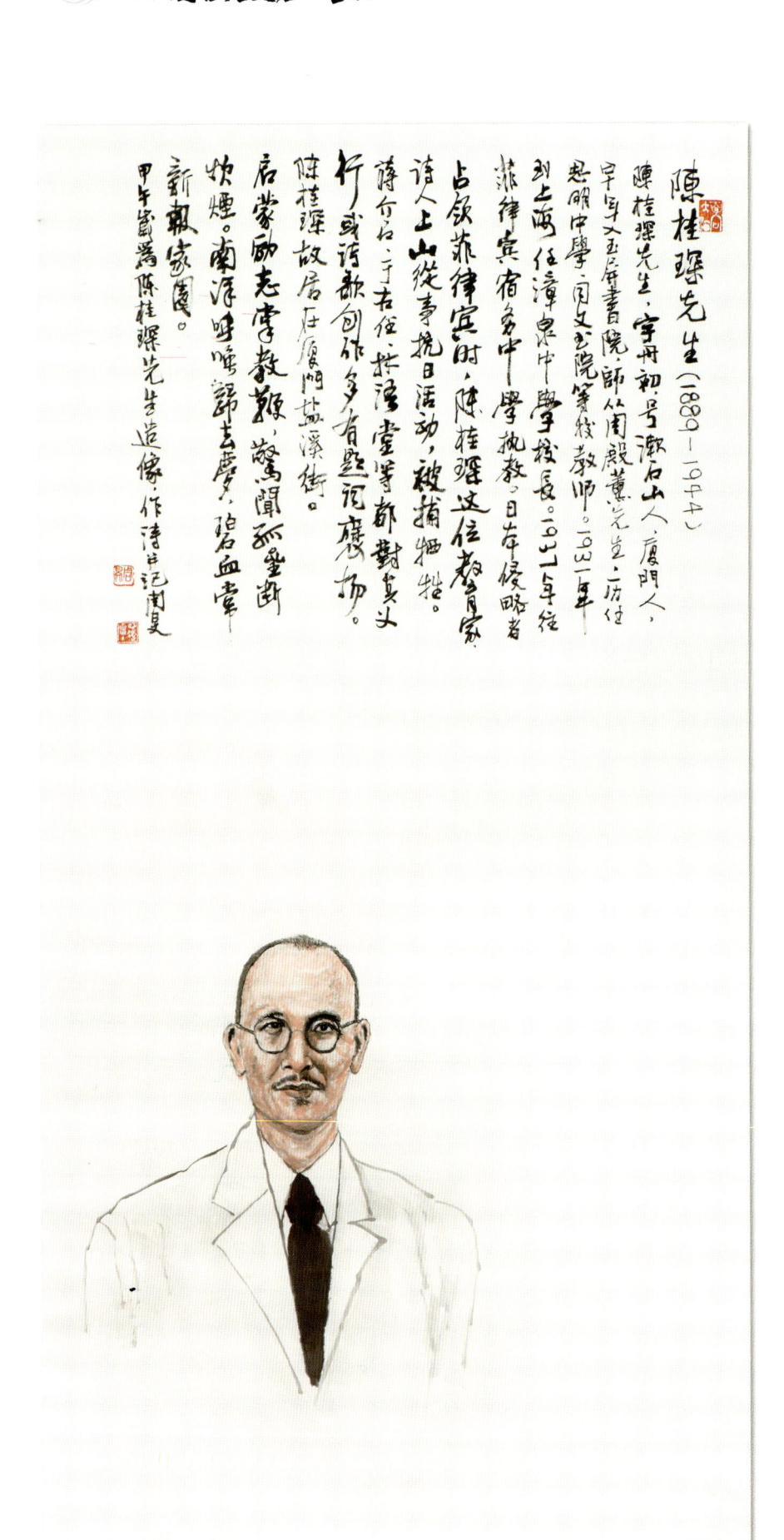

陈桂琛（1889—1944），爱国诗人。字丹初，号漱石山人，厦门人。早年入玉屏书院，师从周殿薰先生，历任思明中学、同文书院等校教师。1931年到上海任漳泉中学校长。1937年往菲律宾宿务中学执教。日本侵略者占领菲律宾时，陈桂琛这位教育家、诗人上山从事抗日活动，被捕牺牲。蒋介石、于右任、林语堂等对其义行或诗歌创作多有题词褒扬。陈桂琛故居在厦门盐溪街。甲午岁为陈桂琛先生造像，周旻并记。诗赞曰：

启蒙励志掌教鞭，
惊闻孤垒断炊烟。
南洋呼唤归去梦，
碧血常新报家园。

太虚大师（1889—1947），近代高僧，以倡导人间佛教而著称，俗姓吕，名淦森，法名唯心，号太虚。浙江崇德人。16岁入苏州小九华寺披剃为僧。民国元年（1912年）国民政府建都南京，太虚从广州返南京创立中国佛教会，该会第二年并入以寄禅和尚为会长的中华佛教总会，太虚被选任《佛教月刊》总编辑。不久，寄禅和尚逝世，太虚在其追悼会上提出进行教理革命、教制革命、教产革命三大佛教革命口号。其言行受到一些守旧派的反对，乃辞去月刊总编辑职务，转入普陀山闭关潜修佛学，旁及中西哲学诸论著，法学精进，乃出关，赴台湾、日本考察讲学。1923年发起成立世界佛教联合会，被选为首任会长。

1927年，应聘担任南普陀寺方丈。由于他经常外出弘法，议定请转逢和尚都监，是年秋，会泉法师鼓励并资助太虚出国考察讲学，遍历英、德、法、荷、比、美诸国，宣讲佛学。并应法国学者建议，在巴黎筹设世界佛学苑，开中国僧人跨越欧美弘扬佛教之先河。民国十八年（1929年），太虚游历欧美各国归来后，来厦门亲自主持南普陀寺和闽南佛学院事务。他积极推行佛教僧制改革，通过佛教会的组织力量，对厦门一些规诫废弛的岩寺进行整顿，在太虚的教诲和整顿下，闽南佛学院享誉中外。太虚大师偈语："仰心唯佛陀，完成在人格。人成佛即成，是名真现实。"甲午岁周旻敬为太虚大师造像。诗赞曰：

研修佛法重人生，
五老峰下育学僧。
勇猛精进图改革，
普陀内外传美声。

梅贻琦（1889—1962），字月涵，祖籍江苏武进，祖先于明成祖时由江南迁居北京，后于天津落籍。为梅长臣长子。第一批庚款留美学生，1914年，由美国伍斯特理工学院学成归国，历任清华学校教员、物理系教授、教务长等职。1931—1948年，任清华大学校长，1955年奉召回台，在台湾新竹创建清华大学并任校长。梅贻琦出任清华校长期间，奠定了清华的校格，为清华大学做出了不可泯灭的贡献。其间，对师资人才进行严格遴选和延聘，推行一种集体领导体制。他与叶企孙、潘光旦、陈寅恪一起被列为清华百年历史上四大哲人。1960年患病入台大医院疗养，同年病逝于台大医院。

叶公超用"慢、稳、刚"三字形容他。梅贻琦"身教重于言教"及"所谓大学者，非谓有大楼之谓也，有大师之谓也"等教育名言深为世人推崇。乙未年周旻并记。诗赞曰：

清华校格创佳绩，
所谓大学有大师。
通才教育重人格，
至今推崇梅贻琦。

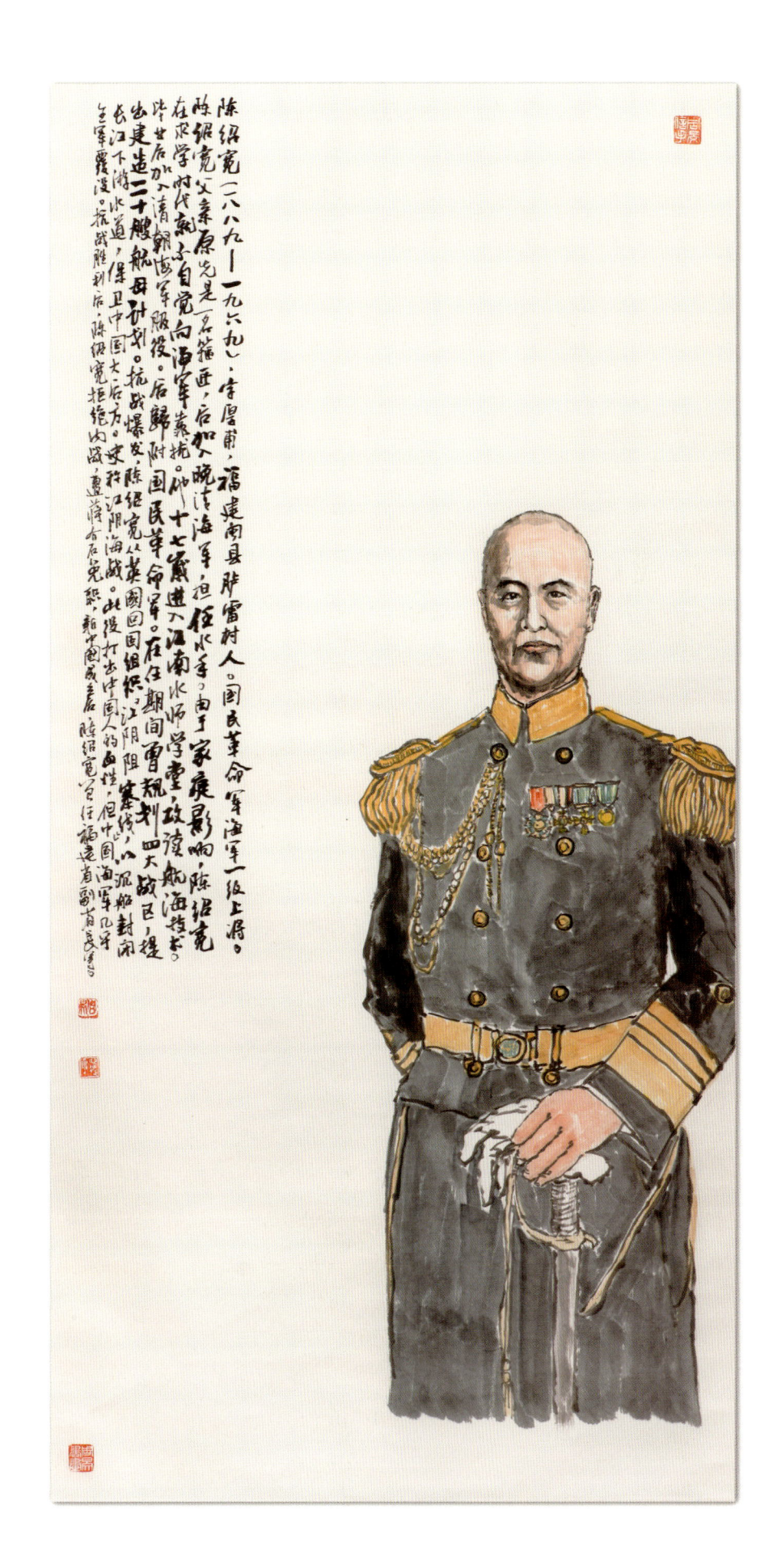

陈绍宽（1889—1969），字厚甫，福建闽县胪雷村人。国民革命军海军一级上将。陈绍宽父亲原先是一名箍匠，后加入晚清海军，担任水手。由于家庭影响，陈绍宽在求学时代就自觉向海军靠拢。他17岁进入江南水师学堂，攻读航海技术。毕业后加入清朝海军服役。后归附国民革命军。在任期间曾规划四大战区，提出建造20艘航母计划。抗战爆发，陈绍宽从英国回国组织"江阴阻塞线"，以沉船封闭长江下游水道，保卫中国大后方，史称江阴海战。此役打出了中国人的血性，但中国海军几乎全军覆没。抗战胜利后，陈绍宽拒绝内战，遭蒋介石免职，新中国成立后，陈绍宽曾任福建省副省长等职。

侯德榜（1890—1974），福建福州闽侯县人。我国重化学工业的开拓者，著名科学家。曾就读于福州英华学院、上海闽皖铁路学院。1913年，毕业于清华留美预备学堂，以十门功课一千分的成绩被保送入美国麻省理工学院化工科学习。1921年获美国哥伦比亚大学博士学位。1921年起回国。他于20年代起突破氨碱法制碱技术的奥秘，主持建成亚洲第一座纯碱厂。30年代领导建成我国第一座兼产合成氨、硝酸、硫酸和硫酸铵的联合企业。四五十年代又发明连续生产纯碱与氯化铵的联合制碱新工艺，以及碳化法合成氨流程制碳酸氢铵化肥新工艺，并使之在60年代实现了工业化和大面积推广。周旻敬绘。

十门功课全满分，
麻省归来报国论。
化学工业增国力，
闽人之光耀国魂。

胡适（1891—1962），北京大学校长、台湾"中央研究院"院长、新文化运动的领袖之一。字适之，徽州绩溪人。1891年出生于江苏省松江府川沙县（今上海浦东），1893年，随母亲冯顺弟前往台湾其父任所。1895年中日甲午战争爆发，随母亲离开台湾返回上海，进家塾读书。其父胡传病逝于厦门。1908年入中国新公学，兼任英文教员。1910年，留学美国，入康奈尔大学选读农科。1915年，入哥伦比亚大学哲学系，师从于约翰·杜威。

胡适因提倡文学改良而成为新文化运动的领袖之一，他是第一位提倡白话文和新诗的学者，致力于推翻二千多年的文言文，与陈独秀政见不合，但与其同为"五四"运动的轴心人物，对中国近代史产生了较为深远的影响。1936年，毛泽东在陕北与美国记者斯诺会见时，承认"五四"时期"非常钦佩"胡适和陈独秀的文章。胡适也赞扬"五四"时期毛泽东的文章"眼光很远大；议论也很痛快，确是现今的重要文字"。

胡适兴趣广泛，著述丰富，在文学、哲学、史学、考据学、教育学、伦理学、红学等诸多领域都有深入的研究。著有《白话文学史》、《胡适文存》、《尝试集》、《中国哲学史大纲》等书。

1955年，中国大陆掀起批判胡适运动。三联书店出版发行《胡适思想批判论文汇编》，胡适住在美国搜集了这8本书，认真作了批注。1962年2月24日在"中央研究院"开酒会时，胡适心脏病猝发，病逝于台北。2015年3月为胡适之先生造像，周旻并记之。有诗云：

五四潮头赞润之，
证据几分评事实。
提携名家具慧眼，
不偏不倚开风气。

王世杰（1891—1981），国立武汉大学首任校长。湖北省崇阳人，字雪艇，民国官员，宪法学家、教育家。与胡适等人创办《现代评论》、《自由中国》等杂志。历任民国教育、宣传、外交部长。王世杰早年就读于湖北优级师范理化专科学校，1911年肄业于天津北洋大学采矿冶金系科，后留学英、法，1917年获英国伦敦大学政治经济学士，1920年获法国巴黎大学法学研究所法学博士。回国后曾任教于北京大学。后转投国民党，进入政界。1949年赴台湾，曾任台湾"中央研究院"院长等职。著有《比较宪法》等书。

在当时的国民党大员中，王世杰是个另类，他不抽烟不喝酒，生活简朴，极少娱乐，不坐专车，上下班皆步行。任教育部部长时，长子王继武考学失利，时任中央大学校长王家伦是其下属和门生，有人建议他为儿子说一下情，他坚决不允。王继武最终只能以旁听生身份在中央大学读书。王世杰半生为民国高官，但他发表的所有文章，从未用过当时公文中流行的"共匪"字样。1981年4月21日，王世杰病逝于台北荣民医院，遗嘱将其一生收藏字画书籍赠予武汉大学。周旻为王世杰先生造像并记。诗云：

雪公超俗斥巧言，
生活谨饬少帮闲。
自由书生多才干，
难阻大厦还塌坍。

周辨明（1891—1984），福建惠安人。著名语言学家。早年生活在厦门鼓浪屿。1911年毕业于上海圣约翰大学。随后在清华大学任英文教师。1921年转到厦门大学，任厦门大学学生指导长兼预科高等几何学教授。民国十二年，厦门大学创建外国语言文学系，任第一任系主任。后由厦门大学资送到德国汉堡大学攻读语文学博士学位。学成返校，历任厦门大学文学院院长、教务处处长、新生院院长兼外文系主任。民国三十七年到英国伦敦大学讲学。次年回国途中在新加坡被校友挽留，应聘新加坡中华大学语言学教授。

周辨明学贯中西、治学严谨，主要研究汉语拼音化、方言音韵及汉字检索法等，是倡导汉语拼音的先驱人物之一。主要著作有《中华国语音声字制》、《厦语入门》等。

抗日战争全面爆发后，萨本栋校长委派周辨明去福建内地选址，由于周辨明的父亲周之德牧师自1892年始即在长汀传播基督教，遂选定长汀为厦大内迁的校址。厦大中文系教授郑朝宗先生曾回忆说："英国大学生反映，周辨明的英语说得比伦敦人还标准。"甲午年为语言学家周辨明先生造像，乙未年重绘，周旻并记。

鼓浪声留少年心，
当年熟读伦敦音。
选址长汀君助力，
南方之强说到今。

林祥谦（1892—1923），中共领导的工人运动领袖。福建福州闽侯人。早年入马尾造船厂当学徒。1912年进京汉铁路江岸机器厂做工。1922年加入中国共产党，任京汉铁路工会江岸分会委员长。1923年2月1日，京汉铁路总工会在郑州召开成立大会，遭到北洋军阀吴佩孚的破坏和镇压。为抗议军阀的残暴行径，总工会决定于2月4日举行全路同盟罢工，林祥谦被指定为江岸地区罢工的总负责人。1923年2月7日，林祥谦带领工人同前来镇压的反动军队进行英勇搏斗，遭到逮捕。当夜天降大雪，林祥谦被缚于江岸车站的电杆上，他严词拒绝复工，英勇就义。时年31岁。乙未夏日周旻敬绘。诗赞曰：

汽笛一声震长空，
江汉工人断长龙。
夜雪漂流壮士血，
华夏再添一英雄。

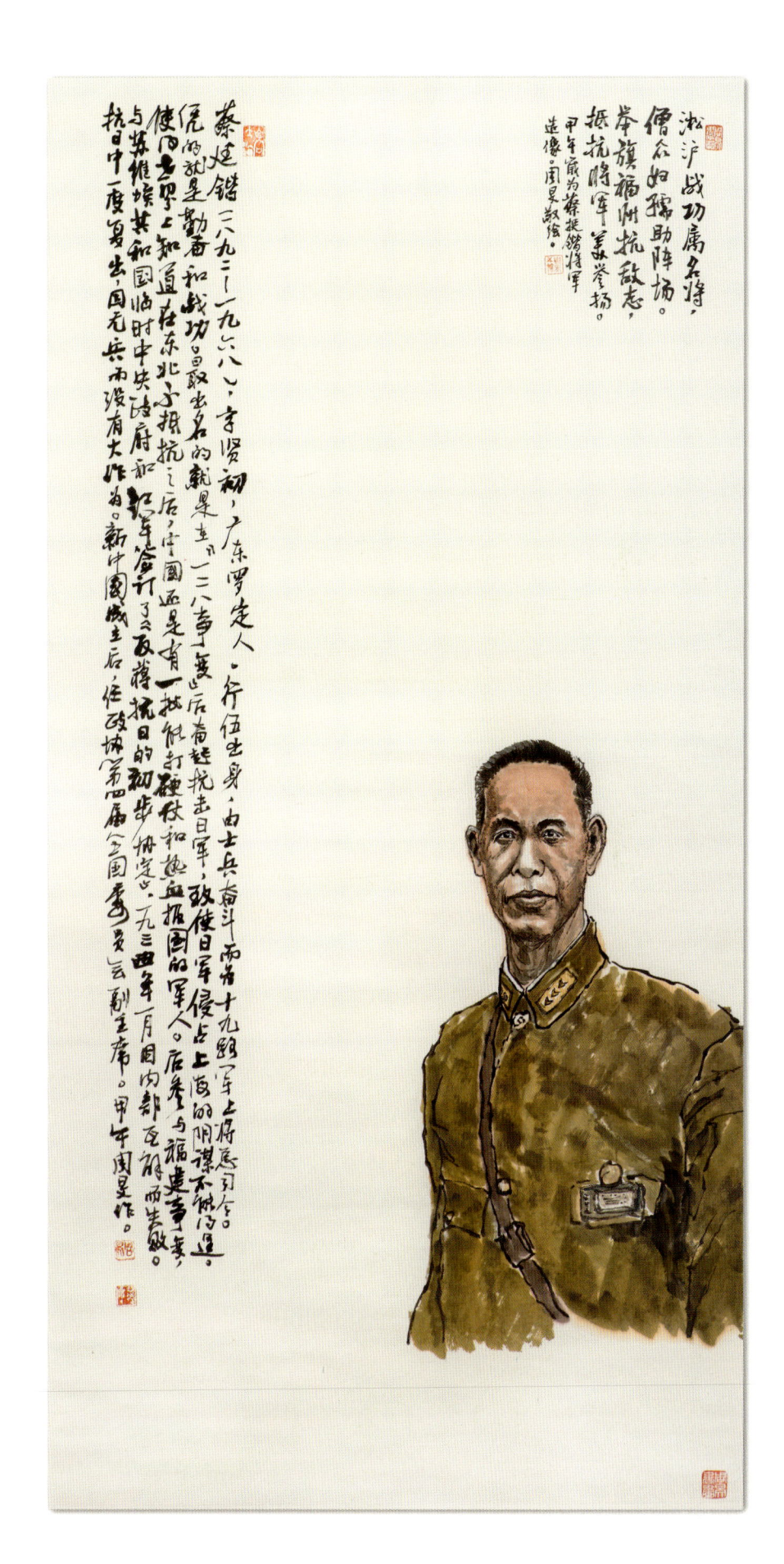

蔡廷锴（1892—1968），字贤初，广东罗定人。行伍出身，由士兵奋斗而为第十九路军上将总司令。凭的就是勤奋和战功。最出名的就是在一二·八领导淞沪会战，奋起抗击日军，致使日军侵占上海的阴谋不能得逞。使得世界上知道在东北不抵抗之后，中国还是有一批能打硬仗和热血报国的军人。后参与"福建事变"，与苏维埃共和国临时中央政府和红军签订了《反蒋抗日的初步协定》，1934年1月因内部瓦解而失败。抗日中一度复出。新中国成立后，任政协第四届全国委员会副主席。甲午周旻作。诗云：

淞沪战功属名将，
　僧众妇孺助阵场。
举旗福州抗敌志，
　抵抗将军美名扬。

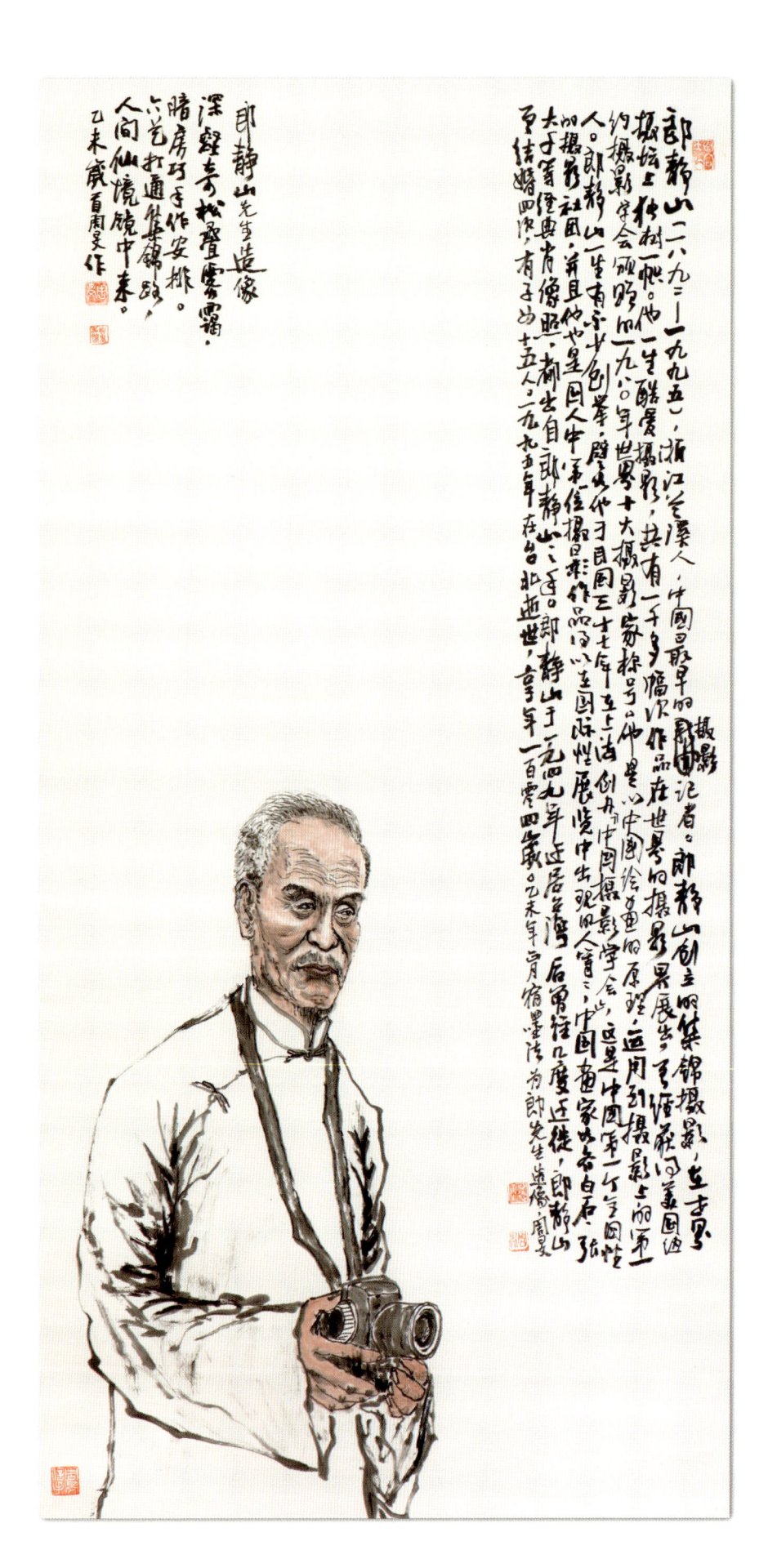

郎静山（1892—1995），中国最早的摄影记者。浙江兰溪人。郎静山创立的集锦摄影，在世界摄坛上独树一帜。他一生酷爱摄影，共有一千多幅次作品在世界的摄影界展出，曾经获得美国纽约摄影学会颁赠的1980年世界十大摄影家称号。他是将中国绘画的原理，运用到摄影上的第一人。郎静山一生有不少创举，譬如他于民国三十七年在上海创办"中国摄影学会"，这是中国第一个全国性的摄影社团，并且他也是国人中第一位摄影作品得以在国际性展览中出现的人，等等。中国画家如齐白石、张大千等经典肖像照，都出自郎静山之手。郎静山于1949年迁居台湾后曾经几度迁徙。1995年在台北逝世，享年104岁。乙未年正月周旻以宿墨为郎静山先生造像，以诗赞曰：

深壑奇松叠雾霭，
暗房巧手作安排。
六艺打通集锦路，
人间仙境镜中来。

许地山（1893—1941），名赞堃，号地山，笔名落花生。中国现代著名小说家、散文家，"五四"时期文学运动先驱者之一。在梵文、宗教等方面亦有研究硕果。许地山的父亲许南英祖籍广东揭阳，出生于台湾台南。1895年中日甲午战争，许南英曾担任台湾筹防局统领，率众奋起反抗日军入侵。后将全家迁回大陆，落籍福建龙溪。

许地山1917年考入燕京大学文学院，1920年毕业留校任教。其间与瞿秋白、郑振铎等人联合主办《新社会》旬刊，积极宣传革命。"五四"前后从事文学活动，与沈雁冰、叶圣陶、郑振铎等人成立文学研究会，创办《小说月刊》，并取第一篇文章《落花生》作为笔名。从美国学习回来后，又曾前往英国牛津大学从事宗教梵文研究，1927年在燕京大学文学院任教。抗战爆发后，许地山奔走呼号，声讨日寇罪行，后到香港大学任教。担任中华全国文艺界抗敌协会香港分会常务理事，为抗日救国展开各项组织和教育工作，终因过度劳累而病逝。代表作《春桃》、《命命鸟》等。甲午周旻记之。

我像蜘蛛，命运就是我的网。蜘蛛把一切有毒无毒的昆虫吃入肚里，回头把网组织起来。它第一次放出游丝，不晓得要被风吹到多远，可是等到粘着别的东西的时候，它的网便成了。它不晓得那网什么时候会破，和怎样的破法。一旦破了，它还暂时安安然然地藏起来，等有机会再结一个好的。人和他的命运，又何尝不是这样？所有的网都是自己组织得来，或完或缺，只能听任自然罢了。

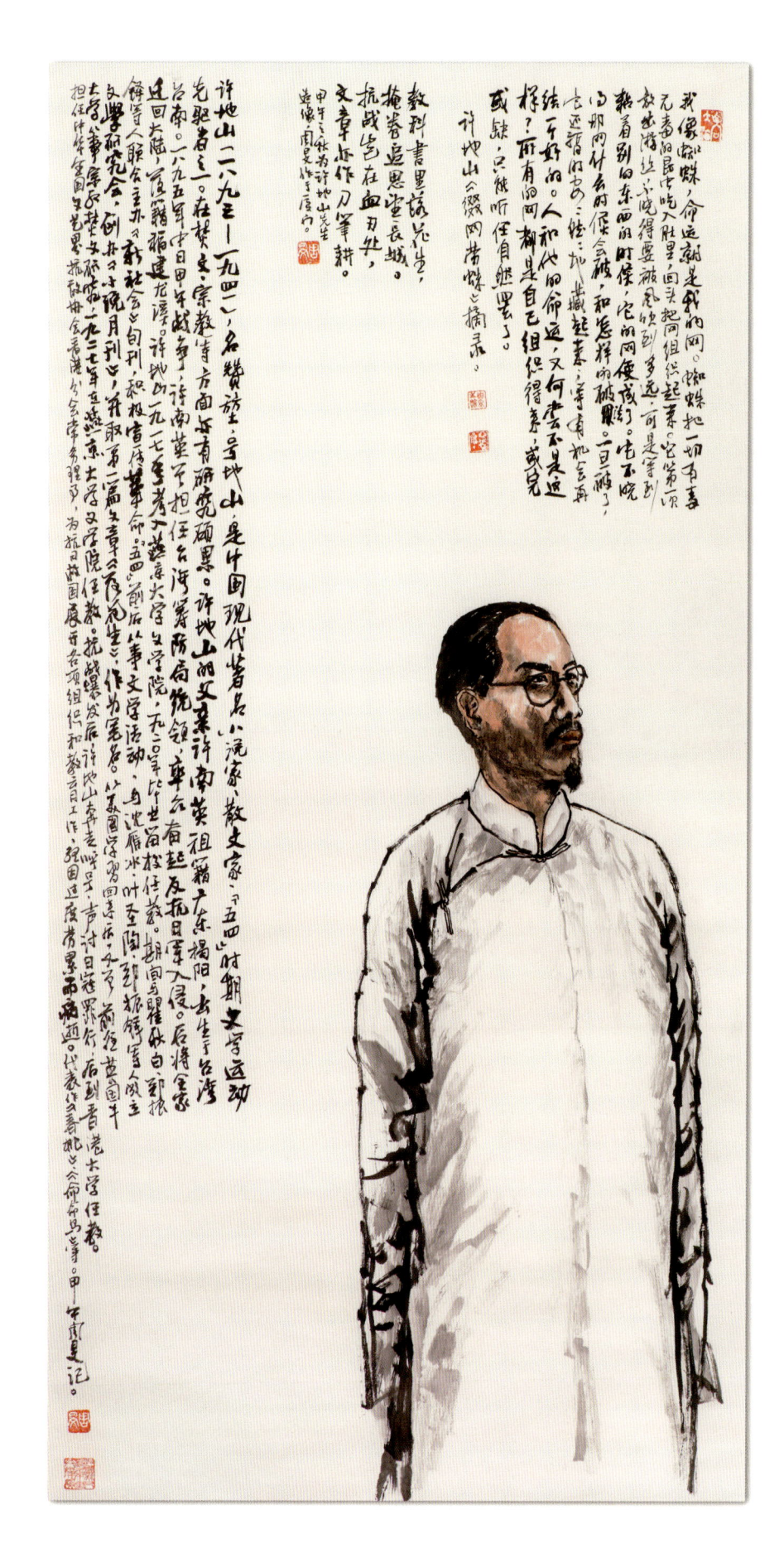

——许地山《缀网劳蛛》

顾颉刚（1893—1980），原名诵坤，字铭坚，江苏苏州人，中国历史学家、民俗学家。古史辨派代表人物，也是中国历史地理学和民俗学的开创者之一。1920年毕业于北京大学哲学部，历任厦门大学、中山大学、燕京大学、北京大学、云南大学、齐鲁大学、中央大学、复旦大学、兰州大学等多所大学教授。顾颉刚在《古史辨》中提出著名的十个论点，其中有：（1）古史是层累地造成的；（2）禹是动物，是神，与夏无关；（3）尧舜禅让说是战国时代墨家所伪造的；（4）孔子作《春秋》说是儒家所伪造的；（5）《老子》成书在秦汉之际；（6）《尚书》中的《禹贡》作于战国；等等。1939年顾颉刚发表论文，认为中华民族是一个融合体，开启输血论的先河，提出汉人是许多民族混合起来的，因为带有强壮的异族血液输入，使得这个已经衰老的民族时时可以回复到少壮，所以整部中国历史的主要问题就是内外各族的融合问题。

顾颉刚与鲁迅之间真正的冲突发生在1926年应聘厦门大学共事期间，最后竟发展到分道扬镳甚至势同冰火地步。顾颉刚后来在自传中感慨地说："我一生中第一次碰到的大钉子是鲁迅对我过不去。"甲午年用宿墨为顾颉刚先生造像，别有一番沉着沧桑之趣。周旻并记。

王悦之（1894—1937），原名刘锦堂，号月芝，生于台湾台中。青年时期赴日本求学，1920年回国，在上海、北平、杭州等地从事文学与绘画创作。他创办了"阿波罗学会"，出任北京美术学校校长，举办各种画展，作品曾入选全国美展与巴黎万国博览会。

1930年，任私立京华美专校长。续办私立北平美术学院，任院长。兼任北平大学艺术学院（后改国立北平艺专）教授。1934年，私立北平美术专科学校改名为私立北京艺术职业学校，王悦之仍任校长。1937年3月15日，王悦之在北平病逝，终年43岁。

1982年，王悦之亲属向中国美术馆捐赠王悦之作品41件。

王悦之是20世纪早期油画的代表人物之一。他的作品，关注平民百姓的普通生活。《弃民图》、《亡命日记图》等，以真实的视角刻画处于社会下层的人物，表达了画家的人文情怀。他的油画尤其是人物作品常采用中国画式的立轴构图，以油画材料在绢本上创作，线描与工笔重彩结合油画，体现出中国艺术传统的神韵与气质。有评论家称他是"西画民族化探索的第一人"。诗云：

遗民图景入笔端，
香山北塔砌尊严。
创意笔专西湖景，
油画诗思洒向绢。

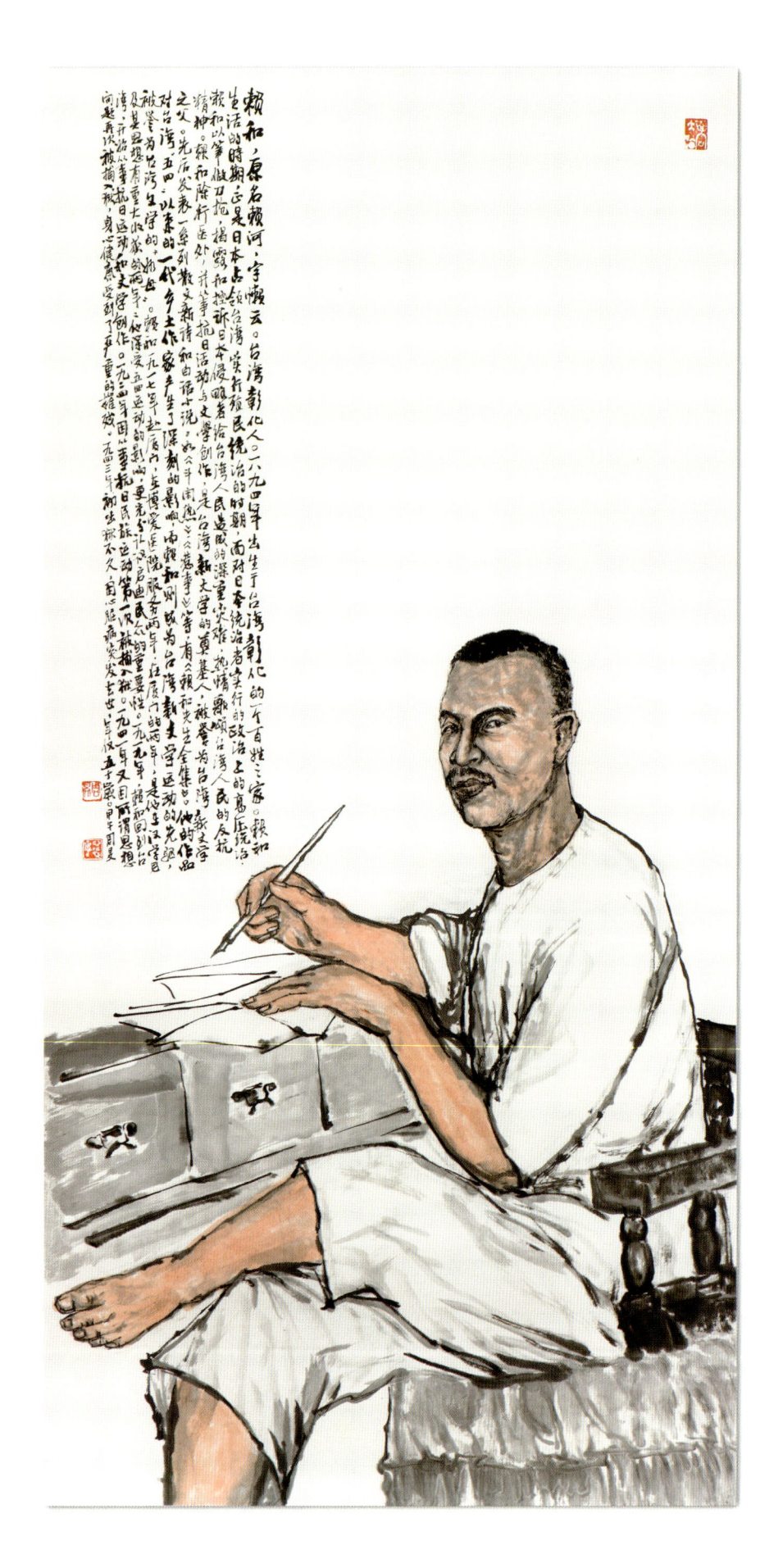

赖和（1894—1942），台湾新文学奠基人。原名赖河，字懒云。台湾彰化人。1894年出生于台湾彰化的一个百姓之家。赖和生活的时期，正是日本占领台湾，实行殖民统治的时期，面对日本统治者实行的政治上的高压统治，赖和以笔做刀枪，揭露和控诉日本侵略者给台湾人民造成的深重灾难，热情歌颂台湾人民的反抗精神。赖和除行医外，还从事抗日活动与文学创作，是台湾新大学的奠基人，被誉为台湾新文学之父。先后发表一系列散文新诗和白话小说，如《斗闹热》、《惹事》等，有《赖和先生文集》。他的作品对台湾"五四"以来的一代乡土作家产生了深刻的影响，而赖和则成为台湾新文学运动的先驱，被誉为台湾文学的"奶母"。

赖和1917年赴厦门，在博爱医院服务两年，在厦门的两年，是他在汉学方面以及其思想方面有重大收获的两年。他深受"五四"运动的影响，更充分认识启迪民众的重要性。1919年，赖和回到台湾，开始从事抗日运动和文学创作。1924年因从事抗日民族运动第一次被捕入狱。1941年又因所谓思想问题再次被捕入狱，身心健康受到了严重的摧残。1942年初出狱不久，因心脏病突发去世，年仅50岁。甲午周旻并记。

斗闹热时把事惹，
不忘殖民苦难多。
渡海来厦逢五四，
乡土文学唤赖和。

吴石（1894—1950），"密使一号"，是中共打入国民党内部的最高级别情报官，是真实历史中真实的潜伏者。吴石是北伐先驱，保定军校高才生；是白崇禧同窗，蒋介石校友；是参谋奇才，曾任台湾"国防部参谋次长"，官拜陆军中将。

1949年8月，原任福建绥靖公署副主任的吴石被蒋介石任命为"国防部参谋次长"。他抵台后便展开了情报搜集工作。为尽快取回吴石掌握的重要情报，华东局领导决定派长期在上海香港活动并有子女在台的女情报员朱谌之（化名朱枫）潜入台湾。后来，因叛徒的出卖两人被捕，吴石将军夫人、友人陈宝仓中将、随从聂曦上校等六人被捕。1950年6月，吴石等人英勇就义。这就是震惊天下的"密使一号"大案。

1973年，为表彰吴石将军为祖国统一大业作出的特殊贡献，由国务院追认吴石为革命烈士。毛泽东曾为吴石赋诗：

惊涛拍孤岛，
碧波映天晓。
虎穴藏忠魂，
曙光迎来早。

傅连暲（1894—1968），一位基督徒转化为红色医生的典型。原名傅日新，福建长汀县人。1925年任汀州福音医院院长。1933年基督徒傅连暲医生参加中国工农红军。1938年加入中国共产党。1933年任中央红色医院院长、中华苏维埃国家医院院长等职，在反"围剿"中，毛泽东得了虐恶性疾，他从医院急行军，赶路180里路程，及时为发高烧的毛泽东进行有效治疗。傅连暲为许多红军将士治好了伤病，而自己身体却十分虚弱，他带病参加长征，几次出现昏迷，连人带马一起跌入河里，昏迷不醒险些丧命。

在延安，傅连暲见到了白求恩，白求恩知道傅连暲患有严重的痔疮，亲自为傅连暲开刀手术。当得知傅连暲入党消息后，白求恩深为感慨："教徒成了共产党，真有意思，我还以为傅医生早已是共产党了。"新中国成立后，傅连暲任中央卫生部副部长等职。"文革"中，傅连暲遭受林彪和"四人帮"的残酷迫害，1968年3月29日含恨死于秦城监狱。

1978年傅连暲被平反昭雪，恢复名誉。1955年，傅连暲被授予中将军衔。从虔诚的基督徒，成长为坚定的共产党人，从一个教堂医院的医生，成长为一名将军，傅连暲完成了人生最大的转变。毛泽东说：傅连暲是中共"第一个红色医生"。甲午冬季周旻敬绘并诗赞红色医生傅连暲：

信仰由来义最真，
身心折磨留精神。
红色医生基督徒，
犹记相逢白求恩。

周淑安（1894—1974），音乐教育家。生于鼓浪屿一传教士家庭。1908年10月30日，美国舰队访问厦门一周，清政府在南普陀寺前的演武场，搭建了15座牌楼和帐篷，作为欢迎的主会场。14岁的周淑安在招待会上领唱美国国歌，大受美国舰队司令额墨利的赞赏。

周淑安1911年毕业于厦门女子高等师范学校。1914年作为清华学校官费女留学生赴美，先后在哈佛大学、新英格兰音乐学院、纽约音乐学院攻读音乐理论、钢琴与声乐等科目，取得哈佛大学艺术学士学位。她是中国现代第一位专业声乐教育家、第一位合唱女指挥家、第一位女作曲家。周淑安与肖友梅、黄自等音乐家一起共同创办了中国第一所高等音乐学府——上海音乐学院。

1965年，周淑安的丈夫胡宣明因脑溢血病逝。第二年，"文化大革命"爆发，72岁的周淑安作为"反动学术权威"遭到批斗，被下放农村折磨了三年，身体和精神几乎全都崩溃了。1974年1月5日，这位对中国现代音乐事业做出巨大贡献而又饱受磨难的老人，在凄凉寂寞中与世长辞。她培养了那么多杰出的歌唱家、音乐家，新中国成立前后著名的中国声乐界四大名旦，就有三人是她的学生——喻宜萱、张权、郎毓秀；著名音乐家胡然、孙德志、吕骥、洪达琦、劳景贤、唐荣枚、陈玠、江桦等均曾就学于她的门下。她声名巨大，却一生颇遭坎坷。"呵呵困，一瞑大一寸"，斯人已逝，花腔钢琴安眠歌，闽南魂犹存。每念及此，不禁感慨唏嘘。甲午周旻并记。

声乐教育第一人，
桃李不言存本真。
繁华落尽冰汲水，
安眠曲谱闽南魂。

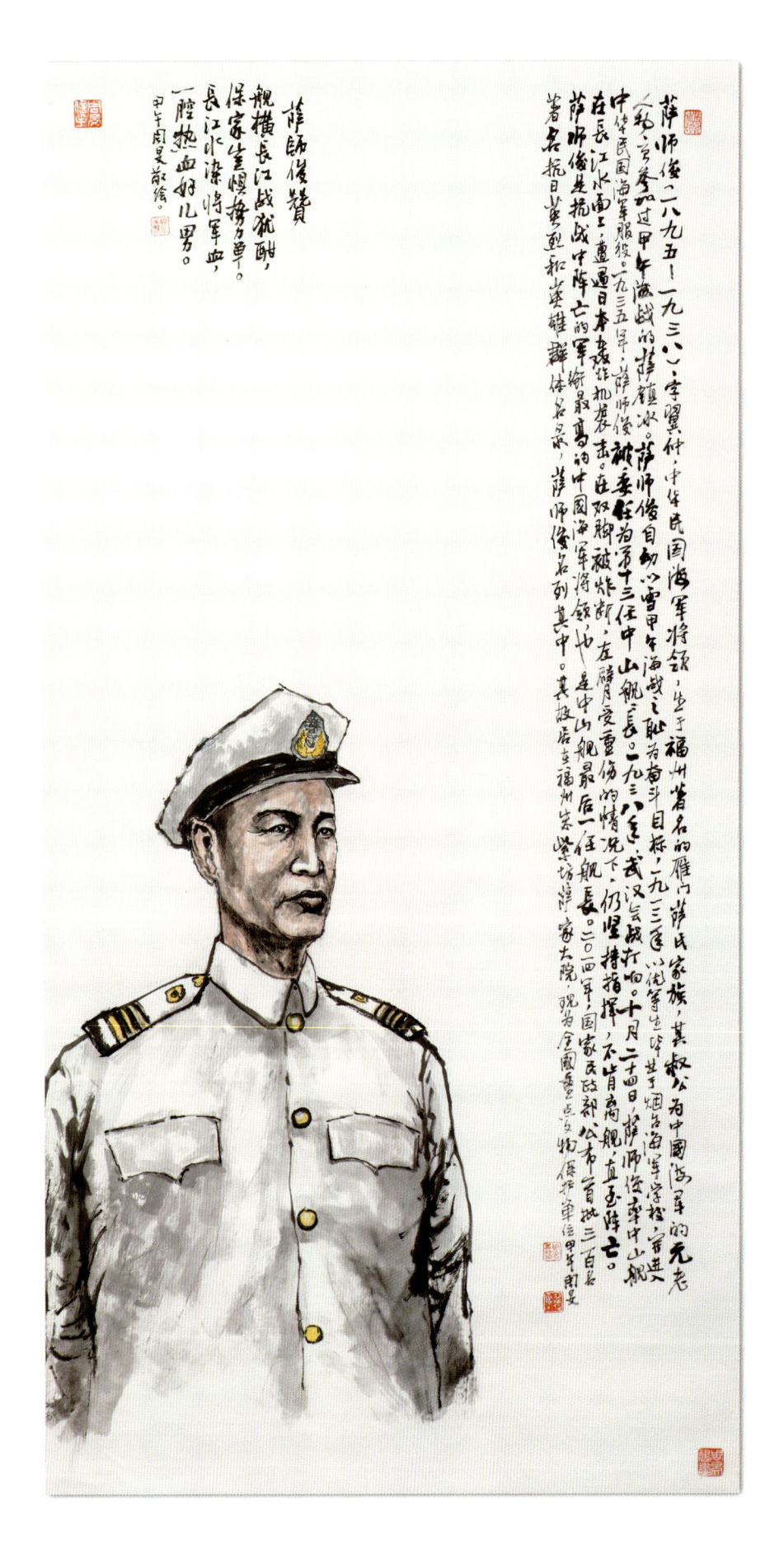

萨师俊（1895—1936），抗日英烈。字翼仲，中华民国海军将领，生于福州著名的雁门萨氏家族，其叔公为中国海军的元老人物、曾参加过甲午海战的萨镇冰。萨师俊自幼以雪甲午海战之耻为奋斗目标，1913年以优等生毕业于烟台海军学校，并进入中华民国海军服役。

1935年，萨师俊被委任为第十三任中山舰舰长。1938年，武汉会战打响。10月24日，萨师俊率中山舰在长江水面上遭遇日本轰炸机袭击。在双脚被炸断、左臂受重伤的情况下，仍坚持指挥，不肯离舰，直至阵亡。萨师俊是抗战中阵亡的军衔最高的中国海军将领，也是中山舰最后一任舰长。

2014年，国家民政部公布首批三百名著名抗日英烈和英雄群体名录，萨师俊名列其中。其故居在福州朱紫坊萨家大院，现为全国重点文物保护单位。甲午周旻并记。诗赞曰：

舰横长江战犹酣，
保家岂忧势力单。
长江水染将军血，
一腔热血好儿男。

罗化成（1895—1940），抗日英烈。福建省上杭县南阳镇罗屋村人。福建蚕业学校毕后回汀州任教。"五四"运动时期，与张赤男等组织长汀县学生联合会，创办《长汀月刊》，投入爱国反帝运动。1927年9月加入中国共产党。次年在南阳、才溪一带秘密组织农会，发展党组织。1929年3月任中共长汀县县委委员、汀南特别区区委书记。同年5月红四军二次入闽，领导汀南暴动，以策应红军。7月出席中共闽西"一大"。不久调任红四军四纵队特务大队长。12月参加古田会议。1930年在战斗中负伤，调往红军后方医院。1934年任福建省苏维埃政府秘书长兼武装动员部部长。主力红军长征后，罗化成留在闽西坚持游击斗争。后经历曲折到香港从事党的秘密工作。1937年底任新四军二支队政治部主任。1940年2月在大雪中带病作战，以身殉国。1955年被追认为烈士。

陈毅称赞："罗化成同志是最实际救国人才，是抗战建国中值得全国人民效法的人物，是久经考验的老党员。"2014年9月17日，经中共中央、国务院批准，公布第一批在抗日战争中顽强奋战、为国捐躯的三百名著名抗日英烈和英雄群体名录，闽西廖海涛、陈明和罗化成名列其中。乙未岁清明周旻为抗日英烈罗化成造像，以诗赞之：

《汀州月刊》论救亡，
逃出囹圄赴战场。
追思怀远祭先烈，
雪中频唤战旗扬。

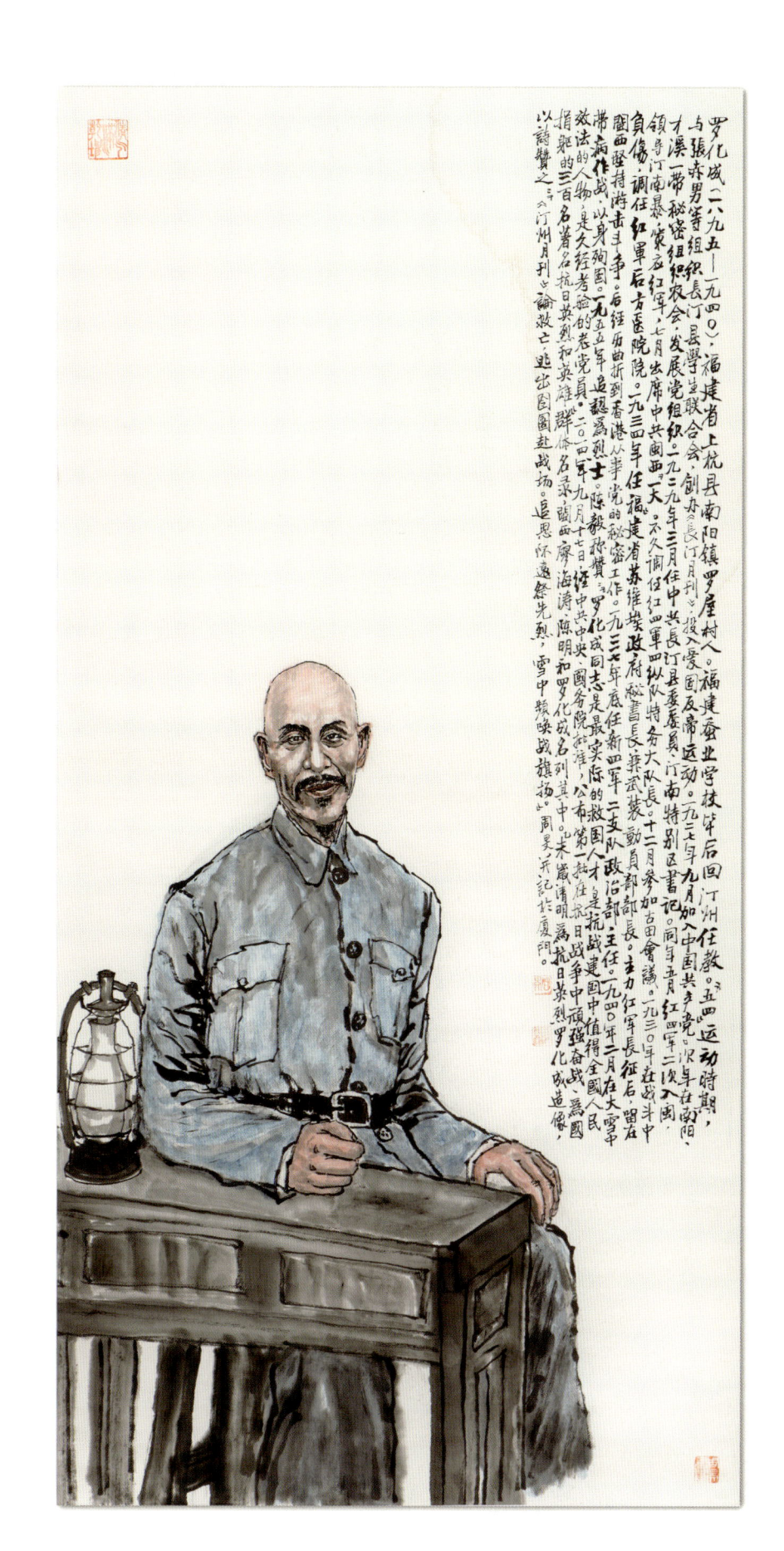

邹韬奋（1895—1944），原名恩润，祖籍江西余江。出生在福建永安，早年生活在福州。1921年学毕业后至1931年，负责《生活》周刊和《时事新报》副刊编务工作。1932年7月，建立生活书店。次年加入中国民权保障同盟，当选为执行委员。"九一八"事变后，邹韬奋在上海全身心投入抗日救亡运动。1936年7月15日，他与沈钧儒、陶行知等共同签署发表了"团结御侮的几个基本条件与最低要求"的公开信，明确表示赞同和支持中国共产党提出的观点和抗日战线的主张。毛泽东用公开信的方式给予了复信，大大激励了全国人民的抗日斗志。

1936年11月22日，国民党在上海逮捕了正在领导抗日救亡运动的救国会领导人沈钧儒、邹韬奋等七人，12月4日又将此七人移送苏州关押，由江苏高等法院审理，酿成"七君子"事件。1937年6月13日，上海市民五千人举行大会，要求当局宣告"七君子"无罪。在国人强大的舆论压力下，国民党政府被迫于7月31日释放了"七君子"。1943年邹韬奋因患脑癌秘密返沪就医，第二年不幸逝世于上海，终年49岁。

邹韬奋逝世后，党中央给予他很高的评价。1944年9月28日，党中央给韬奋家属的唁电中说："韬奋先生二十余年为救国运动，为民主政治，为文化事业，奋斗不息，虽坐监流亡，决不屈于强暴，决不改变主张，直至最后一息，犹殷殷以祖国人民为念，其精神将长在人间，其著作将永垂不朽。"2009年邹韬奋被评为100位为新中国成立做出突出贡献的英雄模范之一。

1926年10月，《生活》周刊改由邹韬奋担负编辑责任。邹韬奋决定根据社会和读者需要，从内容到形式，对《生活》周刊进行一次大幅度的革新。确定该刊的宗旨为"暗示人生修养，唤起服务精神，力谋社会改造"。随着时间的流逝，《生活》周刊从单纯讨论"职业教育"和"青年修养"转而讨论社会问题，影响至今。诗云：

大众立场办专刊，
救亡图存身在先。
坐监流亡不屈挠，
正气精神驻人间。

林语堂（1895—1976），中国文学家、发明家。福建漳州龙溪人，生于漳州平和县坂仔镇一牧师家庭。圣约翰大学英语学士、美国哈佛大学文学硕士、德国莱比锡大学语言学博士，曾任北京大学英文系教授、厦门大学文学院院长、联合国教科文组织美术与文学主任、国际笔会副会长等职。1940年和1950年两度获得诺贝尔文学奖提名。

1926年，林语堂应厦大校长林文庆之聘，到厦大任文科主任和国学院秘书。在创办国学院过程中，他召集了一批著名学者来到厦大，有文学家鲁迅、国学家沈兼士、古史专家顾颉刚、语言学家罗常培、哲学家张颐、中西交通史家张星烺、考古学家陈万里、编辑家孙伏园等。一时厦大文科盛况空前，颇有北大南迁的景象。

曾创办《论语》《人世间》《宇宙风》等刊物，作品包括小说《京华烟云》《啼笑皆非》，散文和杂文文集《人生的盛宴》《生活的艺术》以及译著《东坡诗文选》《浮生六记》等。1966年定居台湾。1976年在香港逝世，享年80岁。林语堂说："要做作家，必须能够整个人对时代起反应"。他"两脚踏东西文化，一心评宇宙文章"。甲午秋为林语堂先生造像。

　　脚踩中西船，
　　闽南语话仙。
　　生活劝幽默，
　　东坡在人间。

钱穆（1895—1990），江苏无锡人，吴越国太祖武肃王钱镠之后。字宾四，笔名公沙、梁隐、与忘、孤云，晚号素书老人、七房桥人，斋号素书堂、素书楼。中国现代著名历史学家、思想家、教育家；中央研究院院士，故宫博物院特聘研究员；中国学术界尊之为"一代宗师"，更有学者谓其为中国最后一位士大夫、国学宗师；与吕思勉、陈垣、陈寅恪并称为"史学四大家"。

1930年因发表《刘向歆父子年谱》成名，被顾颉刚推荐，聘为燕京大学国文讲师，后历任北京大学、北平师范大学、西南联大、齐鲁大学、华西大学、四川大学、云南大学、江南大学教授。1949年南赴香港，创办新亚书院（后并入香港中文大学）。1967年迁居台北，任中国文化学院（今中国文化大学）史学教授。1990年在台北逝世，1992年归葬苏州太湖之滨。

钱穆著述颇丰，专著多达80种以上。代表作有《先秦诸子系年》、《中国近三百年学术史》、《国史大纲》等。

1922年，钱穆赴厦门任教集美学校为任职中学教师之始。钱穆的《师友杂忆》中有专节记厦门之事。乙未立秋周旻并记，诗云：

先秦诸子作年谱，
史界宏篇连巨著。
三百年来学术史，
国之盛衰秉笔书。

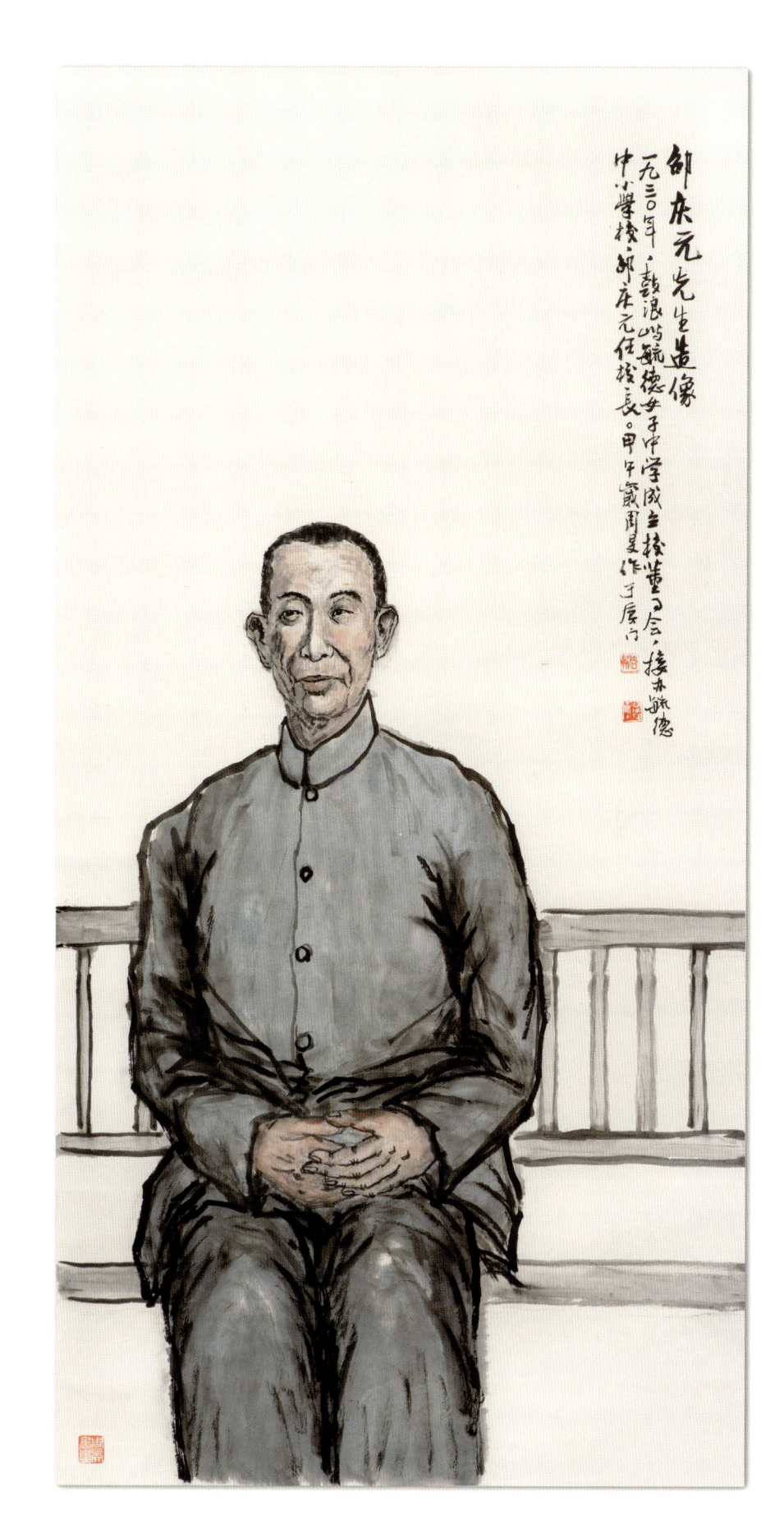

邵庆元（1895—？），毕业于厦门鼓浪屿寻源书院，曾任厦门大学林文庆校长的秘书。1931年，邵庆元担任厦门毓德女中首任华人校长，又曾担任《江声报》总编，厦门抗日后援会委员。厦门沦陷后为避日本人追杀而至新加坡。作为首任华人校长，邵庆元认为毓德女中学生无论男女都可以成为对社会有用的人，因此积极培养女学生的社会实践能力。他仿造社会体制，称学校为毓德市。邵庆元之父邵子美，原籍同安橄榄岭，因信奉基督教被族人赶出村子，娶林语堂的表姐为妻。儿孙两代出了9位教授，14位校长。甲午岁周旻并记。

强国之思办学堂，
毓德育人有主张。
留得家风传后世，
教授校长列长廊。

常惺法师（1896—1939），近代高僧。俗姓朱，法名寂祥，常惺其字。少孤贫，赖母抚育成人。年12岁时，依本境福成寺自诚长老出家，法号常惺。时值清末，佛门人才寥落，自诚法师独具慧眼，使常惺就读于如皋省立师范学校。1915年入上海华严大学，学习华严宗义。1925年，辅助太虚大师在厦门南普陀创办闽南佛学院。1933年夏季，常惺法师继太虚大师出任厦门南普陀住持，并兼任闽南佛学院院长。1936年，以奔劳致疾，辞南普陀住持及佛学院院长职，养肺病于上海。旋出任中国佛教会秘书长，终因肺疾未愈，病逝时年仅44岁。

常惺法师著作颇多，而以《佛学概论》一书为佛教界所重视。"九一八"事变后，针对中国佛教徒国家观念淡薄、忽视国家利益的情况，常惺法师在中国佛教徒护国和平会议讲演中提出"我人为求身家安宁、法运兴隆，实不能不爱国家，以求佛法有所寄托"的主张。甲午岁周旻敬绘于厦门。诗云：

孤贫少年明心性，
佛门智慧终养成。
危难时分讲寄托，
国运隆时法运生。

傅斯年（1896—1950），初字梦簪，字孟真，山东聊城人，著名历史学家，古典文学研究专家，教育家，学术领导人。"五四"运动学生领袖之一，中央研究院历史语言研究所的创办者。傅斯年曾任北京大学代理校长、国立台湾大学校长。1909年就读于天津府立中学堂，1913年考入北京大学预科，1916年升入北京大学文科，受到民主与科学新思潮的影响，与罗家伦、毛准等组织新潮社，创办《新潮》月刊，提倡新文化，影响颇广，从而成为北大学生会领袖之一。1919年"五四"运动期间，傅斯年担任游行总指挥。

1919年夏，傅斯年大学毕业后考取庚子赔款的官费留学生，负笈欧洲，先入英国爱丁堡大学，后转入伦敦大学研究院，1923年入柏林大学哲学院，学习比较语言学等。

1926年冬，应中山大学之聘回国，1927年任该校教授、文学院院长，兼任中国文学和史学两系主任。同年在中山大学创立语言历史研究所，任所长。此后数年，他掌管过西南联大、北京大学以及台湾大学的校政，培养出大批优秀学生，可谓桃李满天下。

1949年1月，傅斯年随历史语言研究所迁至台北，并兼台湾大学校长。在学术上，信奉考证学派传统，主张纯客观科学研究，注重史料的发现与考订，发表过不少研究古代史的论文，并多次去安阳指导殷墟发掘。他主持历史语言研究所期间，延揽一流人才，做出了不少成绩。

傅斯年逝世后，葬于台湾大学校园，校内设有希腊式纪念亭傅园及"傅钟"。其中，傅钟启用后成为台湾大学的象征，每节上下课会钟响21声，因傅斯年曾说过："一天只有21小时，剩下3小时是用来沉思的。"诗云：

搜罗才俊学术兴，
皇家档案理分明。
发掘殷墟第一功，
且听廿一傅钟声。

落魄王孙溥心畲造像
落魄王孙末世间，
大内丹青得观遍。
渡海一别难回首，
北宗山水作留连。
甲午岁末周旻

溥心畲（一八九六—一九六三），爱新觉罗氏，正红旗人，恭亲王奕訢后裔，字辈溥，光绪帝赐名儒，字心畲，斋号寒玉堂。生于北京。恢复恭亲王府身份之溥心畲，幼年于恭王府学文，在大内境养琴棋书画诗酒花之学造诣，性格内向而好学。光绪帝驾崩前夕，与兄受命入宫甄选皇帝，但未中选。曾留学德国，在柏林大学研究天文生物，取得博士学位，曾任日本京都帝国大学教授。一九四九年，溥心畲先迁至舟山岛，后迁居台湾居台北。蒋介石拟授考试委员、国策顾问等职，一概婉拒。宋美龄欲拜师习画，传以愧对先祖为由推辞。居台湾期间，曾任台湾师范大学及东海大学教授。因其诗、书、画与张大千齐名，故后人将二人并称为"南张北溥"，与大画家黄君璧、张大千以"渡海三家"齐名。甲午岁末周旻写记。

溥心畲（1896—1963），爱新觉罗氏，正红旗人，恭亲王奕訢后裔，字辈溥，光绪帝赐名儒，字心畲，斋号寒玉堂。生于北京。恢复恭亲王后裔身份的溥心畲，幼年于恭亲王府学文，在大内培养"琴棋书画诗酒花"的美学造诣，性格内向而好学。光绪帝驾崩前夕，与兄受命入宫甄选皇帝，但未中选。曾留学德国8年，在柏林大学研究天文和生物，取得博士学位，曾任日本京都帝国大学教授。

1949年，溥心畲先迁至舟山岛，后迁居台湾居台北。蒋介石拟授考试委员、国策顾问等职，一概婉拒。宋美龄欲拜师习画，传以愧对先祖为由推辞。溥心畲居台期间，曾担任台湾师范大学及东海大学教授。

因其诗、书、画与张大千齐名，故后人将二人并称为"南张北溥"，与大画家黄君璧、张大千以"渡海三家"齐名。甲午岁末周旻为溥心畲造像。诗云：

落魄王孙末世间，
大内丹青得观遍。
渡海一别难回首，
北宗山水作流连。

邓子恢（1896—1972），一生关注农民问题的领导人。又名绍箕，福建龙岩人，中国共产党与中华人民共和国领导人之一，农业政策专家。邓子恢早年留学日本，后在闽西组织革命活动，曾担任中华苏维埃共和国中央执行委员会委员兼财政部长。在抗战期间，担任新四军政治部主任。此后担任中华人民共和国国务院副总理，主管农业。由于提倡"分田到户"的责任制，反对农业合作化运动而受到批判，在"文革"期间受迫害，后因病逝世。

1929年6月底，毛泽东不再担任红四军主要领导职务，来到闽西修养，邓子恢视毛泽东为师长和益友，毛泽东也非常看重邓子恢。在毛泽东处境不顺，且患上恶性疟疾的时期，身为闽西特委书记的邓子恢对毛泽东非常关心，他托人每天炖牛肉汤为毛泽东补充营养，并找来当地最好的医生医治毛泽东的病。危难中显真情，两人结下了深厚的战斗友情。甲午国庆节为邓子恢同志造像，周旻敬绘。

后田暴动几梦回，
投身开拓新社会。
汀江水唱红土颂，
农民知己邓子恢。

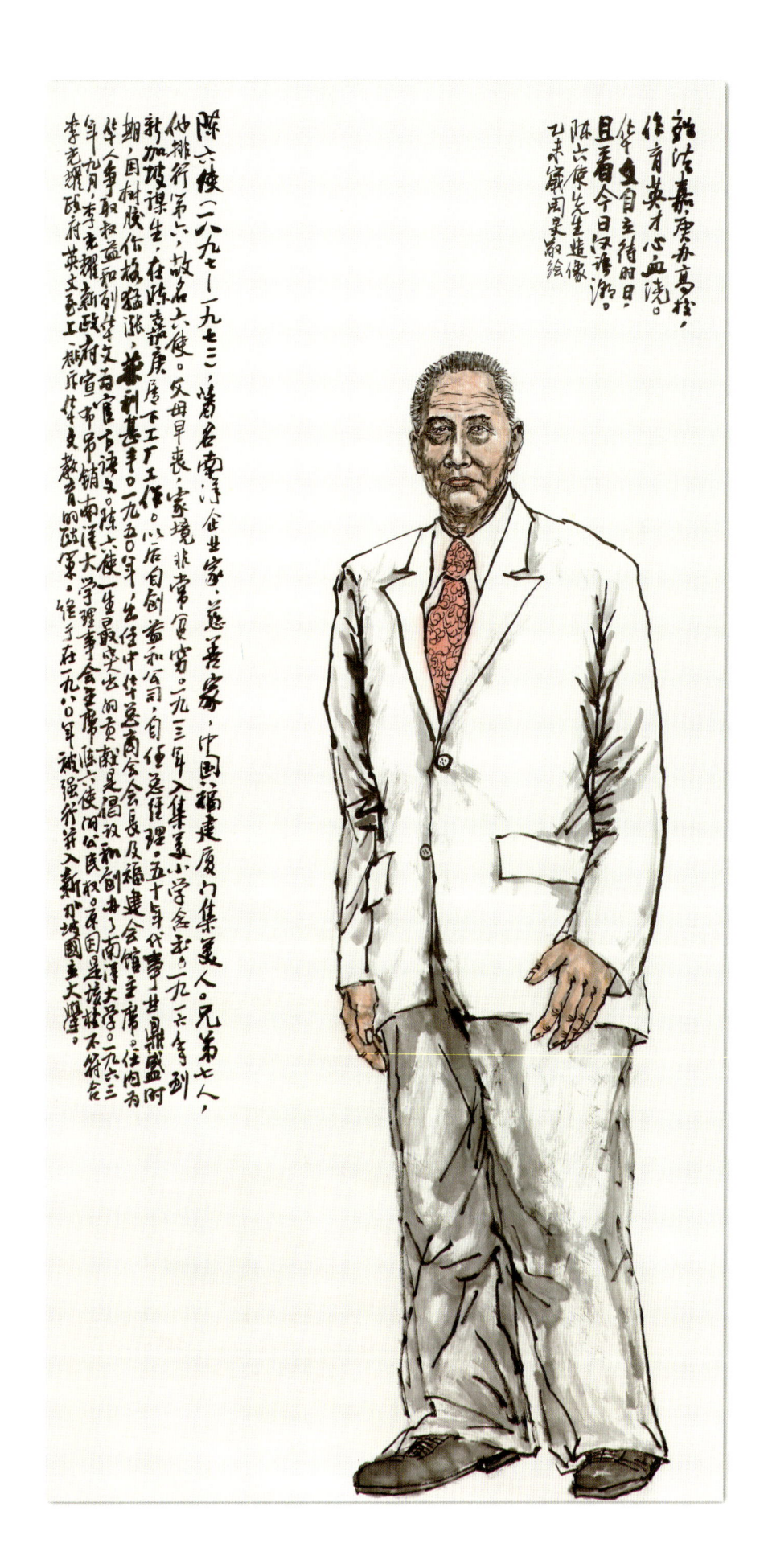

陈六使（1897—1973），著名南洋企业家、慈善家，中国福建厦门集美人。兄弟7人，他排行第6，故名六使。父母早丧，家境非常贫穷。1913年入集美小学念书。1916年到新加坡谋生，在陈嘉庚属下工厂工作。以后自创益和公司，自任总经理。50年代事业鼎盛时期，因树胶价格猛涨，获利甚丰。1950年，出任新加坡中华总商会会长及福建会馆主席。任内为华人争取权益和列华文为官方语文多方奔走。

陈六使一生最突出的贡献是倡议和创办了南洋大学。1963年9月，李光耀新政府宣布吊销南洋大学理事会主席陈六使的公民权。原因是该校不符合李光耀政府英文至上、排斥华文教育的政策。南洋大学终于在1980年被强行并入新加坡国立大学。陈六使毕生努力付之东流，海外唯一一所华文大学就此不复存在，退出历史舞台，令人扼腕叹息。陈六使先生造像，乙未岁周旻敬绘并作诗云：

效法嘉庚办高校，
作育英才心血浇。
华文自立待时日，
且看今日汉语潮。

余青松（1897—1978），中国现代天文学家。厦门人。1918年赴美国里海大学攻读土木建筑学，获学士学位。此后在美国匹兹堡大学攻读天文学，1923年获该校硕士学位。1926年在利克天文台获博士学位。1927年回国任厦门大学教授，1929年任中央研究院天文研究所所长。1955年任美国马里兰州胡德学院教授兼该院威廉斯天文台台长，1967年退休。

1927年回国后的几年中，余青松发表了有关恒星光谱的光度研究等课题的多篇论文。1929年任天文研究所所长后，创建了南京紫金山天文台。1938年因抗日战争，他主持该台的内迁工作，并在昆明东郊建成了昆明凤凰山天文台。1978年10月30日卒于美国马里兰州。甲午年周旻为余青松先生造像。诗云：

　　声名日隆早归来，
　　紫金山麓接天台。
　　励志从来多磨难，
　　仰望星空数尘埃。

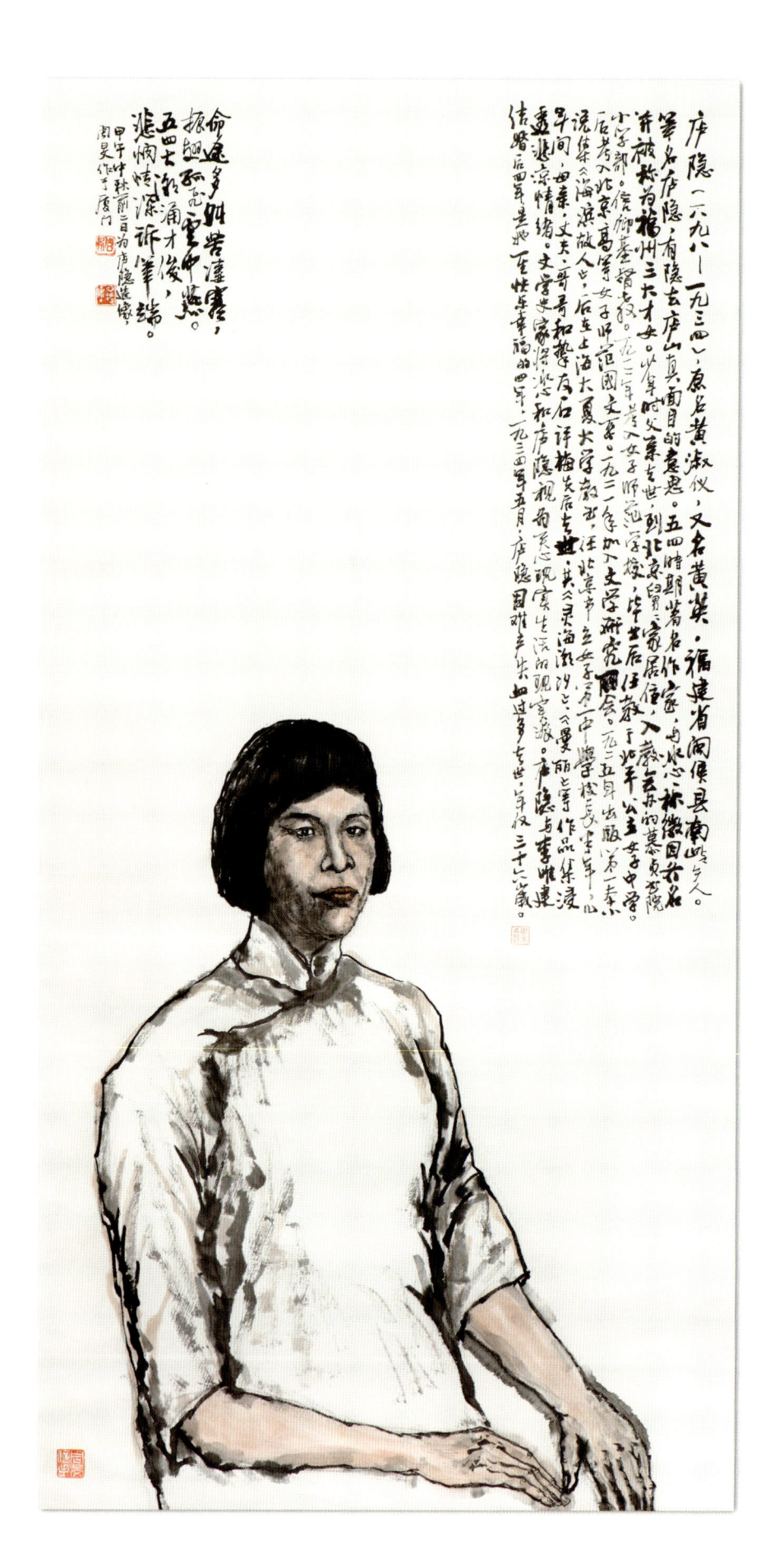

庐隐（1898—1934），原名黄秋仪，又名黄英，福建省闽侯县南岭乡人。笔名庐隐，有隐去庐山真面目的意思。"五四"时期著名作家，与冰心、林徽因齐名并被称为福州三大才女。少年时父亲去世，到北京舅舅家居住，入教会办的慕贞书院小学部学习。信仰基督教。1912年考入女子师范学校，毕业后曾任中学教师。后考入北京高等女子师范学校国文系。1921年加入文学研究会。1925年出版第一本小说集《海滨故人》，后在上海大夏大学教书，任北京市立女子第一中学校长半年。几年间，母亲、丈夫、哥哥和挚友石评梅先后去世，因而其《灵海潮汐》、《曼丽》等作品集浸透着悲凉情绪。现代文学史家将冰心和庐隐视为关心现实生活的现实派。

庐隐与李唯建结婚后四年，是她一生快乐幸福的四年。1934年5月，庐隐因难产失血过多去世，年仅36岁。甲午中秋前二日为庐隐造像，周旻作于厦门。

命途多舛苦凄寒，
振翅孤飞云中燕。
"五四"大潮涌才俊，
悲悯情深诉笔端。

郑振铎（1898—1958），作家、出版家。原籍福州长乐，生于浙江温州。中国作家、文学史家，著名学者，是中国民主促进会发起人之一。1917年入北京铁路管理传习所学习。"五四"运动期间，与瞿秋白、耿洛之创办《新社会》杂志，倡导新文化运动。1920年与沈雁冰、叶绍钧等人发起创立文学研究会，创办《文学周刊》与《小说月报》，并先后担任清华大学、燕京大学、辅仁大学教授，暨南大学文学院院长，《世界文库》主编。1937年参加文化界救亡协会，与胡愈之等人组织复社，出版《鲁迅全集》，主编《民主周刊》。中华人民共和国成立后，曾担任中央文化部文物局局长、中科院文学研究所所长、文化部副部长。1958年率领中国文化代表团赴开罗访问途中，所乘坐的图-104飞机在苏联境内失事，遇难身亡。

郑振铎提倡"为人生"的文学主张，重视民间文学和小说、戏曲的资料收集和研究，并把自己多年收集的珍贵古籍善本10万余册，古代陶俑500多件，全部捐献给了国家。郑振铎不忘故土乡情，他总是公开标明自己是福建长乐人。甲午周旻并记。诗云：

奔走呼号发新声，
换取小说写人生。
慧眼半生器物聚，
云水山峰相留赠。

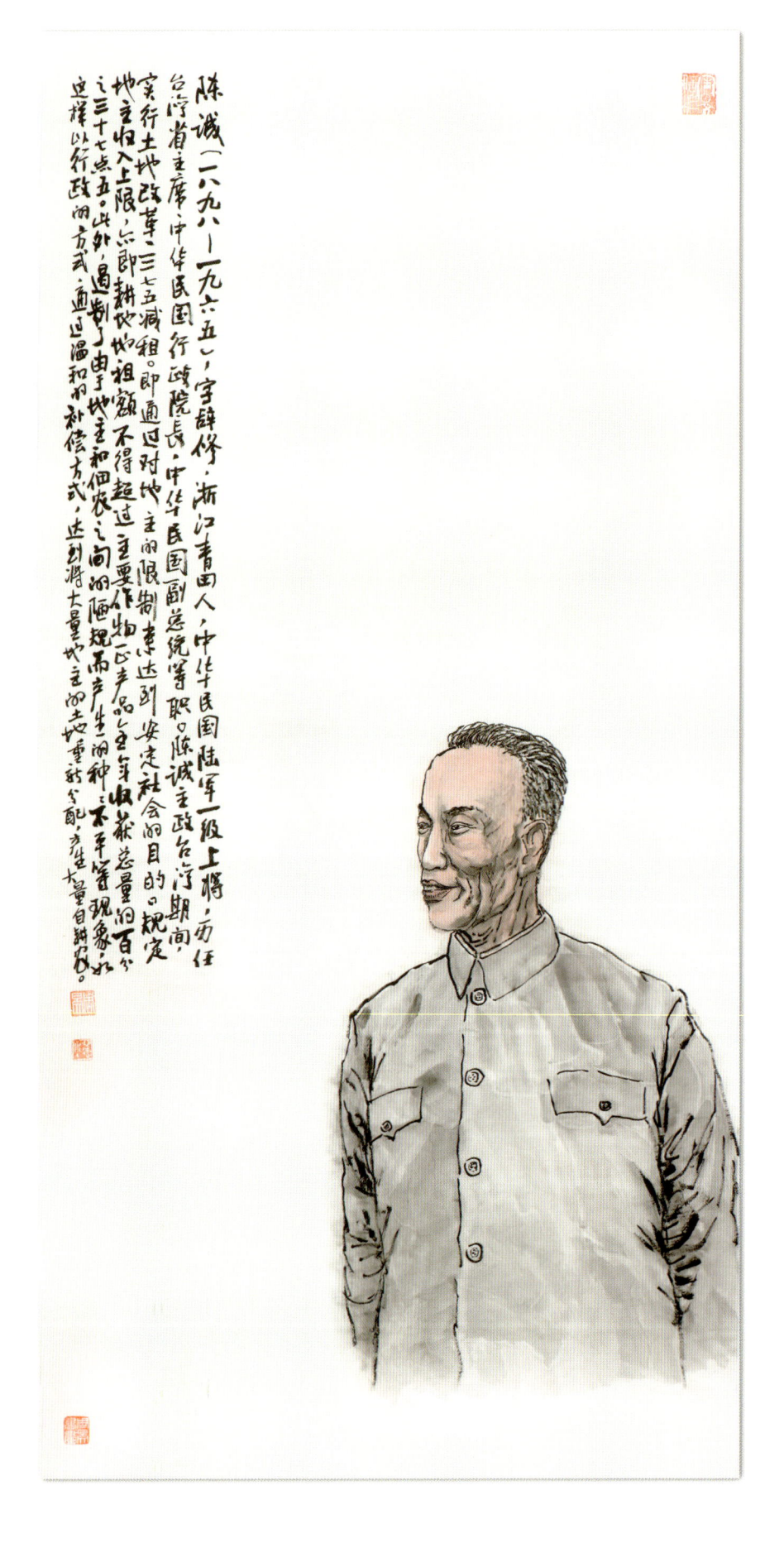

陈诚（1898—1965），浙江省丽水市青田县高市乡外村人。字辞修，别号石叟。前"中华民国副总统"，中华民国国民革命军一级上将，历任台湾省政府主席、中国国民党副总裁、"中华民国行政院院长"等职。陈诚主政台湾期间，对稳定国民党在台统治作用甚大。

1949年年初，陈诚首先宣布入台管制。1949年2月，就任"台湾省主席"的两个月之后，陈诚发布命令，在台湾公布实施"三七五减租"的土地改革。即通过对地主的限制来达到安定社会的目的。规定了地主收入的上限，亦即耕地租租额不得超过主要作物正产品全年收获总量的37.5%。此外，遏止了由于地主和佃农之间的陋规而产生的种种不平等现象，如租约短暂、地主可任意夺佃、押租金、预收地租、作物歉收时亦须缴交的铁租、副产物租等。1950年3月，陈诚在蒋介石的安排下成为"行政院长"，他以"行政院长"的身份继续推行土地改革，并且在1952年年底正式发表"耕者有其田"政策的主要内容，农民以合理补偿的方式获得地主的田。即通过行政手段，以一种温和的补偿方式，将大量地主的土地分配到佃户手中，产生了大量的自耕农。

据《党史博览》2008年第12期窦应泰所著《周恩来和陈诚的黄埔情》一文介绍：1965年，周恩来前往上海迎接从海外归来的李宗仁时，在虹桥机场候机厅休息室里，面对陈毅、叶剑英以及上海市市委的陈丕显、曹荻秋和一些著名民主人士，周恩来就讲到几个月前在台湾病逝的陈诚。周恩来动情地说："陈辞修是爱国的人，他坚决反对美国制造'两个中国'，可惜他身体不好。"周恩来的一句话——"陈辞修是爱国的人"，为他们的黄埔情画上了圆满的句号。

丰子恺（1898—1975），著名画家。师从弘一法师（李叔同），以中西融合画法创作漫画以及散文而著名。他是中国新文化运动的启蒙者之一，一生出版的著作达180多部。日本名著《源氏物语》的译者。在"文革"动乱时期，遭受迫害，积郁成疾，1975年逝世，享年77岁。

1918年，李叔同出家为僧，丰子恺自此与佛教结缘。其《护生画集》很大一部分内容就是在厦门创作的。《护生画集》宣传爱惜生灵，戒除杀机，弘扬优秀民族文化传统。有的作品现在作为精神文明宣传题材。

1948年，丰子恺在厦门为厦门佛学会作《我与弘一法师》演讲，曾将人的生活分作三层，即物质生活、精神生活和灵魂生活，并据此分析弘一法师出家的必然。在厦门南普陀寺，丰子恺拜谒了弘一大师故居，看了大师手植的杨柳，他手扶杨柳。神情黯然，回家后就画了一幅画，表现他和广洽法师站在杨柳树下的情景。题词曰："今日我来师已去，摩挲杨柳立多时。"甲午岁周旻敬为丰子恺先生造像。诗云：

　　世情冷暖风雨多，
　　《源氏物语》凭君说。
　　护生自古重然诺，
　　人生三叠看生活。

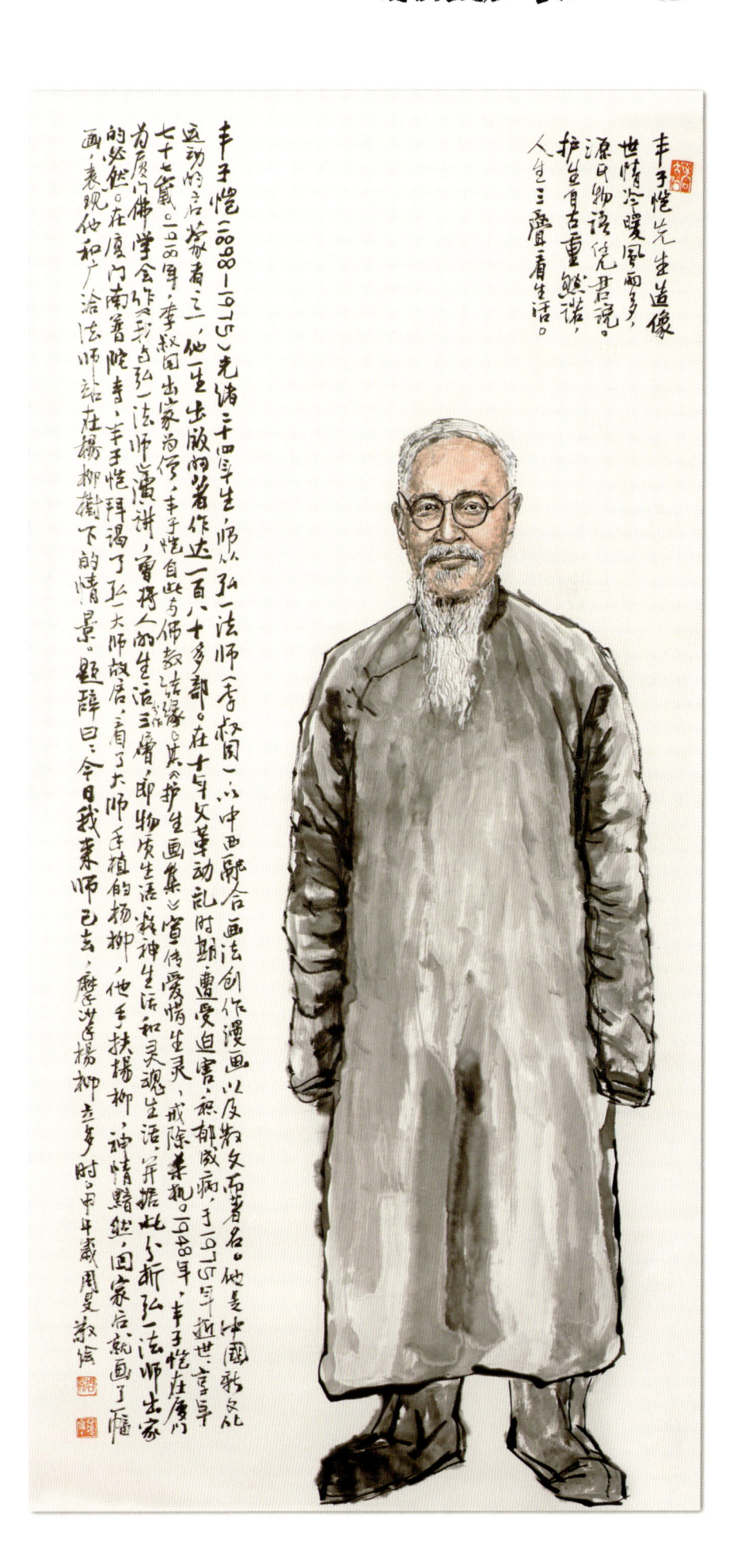

陈子奋（1898—1976），福建现代金石书画名家。祖籍福建长乐，生长于福州市。字意芗，号无寐等。其父吉光，业塾师，篆与印皆宗邓石如，陈子奋受其影响，从小即习篆刻，又好国画。年十六，出任小学图画教员，数年间先后历任职业学校及各中学教习席，二十几岁即以卖画自给。其画深得陈洪绶与任伯年用笔之精髓，所作白描勾勒，笔法挺劲，尤长花卉写生，徐悲鸿先生尊其为生平畏友。

1928年夏，徐悲鸿应邀来福州参加福建省美术展览会，两位艺术家一见如故。临别之际，徐悲鸿即席为陈子奋造像，陈子奋也为徐悲鸿刻了3个印章。离榕前，徐悲鸿又绘赠陈子奋一幅《伯乐相马图》，题跋云别之相惜之情："旷怀远志，品洁学醇，实平生畏友，吾国果文艺复兴，讵不如意芗者期之哉！兹将远别，怅然不释，聊奉此图，愿毋相忘。"抗战期间，陈子奋多次参加义务卖画，为抗战出力。

新中国成立后，陈子奋当选为省人大代表、省政协常委、省美协副主席、福州美协主席。"文革"中陈子奋身心受到严重摧残，但即使在遭批斗后回家仍然坚持作画写字刻印章，并创作一种"草钩法"，钩写结合，线条老辣雄健，别具风味。周旻并记。

张鼎丞（1898—1981），闽西革命根据地的主要创始人之一。福建永定人。1927年加入中国共产党。土地革命战争时期，参加并领导了龙岩、永定、上杭等县的农民武装暴动。1929年7月，张鼎丞任中共闽西特委委员、军委书记、红四军第四纵队党代表。同年12月，参加了在古田召开的中国共产党红军第四军第九次代表大会。会后跟随毛泽东、朱德同志转战赣南，1930年担任闽西苏维埃政府主席。1932年，被选为福建省苏维埃政府主席后，积极组织召开县、区、乡工农兵代表大会，成立苏维埃政府，为发展人民武装力量和建设革命根据地做出了重要贡献。这个时期，张鼎丞同罗明等一起，积极支持毛泽东的正确主张，同王明的"左"倾错误进行了坚决斗争。

中央红军长征后，张鼎丞同志任闽西南军政委员会主席，同邓子恢、谭震林等一起，在这个地区坚持了三年艰苦卓绝的游击战争。解放战争时期，任华中军区司令员，在山东工作期间，任中共中央华东局常委、组织委员会书记等职。

中华人民共和国建立后，任中共福建省委书记兼省人民政府主席、中共中央组织部第一副部长等职。1954年9月，在第一届全国人民代表大会上当选为最高人民检察院检察长。

1980年8月，在第五届全国人大三次会议上，张鼎丞主动辞去全国人大常委会副委员长的职务，以实际行动响应中共中央关于废除领导职务终身制的决定。1978年，五届全国人大一次会议通过了我国第三部宪法，决定重新设置人民检察院。在新宪法表决通过的那一刻，张鼎丞眼含热泪，拼命鼓掌。此时张鼎丞因为在"文革"中备受折磨，已经偏瘫六年了。

1981年12月16日，张鼎丞逝世。他的骨灰撒在他长期战斗过的八闽大地。甲午周旻为革命家张鼎丞造像。诗赞曰：

赤色理想播闽西，
风雨时穷现节义。
疗治煲汤当年事，
耕耘犹忆伴润之。

黄君璧（1898—1991），著名画家。原名韫之，号君璧，广东南海禄舟人，著名画家。家境富裕，古董字画收藏丰富。年少时就读于家中私馆，后于民国八年毕业于广东公学，喜观赏、收藏字画。民国十年（1921）经李瑶屏推荐，任教于广州培正中学，开始绘画教学之路。1937年，任徐悲鸿主持的中央大学美术系教授，两人共同执教长达11年。1949年迁居台湾，任台湾师范学院艺术系教授主任。多次在台北、加拿大、美国、新加坡、韩国举办画展。

黄君璧擅长画山水，传统功力深厚，经历了现代中国画的继承、演变和革新的过程。他从学国画之日起就兼学西画，是一位兼通西画的国画家，西方艺术界称其为"中国新古典派"。黄君璧晚年创作的山水画，即使是描绘壮丽的云海飞瀑，也透着一种平和宁静之意，虽然位高名重，身处大都会，却始终保持着情寄林泉的淡泊心境。黄君璧晚号君翁，与溥心畬、张大千并称"渡海三家"，为世人所重。甲午岁末周旻并记。

师人内省师造化，
中西互鉴聚才华。
胸中自有万丈瀑，
渡海三人说名家。

郑天挺（1899—1981），字毅生，原籍福建长乐，生于北京。著名历史学家、教育家。1920年于北京大学毕业后，参与厦门大学筹建与教学，兼任图书馆部主任。1922年入北京大学研究所国学门。1924年毕业后任教于北京大学、浙江大学。抗日战争爆发后，任西南联大教授、总务长，北京大学教授、文科研究所副所长。中华人民共和国成立后，任南开大学教授、历史系主任、副校长，《中国历史大辞典》总编。为第三、五届全国人大代表，中国民主促进会中央委员，中国史学会主席团主席。

郑天挺治学严谨，精于比证。早年受老师黄侃、刘师培等治学方法的影响较大。主张研究历史应从客观事实出发，学习历史的目的在于求真、求用，认为只有更多地占有资料才有说服力。郑天挺毕生从事中国古代史等学科的教学与研究，主要研究方向为明清史，为明清内阁档案的整理研究做出了贡献。有《清史探微》等著作。乙未初夏周旻并记。诗云：

浩瀚史籍伴一生，
求实求真座右铭。
饱读史书可医愚，
皇家档案说国情。

张大千（1899—1983），著名画家。四川内江人，中国泼墨画家、书法家。20世纪50年代，张大千游历世界，获得巨大的国际声誉，被西方艺坛赞为"东方之笔"。因其诗、书、画与齐白石、溥心畬齐名，故并称为"南张北齐"和"南张北溥"。与黄君璧、溥心畬以"渡海三家"齐名。廿多岁便蓄一大把胡子，成为其日后的特有标志。曾与齐白石、徐悲鸿、黄君璧、黄宾虹、溥儒、郎静山等及西班牙抽象派画家毕加索交流切磋。二次大战结束之后，多次在世界各地举办画展。张大千1949年离开中国大陆以后旅居世界各地。1976年后定居台北。

张大千在敦煌临摹壁画时，因为喜欢早期的壁画，而把外层的晚期壁画剥去，使壁画遭到破坏，引起后人诟病。

1949年的南京，正当飞往台北的飞机即将起飞的时候，一辆小汽车载着张大千冲进新津机场。张大千对时任国民政府教育部长的杭立武说，他带来了78幅敦煌临摹壁画，并请求与这批画同机撤离。杭立武深知敦煌临摹壁画的价值，但眼前的这架已经严重超载的飞机上，全是国民党要人及黄金等贵重物品，再也载不下一个人和78幅画的重量了。万般无奈之下，杭立武从飞机上卸下了自己的三件行李，行李当中有他毕生积攒的黄金。但是，他也提出了一个条件，希望张大千将画作捐出来。1969年，张大千兑现承诺，把这批画作捐给了台北故宫博物院。乙未年春节周旻并记于厦门。诗云：

大千世界波澜阔，
五岳烟霞彩墨多。
画到江流天地外，
等闲切磋毕加索。

吴浊流（1900—1976），台湾早期乡土文学作家。台湾新竹新埔镇人，幼时受日语教育，毕业于"台湾总督府国语学校师范部"，做过教谕、小学教员，后来因郡视学凌辱日籍教员，抗议无效，愤而辞职，因而结束了20年的教师生涯。1941年，曾赴南京任新报记者，一年后返回台湾，先后任台湾日日新报、台湾新闻、新生报、民报记者等。1936年开始写作。吴浊流是台湾早期的乡土文学作家，前期的小说以日据时期的生活为背景，代表作《亚细亚的孤儿》中主人公一句"你在这儿，最好不要承认自己是台湾人"，充分描写出日据时代台湾人的无奈。后期开始用中文创作《台湾连翘》等。作品把握社会变迁。乙未岁次初夏周旻为台湾作家吴浊流造像。诗云：

　　漂泊无根孤儿身，
　　开口言语颇费神。
　　弃民之后寻身份，
　　满纸辛酸藏我真。

冰心（1900—1999），原名谢婉莹，福建长乐人，中国诗人、现代作家、翻译家、儿童文学作家、社会活动家、散文家，晚年被尊称为"文坛祖母"。冰心1900年出生于福州一个海军军官家庭。1919年8月，冰心在《晨报》上发表第一篇散文《二十一日听审的感想》。1923年出国留学前后，开始发表总名为《寄小读者》的通讯散文，成为中国儿童文学的奠基之作。1946年被东京大学聘为第一位外籍女教授，讲授中国文学课程。

1951年回国。"文革"中冰心被抄家并进"牛棚"，烈日下接受批斗。1971年美国总统尼克松访华，冰心与丈夫吴文藻才从湖北咸宁五七干校回到北京，接受有关翻译任务。1999年2月，冰心因心脏病在北京逝世。享年99岁。

巴金说："一代代的青年读到冰心的书，懂得了爱：爱星星、爱大海、爱祖国，爱一切美好的事物。我希望年轻人都读一点冰心的书，都有一颗真诚的爱心。"甲午中秋前一日，周旻画于厦门。

林惠祥（1901—1958），中国人类学家，福建晋江人。1926年毕业于厦门大学，1927年秋，林惠祥考入菲律宾大学研究院人类学系，并跟从美国教授拜耶做人类学的研究工作。1929年任中央研究院特约编辑员，后参加该院民族组研究工作。1931年任厦门大学历史社会学系主任、教授。新中国成立后，任厦门大学历史系主任，林惠祥是我国第一个人类博物馆馆长。

林惠祥从事东南亚和和东南地区考古发现和民族调查研究，他是最早对台湾省高山族进行调查研究的学者。1929年和1935年他两次冒险只身深入日本侵占下的台湾，调查高山族并获得珍贵文物。抗日战争爆发后，他携带文物避难南洋，继续从事研究。其《文化人类学》一书确定中国人类学体系。周旻敬为林惠祥先生造像，诗赞曰：

学问从来问来历，
考古证言田野起。
二度入台寻高山，
文化人类建体系。

王亚南（1901—1969），现代中国著名的经济学家和教育家，厦门大学校长。大革命中他投笔从戎，在长沙参加北伐军。大革命失败后，王亚南来到杭州，寄居在杭州大佛寺。中国的寺庙除了养育和尚和山林外，也庇护了不少穷困的读书人。在困顿中王亚南结识了郭大力，在寻找变革社会的救国之道时，两人开始了从事《资本论》翻译的工作。"九一八"事变后，在日本留学的王亚南愤然回国。又因参加"福建事变"被通缉而亡命欧洲。

著名经济学家于光远评价王亚南两大成就：一是翻译《资本论》和以此为武器研究中国，二是为厦门大学的事业做出了巨大贡献。王亚南毕生从事马克思主义政治经济学研究，自1950年起任厦门大学校长。"文革"中王亚南遭受迫害，含冤而逝。甲午岁周旻敬为王亚南先生造像。诗云：

追寻济世路难开，
悟道动力资本来。
撑持大学重综合，
强国须待众英才。

林巧稚（1901—1983），中国妇产科学的主要开拓者之一。福建厦门人，清光绪二十七年（1901年）生于厦门鼓浪屿基督教徒家庭。1929年毕业于北京协和医院，获博士学位。她是第一位毕业留院的中国女医生。她是著名医学家、中国妇产科学的主要开拓者之一。她是北京协和医院第一位中国籍妇产科主任及首届中国科学院唯一的女学部委员（院士）。

林巧稚一生亲自接生了五万多婴儿，在胎儿宫内呼吸、女性盆腔疾病、妇科肿瘤、新生儿溶血症等方面的研究做出了贡献，是中国现代妇产科学的奠基人之一。被尊称为"万婴之母林巧稚"。林巧稚大夫说过，"生平最爱听的声音就是婴儿出生后的第一声啼哭"。甲午早春周旻敬绘。

仿佛黑夜盼黎明，
迎接生命婴啼声。
万婴之母万民敬，
博爱信仰写平生。

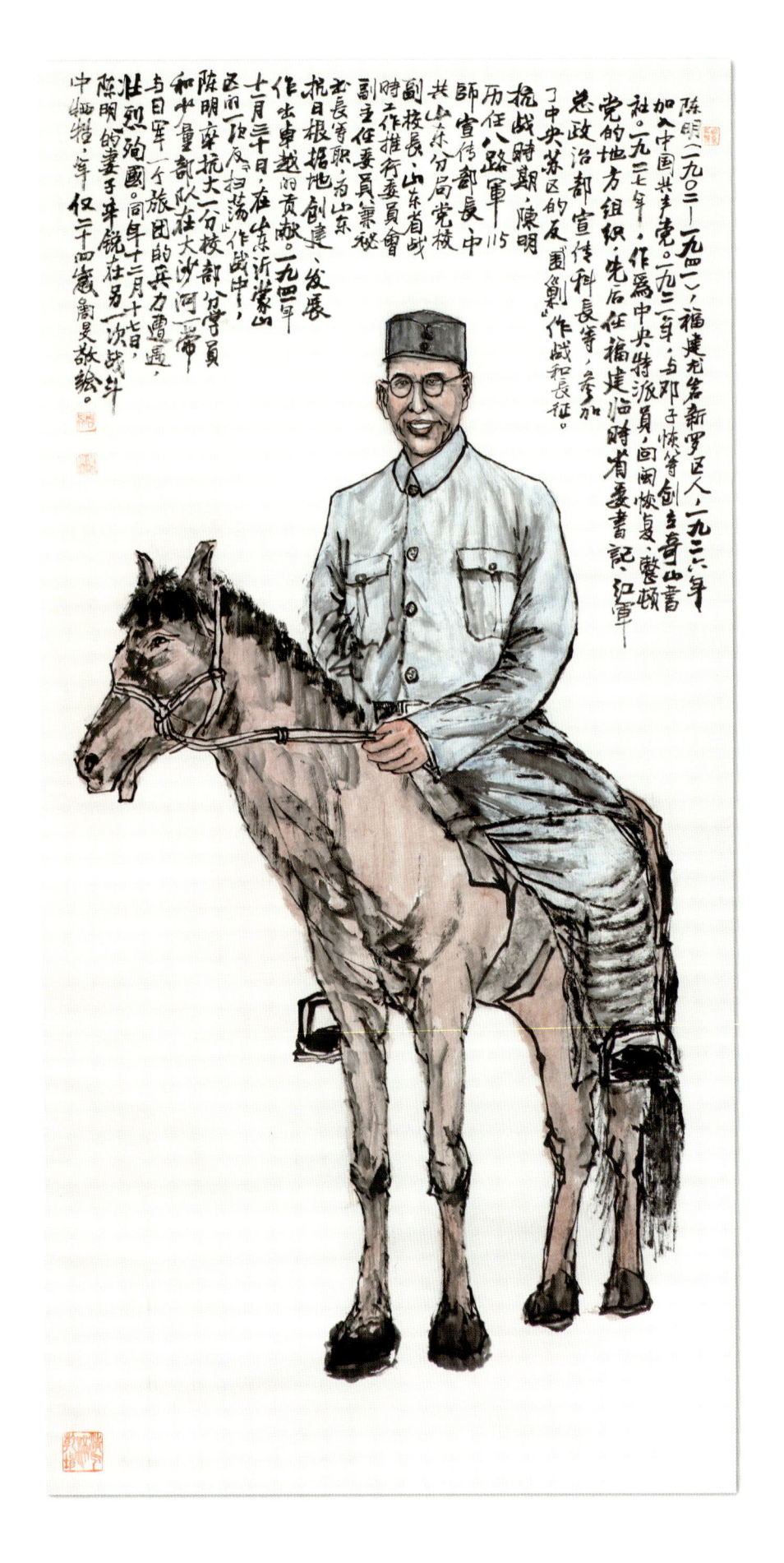

陈明（1902—1941），福建龙岩新罗区人。1926年加入中国共产党。1921年，与邓子恢等创立奇山书社。1927年，作为中央特派员，回闽恢复、整顿党的地方组织，先后任福建临时省委书记、红军总政治部宣传科长等，参加了中央苏区的反"围剿"作战和长征。抗战时期，陈明历任八路军115师宣传部长、中共山东分局党校副校长、山东省战时工作推行委员会副主任委员兼秘书长等职，为山东抗日根据地创建、发展作出卓越的贡献。1941年十一月三十日，在山东沂蒙山区的一次反"扫荡"作战中，陈明率抗大一分校部分学员和少量部队在大沙河一带与日军一个旅团的兵力遭遇，壮烈殉国。同年十二月十七日，陈明的妻子辛锐在另一次战斗中牺牲，年仅二十四岁。周旻敬绘。

陈明（1902—1941），抗日英烈。福建龙岩新罗区人，1926年加入中国共产党。1921年，与邓子恢等创立奇山书社。1927年，作为中央特派员，回闽恢复、整顿党的地方组织，先后任中共福建临时省委书记、红军总政治部宣传科长等，参加了中央苏区的反"围剿"作战和长征。抗战时期，陈明历任八路军115师宣传部长、中共山东分局党校副校长、山东省战时工作推行委员会副主任委员兼秘书长等职，为山东抗日根据地创建、发展做出卓越的贡献。

1941年11月30日，在山东沂蒙山区的一次反"扫荡"作战中，陈明率抗大一分校部分学员和少量部队在大沙河一带与日军一个旅团的兵力遭遇，壮烈殉国。同年12月17日，陈明的妻子辛锐在另一次战斗中牺牲，年仅24岁。周旻绘。

萨本栋（1902—1949），国立后的第一位厦门大学校长。字亚栋，福建闽县人，祖籍山西代县，电机工程学家及教育家。萨本栋出身于著名的福州色目人萨氏家族，因为先祖曾经世居雁门，故常称为雁门萨氏。元代末期，其中一支后人迁居福州，名列福州八大家族。幼时熟读四书五经，稍长接受现代教育，1921年毕业于清华学校，1922年赴美国留学，1924年毕业于斯坦福大学机械系，1927获得麻省五斯特理工学院博士学位。1928年回国担任母校清华大学教授。

1937年至1945年，担任改为国立后的第一位厦门大学校长。时值日本侵略中国，地处沿海的厦门大学受到战火波及。萨本栋带领厦门大学师生西迁闽西长汀，艰苦办学，培养出了众多优秀人才。萨本栋建设一流实验室，拆下自己专用小汽车发动机供师生照明用，自己住简陋宿舍而租酒店延聘名教授来闽西讲学，为抗战胜利后建设培养大批人才。厦门大学成为当时我国东南唯一最高学府。既为校长，兼课又多于常任教授，积劳成疾。萨本栋领导下的厦门大学被誉为"加尔各答以东第一大学"，"南方之强"，办学水平达到了一个空前的高度。萨本栋校长逝世后，其骨灰安葬在今厦门大学建南楼群附近。2015乙未年周旻敬绘，诗赞曰：

途遥路险入闽西，
营造新校苦坚持。
名校称誉东南日，
回望萨公已成疾。

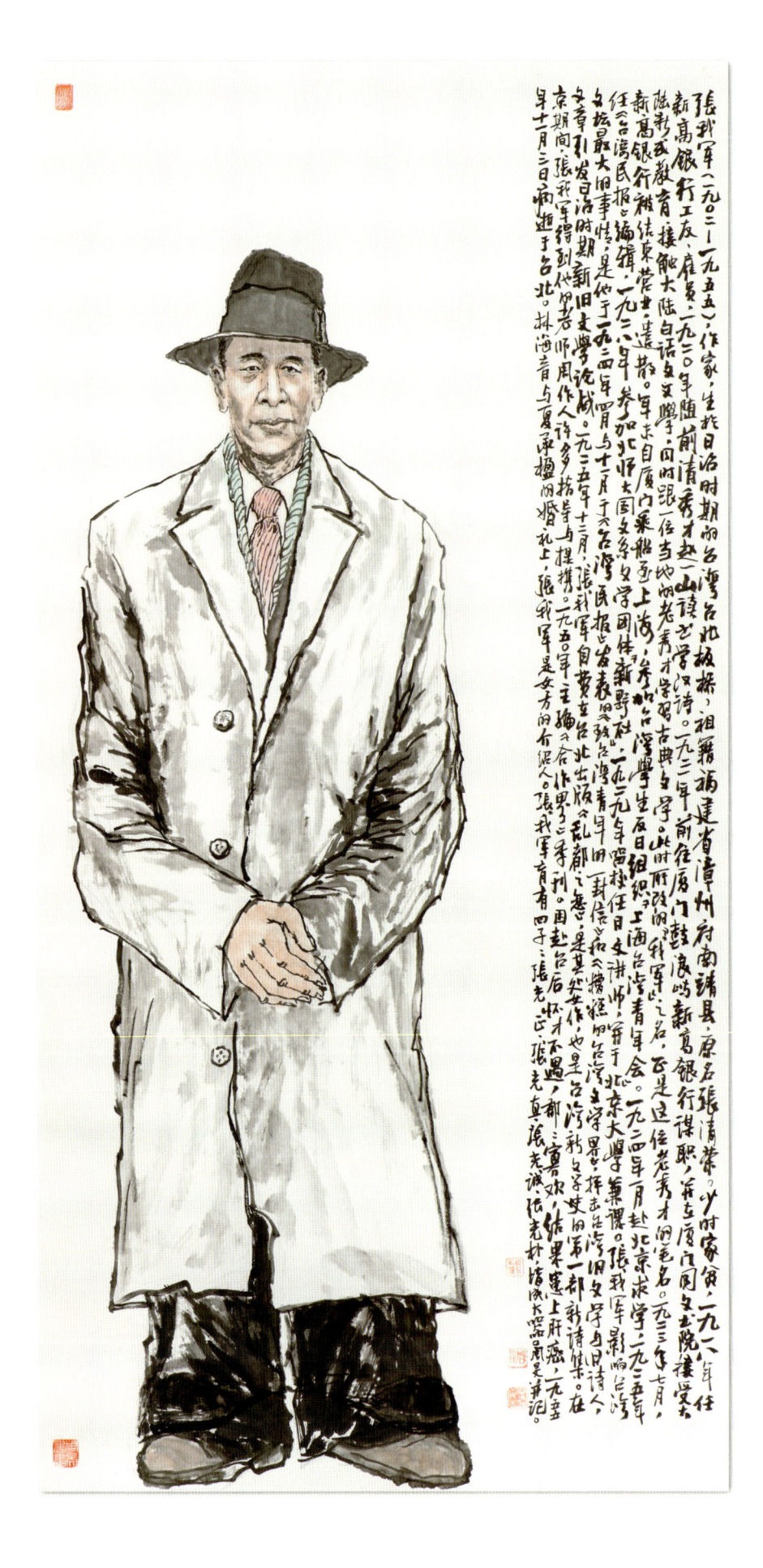

张我军（1902—1955），台湾作家。生于日治时期的台湾台北板桥，祖籍福建省漳州府南靖县，原名张清荣。少时家贫，1918年任新高银行工友、雇员。1920年前随前清秀才赵一山读书学汉诗。1921年前往厦门鼓浪屿新高银行谋职，并在厦门同文书院接受大陆新式教育，接触大陆白话文文学，同时跟一位当地的老秀才学习古典文学。此时所改的"我军"之名，正是这位老秀才的笔名。1923年7月，新高银行被结束营业，员工遣散。年末自厦门乘船至上海，参加台湾学生反日组织"上海台湾青年会"。

1924年1月赴北京求学，1925年任《台湾民报》编辑。1928年参加北师大国文系文学团体"新野社"，1929年留校任日文讲师，并于北京大学兼课。张我军影响台湾文坛最大的事情，是他于1924年4月与11月于《台湾民报》发表的《致台湾青年的一封信》和《糟糕的台湾文学界》，抨击台湾旧文学与旧诗人，文章引发日治时期新旧文学论战。

1925年12月，张我军自费在台北出版《乱都之恋》，是其处女作，也是台湾新文学史的第一部新诗集。在京期间，张我军得到周作人的指导和提携。1950年主编《合作界》季刊。因赴台后怀才不遇，郁郁寡欢，结果患上肝癌，1955年11月3日，病逝于台北。周旻并记。

张钰哲（1902—1986），中国现代天文学家，中华小行星的发现者。福州人，1919年考入清华学堂，1923年入美国芝加哥大学，1928年发现1125号小行星，命名为"中华"。他长期致力于小行星和彗星的观测和轨道计算工作，和他所领导的行星研究室发现了许多星历表上没有的小行星和以"紫金山"命名的三颗新彗星。哈佛大学天文台1976年10月23日发现的一颗小行星，命名为"张"，编号为2051号。1941年，中国境内的第一张日全食照片是他组织拍摄的。他第一次提出从研究哈雷彗星的回归，来解决"武王伐纣"究竟发生在哪一年的历史悬案。新中国成立后，张钰哲一直担任南京紫金山天文台台长，直至1986年去世。研究天文现象，不但是天文家的使命，古今中外的哲人和诗人，对星空也有分外的敬仰和向往。甲午霜降，周旻敬为天文学家张钰哲造像。

据说，在康德的墓碑上刻着这样一段话："有两样东西，我们愈往常愈持久地加以思索，它们就愈使心灵充满不断增长的景仰和敬畏：在我之上的星空和居我心中的道德法则。"

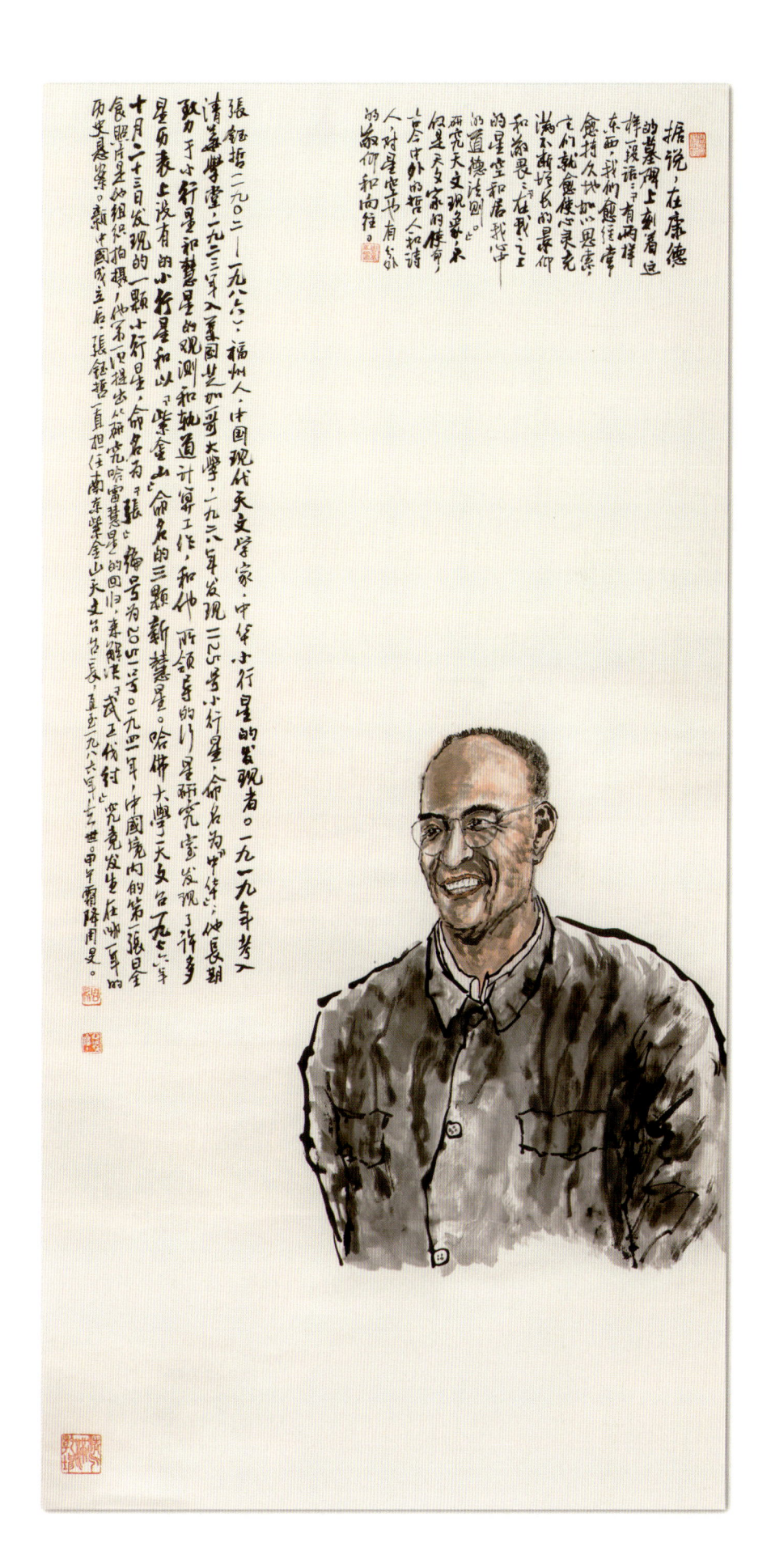

布拉顿（Brattain Walter Houser，1902—1987），出生于鼓浪屿。1956年他和美国贝尔实验室的肖光莱教授以及巴丁组成研究小组，研制成一种点接触型锗晶体管，是20世纪一项重大发明，获得诺贝尔奖。当年布拉顿之父是鼓浪屿一所教会学校的教员。布拉顿后来在他的传记自述中表示，对他的出生地鼓浪屿十分怀念。甲午之春，周旻检索鼓浪屿名人，特为布拉顿先生造像并赋诗曰：

雪泥鸿爪记事真，
潮汐往复说故人。
童年从来难忘却，
海风依旧草木深。

胡也频（1903—1931），作家、"左联"五烈士之一。原名胡崇轩，出生于福州。早年读过私塾，当过学徒。后被家人送到天津大沽口海军学校学习机器制造。后又去北京考大学，未被录取，在北京、烟台等地过了三四年的流浪生活，此时开始写小说。1924年与女作家丁玲结婚，1928年到上海主编《红与黑》杂志，次年与沈从文合编《红与黑》月刊和《人间》月刊。

1930年加入"左联"，被选为执行委员。1931年1月被国民党逮捕，2月8日在上海龙华被杀害，是"左联"五烈士之一。胡也频在小说、诗歌、戏剧创作上均有建树。甲午冬日周旻为"左联"烈士胡也频造像，诗赞曰：

左联六载聚精英，
人间此处寻光明。
鲁迅擎旗秋白语，
一抹殷红照丹青。

梁实秋（1903—1987），原名梁治华，出生于北京，浙江杭县（今余杭）人。笔名子佳、秋郎、程淑等。中国著名的散文家、学者、文学批评家、翻译家，国内第一个研究莎士比亚的权威，曾与鲁迅等左翼作家笔战不断。一生给中国文坛留下了两千多万字的著作，其散文集创造了中国现代散文著作出版的最高纪录。代表作有《莎士比亚全集》（译作）、《雅舍小品》、《英国文学史》等。

1923年8月赴美留学，取得哈佛大学文学硕士学位。先求学于科罗拉多学院，后求学于哈佛大学。这期间，给梁实秋影响最大的是哈佛大学比较文学的权威白璧德教授。此人了解中国传统文化，通晓儒道著作。不只是梁实秋崇拜他，梅光迪、汤用彤、吴宓、陈寅恪、林语堂都是他的粉丝。白璧德偏爱秩序、稳健、理性，抵触偏激、冲动、非理智的言行，与后来国内激进的左翼作家有着本质上的冲突。但这很合梁实秋的胃口，所以后来鲁迅批评他是"白璧德的门徒"。

梁实秋也曾是"五四"青年。"自从听过白璧德的演讲后，对于整个近代文学批评的大势约略有了一点了解，就不再对于过度浪漫以至于颓废的主张像从前那样心悦诚服了。"他如此分析自己信念的转变，开始用怀疑的眼光审视刚刚经历过的新文化运动，认为对"五四"运动应该以历史的眼光重新看待。1926年回国后，先后任教于国立东南大学、国立青岛大学（山东大学前身）并任外文系主任。1949年到台湾，任台湾师范学院英语系教授。1987年11月3日病逝于台北，享年84岁。周旻并记，诗云：

莎翁美意凭君传，
人生尚余四遗憾。
惜命不如惜时光，
晚年突发忘年恋。

陈文杞（1904—1941），抗日英烈。福建莆田人。1923年考入厦门集美师范学校。1925年，陈文杞考入广州黄埔军校第五期，进工兵科学习受训。1926年，陈文杞被分配到陆军第二十二师见习，参加北伐战争，1927年，陈文杞毕业于黄埔军校第五期后，又返回北伐军，先后担任连长、营长、大队长、团长和中校参谋等。抗战爆发后，陈文杞在对敌作战中建立战功，受到上峰的赏识。

1941年，陈文杞被上级选拔派遣到陆军大学学习深造，日军在华北发动大规模进攻，陈文杞立即放弃学习机会，主动要求参战。被任命为陆军第二十七师少将参谋长。中条山之战，陈文杞率部在闻喜、夏县等地与敌激战。日军向守军阵地施放毒气，我军死亡惨重。后该师余部转移至玉台寨村附近，遭日机狂轰滥炸时，陈文杞身先士卒，不顾生命危险，穿梭于枪林弹雨中，指挥官兵坚守阵地。在最危急的时刻，振臂大呼"有我无敌，有敌无我！"不幸壮烈殉国，终年仅37岁。甲午年周旻敬绘于厦门，诗赞云：

　　日军毒气横阵前，
　　英雄振臂身在先。
　　投笔从戎赴国难，
　　英魂长绕中条山。

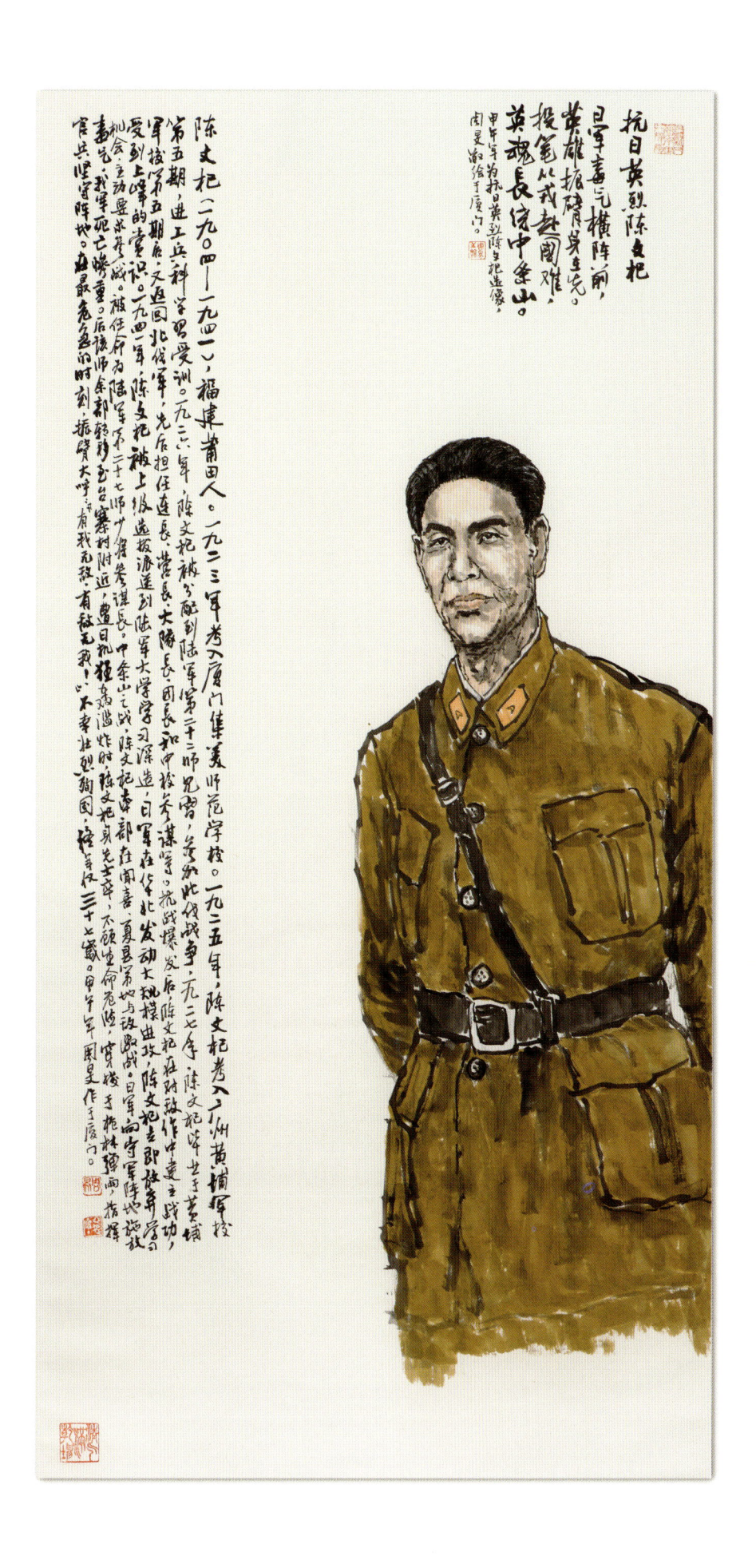

林徽因（1904—1955），中国著名女诗人、作家、建筑师。福建福州人，出生于浙江杭州。林徽因是人民英雄纪念碑和中华人民共和国国徽深化方案的参与设计者、建筑师梁思成的第一任妻子。林徽因的祖父林孝恂，进士出身。父亲林长民毕业于日本早稻田大学，曾任北洋政府司法总长等职。林徽因早年就读于北京培华女中。1920年4月，16岁随父游历欧洲，在伦敦受到房东女建筑师的影响，立下了攻读建筑学的志向。在此期间，她还结识了诗人徐志摩，对新诗产生浓厚兴趣。1924年6月，林徽因和梁启超长子梁思成同时赴美攻读建筑学。1928年春，她同梁思成结婚。从1930年到1945年，梁思成林徽因夫妇二人共同走了中国的15个省，190多个县，考察测绘了2738处古建筑物，很多古建筑就是通过他们的考察得到世界和全国的认识并加以保护。如河北赴州大石桥、山西应县木塔、五台山佛光寺等。1949年初古都北平被中国人民解放军包围，林徽因夫妇应解放军的请求，编写了《全国文物古建筑目录》。此书后来演变成为《全国文物保护目录》

在文学方面，林徽因著述甚多，包括散文、诗歌、小说、剧本、译文和书信等作品。代表作有《你是人间四月天》等。在林徽因的感情世界里有三个男人：一个是建筑师梁思成，一个是诗人徐志摩，一个是学界泰斗，为她终身不娶的金岳霖。林徽因曾经强烈抗议拆除北京牌楼。1955年4月1日，林徽因病逝于北京，年仅51岁。

汪曾祺先生的《金岳霖先生》记其细节，说是林徽因去世多年，金先生忽有一天郑重其事邀请一些至亲好友到北京饭店赴宴，众人大惑不解。开席前，他宣布说：今天是林徽因的生日！顿使举座感叹唏嘘。金岳霖在林徽因的追悼会上，写了一对挽联："一身诗意千寻瀑，万古人间四月天。"从此传诵。甲午之夏台风狂号，周旻又记。诗云：

岁月安好风云淡，
护持牌楼君抗颜。
一身诗意千寻瀑，
万古人间四月天。

卢毓骏（1904—1975），建筑设计名家。福建闽侯人。1921年赴法国勤工俭学，之后入巴黎国立公共工程大学学习，1925年在巴黎大学都市规划学院担任研究员。1929年回国，在南京考试院任职。1949年到台湾，并于1961年创办台湾中国文化大学建筑与都市设计系。主要建筑设计作品有南京考试院、台湾科学馆、台中日月潭玄光寺慈恩塔、考试院、中国文化大学校园规划及华冈校舍等。作为建筑师，卢毓骏旗帜鲜明地打出"中国现代建筑"的标志，志在将"新精神、新材料打入建筑，作为创造新建筑形态的源泉，同时又继起中国传统文化生命"。其特色为：近乎考证式的对中国宫殿式建筑造型的复古。甲午年为建筑名家卢毓骏造像周旻并记。诗云：

中西合璧思创意，
地面风光结构起。
古典精美存意念，
凝固音乐见补遗。

林俊卿（1904—2000），福建厦门人，声乐家。出生在厦门鼓浪屿廖家别墅。1940年获北京协和医院医学博士。1941年后跟意大利音乐家学声乐。新中国成立后，任上海声乐研究所所长。曾对咽音练声法进行研究，探索出一套以咽音为基础的练声体系。其著作被列为大学声乐系学生必读课本。甲午岁晚春为林俊卿先生造像。周旻并记。诗赞曰：

协和博士出美声，
咏叹调门响申城。
咽音八法循规律，
才艺未必靠天生。

罗扬才烈士造像
乙未岁盛夏周旻敬绘

罗扬才（1905—1927），革命烈士。广东大埔人。1921年到集美学校师范部学习，1924年毕业后考入厦门大学预科班，1925年升入教育系，并参加学生会的领导工作。1926年，罗扬才在厦门大学建立福建省第一个党支部，自任书记，并任厦门总工会首任委员长。1926年9月，鲁迅到厦门大学任教，罗扬才除听鲁迅的课外，还不时登门拜访，与鲁迅建立较为密切的联系。1926年10月，北伐军入闽西挺进闽南，消息传来，厦门工人极为振奋，在罗扬才的领导下，从影响最大的电厂工人罢工开始，拉开了声势浩大的"罢山罢海"斗争，为大革命时期厦门工人运动的先声。1927年4月9日，罗扬才被国民党反动派逮捕。5月23日，罗扬才高唱《国际歌》从容就义，时年22岁。甲午周旻敬绘于厦门。

梁遇春（1906—1932），我国著名的散文家和翻译家。福建闽侯人，梁遇春早年师从叶公超等名师，毕业于北京大学英文系，因成绩优秀留系里任助教，后在北大图书馆负责管理北大英文系图书。1932年夏因染急性猩红热，猝然去世，年仅27岁。

梁遇春一生的散文创作正如他在《谈"流浪汉"》里所说的，"溶入生命的狂潮里写作"，率真随兴，昙花一现。梁遇春散文的感伤色彩、夹叙夹议以及辞藻的华美等创作风格，深受英国散文家查尔斯·兰姆的影响。《英国小品文选》是梁遇春流传最广、影响最大的一部译作。甲午岁周旻为闽人梁遇春造像并以诗记之。

夏花春醪意趣浓，
如歌妙语皆动容。
英伦小品醉兰姆，
至今留韵伤感风。

林同济（1906—1980），有评价认为，中国近百年算得上通人的，除了胡适、陈寅恪、钱锺书外，林同济是一位。很多人是在学习现代思想史讲到"战国策派"时，才听到林同济的名字。林同济，笔名耕青，福建福州人。16岁在北京崇德中学毕业，考入清华学校高等科。20岁赴美留学，专攻国际关系和西方文学史，兼及文学、哲学。

林同济是一个在民疲国破环境中被逼迫出来的民族主义者。他受尼采的影响，自感有厘清国运、一新国运的担当。他1930年写的《日本对东三省的铁路侵略：东北的死机》一书，预言了一年后的日本侵略。他此后的思想，尚武崇力，要让中华民族在世界大战的环境中，以战为机，经战火的淬炼，打一场从国家战争到民族文化的翻身仗。这为他赢得了不虞之誉，也遭到求全之毁。

1949年以后，林同济作为右翼思想家，只能收翼归山，大隐隐于艺文。这位美国加利福尼亚比较政治学博士，成了中国研究莎士比亚学的名家，以及研究李贺诗的专家。林同济在这两个领域的观点都是不可忽视的。林同济对画学也很有心得，他对画境的阐发，倾倒了大画家朱屺瞻。1980年，林同济在赴美讲学期间病逝。主要译作有：《哈姆雷特》等。甲午周旻用宿墨画林同济先生，并以诗记之。

浴血之中求重生，
武弱文贫须斗争。
宏论数篇战国策，
甲午回眸事竟成。

沈耀初（1907—1992），福建省诏安县人，受家乡著名画家沈镜湖先生指导，继而入美专攻读，技艺日进，毕业后在家乡教书育人，又创办燕石画社，以作画为乐。1948年，沈耀初应朋友之邀，只身赴台湾谋生求艺，不料从此海峡隔绝，孤身一人滞台，教书谋生之余，索居独处，不思茶饭，唯以精研书画名家真迹为人生乐事，40余年如一日。20世纪70年代末与张大千等被台湾省遴选为台湾当代十大名画家，并于1974年获得台湾省画学会最高荣誉"金爵奖"。1975年后，先后在40多个国家和地区举办个展或联展，作品被国内外诸多博物馆收藏。沈耀初曾说："我这一生和富贵无缘。"他的画自成风貌，被誉为"继吴昌硕之后一盏大写意画的明灯"。出版有《沈耀初书画集》、《沈耀初评传》等。

1986年，沈耀初携多年积蓄的资金和毕生创作的书画作品回到福建诏安，1990年在故乡斥资兴建沈耀初美术馆，后逝世于故乡。2015年夏周旻并记。

沈觐寿（1907—1997），书法家。字年仲，号静叟、遂真园翁，福州市人。生前历任福州画院副院长、福建书协副主席、福建文史馆馆员等。沈觐寿是沈葆桢曾孙、林则徐外玄孙。出生于香港，18岁返福州、迁入祖居。民国时曾任厦门警察局秘书。沈觐寿生活在新旧交替时代，一方面得到传统文化熏陶，一方面受西方文化教育。他以最大的热情与毕生精力倾注书法事业。其金石书画、真草隶篆兼通，尤以颜真卿、褚遂良二体为最，形成纯正雄强的沈觐寿书法风格，成为20世纪有影响力的书法家。甲午周旻并记。

陶铸（1908—1969），厦门破狱斗争的领导者。杰出的无产阶级革命家，党和国家的卓越领导人。他一生为民族独立、人民解放和国家富强做出了重要贡献。1930年，时任中共福建省军委秘书的陶铸等同志，领导了厦门破狱斗争，成功营救出被关押的同志。破狱斗争震惊了海内外。著名作家高云览以此事件为背景写下了著名的长篇小说《小城春秋》。陶铸在"文革"中遭到迫害和打击，1969年在合肥含冤病逝。

陶铸同志说："理想问题，对每一个人来说，都是一个重要问题，对于社会主义社会里的年青人来说，更是一个大问题。"又说："在我国的历史上，许多民族英雄、人民英雄、大发明家、科学家，都是一些有伟大理想的人。"

甲午年三月敬为陶铸同志造像，并录其赠夫人曾志诗《赠曾志》：

重上战场我亦难，
感君情厚逼云端。
无情白发催寒暑，
蒙垢余生抑苦酸。
病马也知嘶枥晚，
枯葵更觉怯霜残。
如烟往事俱忘却，
心底无私天地宽。

廖海涛（1909—1941），抗日英烈。福建省上杭县溪口乡人。1929年参加闽西暴动，曾任中共上杭武平县县委书记、县苏维埃政府主席。1938年，闽西南游击队改编为新四军第二支队第四团后，相继任四团政治部主任、团政委和二支队副司令员兼政治部主任。1941年，任新四军第六师十六旅政委。1941年11月27日深夜，他所率部队在马村与日伪军展开激烈战斗，在激战中，廖海涛小腹部中弹，仍继续指挥部队击退敌人进攻。终因伤势过重壮烈牺牲，时年32岁。同时牺牲的还有该旅旅长罗忠毅。廖海涛、罗忠毅牺牲后，新四军军部通电全军沉痛悼念。

廖海涛是抗战中牺牲的福建籍新四军最高将领。2014年9月1日，中华人民共和国民政部公布第一批在抗日战争中顽强奋战、为国捐躯的300名抗日英烈和英雄群体名录，廖海涛名列其中。

据当年日军随军记者拍摄的照片，日军为在江苏溧阳塘马血战中牺牲的新四军将领廖海涛重新下葬并立碑，以敬其勇。塘马一战，罗忠毅、廖海涛及272名指战员牺牲，换取了1000余人突围，保存了我党在苏南抗战的骨干力量，重创了日军，甲午岁周旻为抗日英雄廖海涛造像，诗赞曰：

敌为树碑敬其勇，
塘马血战忆英雄。
手捧热肠疾呼起，
英灵犹在往前冲。

高捷成（1909—1943），福建龙溪海澄县（今漳州龙海市）人，1932年加入中国共产党。1926年参加国民革命第一军，曾入厦门大学学习。1932年，红军攻克漳州时，随林伯渠到中央苏区参加工农红军，历任宣传队长、会计科长、总务处长等职。

1934年参加长征。高捷成是晋冀鲁豫边区金融事业的奠基人。1938年任冀南税务总局局长、晋鲁豫财经处处长，1939年秋任冀南银行行长兼政委，主持了冀南货币的发行和流通，并逐步扩大到太行、冀鲁豫及黄河以南四个行署，成为当时各解放区中流通区域最广的一种货币。

1943年，日寇疯狂"扫荡"太行山抗日根据地，5月14日，高捷成在河北邱县白鹭角村与日军遭遇战中身负重伤，为了保住机密文件，他拒绝逃跑并掩护同志突围，英勇牺牲在敌人的刺刀之下，时年34岁。乙未年为民政部公布三百抗日英烈之高捷成造像，周旻记之并诗赞曰：

九龙江畔木葱茏，
少年投笔意从戎。
烽火边区金融业，
红色行长步匆匆。

林谋盛（1909—1944），抗日英烈。抗日136部队马来亚华人区区长。福建南安人。16岁往新加坡莱佛学院学习，毕业后到香港大学攻读商科。1929年其父病逝，遂返新加坡继承父业。初时经营砖瓦厂和饼干厂等企业，不到10年宏图大展，被举为新加坡建筑工会会长、中华总商会董事、福建会馆执委兼教育主任。

1937年抗日战争爆发，林谋盛参与发动侨界抵制日货，筹集赈款，支援抗日，尤以与庄惠泉等发动丁加奴州日本经营的龙运铁矿罢工事件影响最大。1941年12月，日本南侵，他出任新加坡华侨抗敌动员总会执委兼劳动服务团主任，并组织华侨抗日义勇军。1942年2月，当英殖民军撤退之际，义勇军即开赴前线，与日军战斗4天4夜，消灭大量入侵之敌。

新加坡沦陷后，谋盛家庭被抄，家属被捕8人。他绕道回到重庆，任国民政府军事委员会咨议及福建省临时参议员。1942年夏，奉命到印度组织中国留印海员战时工作队，任组训委员兼总务组长。不久，中英两国政府协议，由中国政府选派优秀青年百人参加组建"一三六"部队，与英方配合，参加收复新、马的敌后活动，他任"一三六"部队马来亚华人区长。授衔上校。1943年11月，"一三六"部队人员潜入敌后开展活动。1944年5月27日，林谋盛不幸被捕，坚贞不屈，6月29日壮烈牺牲。

抗日战争胜利后，国民政府追赠林谋盛为陆军少将，下令褒扬。2015年8月，中华人民共和国民政部公布第二批六百抗日英烈，林谋盛榜上有名。诗云：

继承父业展宏图，
领衔侨界抗敌侮。
华人区长潜敌后，
热血青春秉笔书。

罗明（1909—1987），革命家。广东大埔县客家人。1925年加入中国共产党。曾任中共汕头地委书记、闽南特委书记、福建省委书记。早年考入集美师范学校，受"五四"运动影响，在国共合作期间，他与广东社会主义青年团取得联系，在集美成立国民党左派组织，与该校进步师生一起领导革命活动。1928年去莫斯科出席中共第六次全国代表大会。1931年后任中共闽粤赣特委组织部部长、福建省省委代理书记，因拥护和贯彻毛泽东关于开展游击战争，集中优势兵力，各个击破敌人的战略方针，1933年被作为"罗明路线"的代表遭到王明"左"倾冒险主义的错误批判。后调到瑞金中央党校工作。长征时，罗明任中央党校教育处处长，在随军途中受伤。

遵义会议后，组织决定留他与夫人谢小梅在贵阳开辟黔川滇边区，但他与当地党组织未取得联系，生活亦难以维持，只得在安顺城里当清洁工，晚上住在城门洞中。后来，他到上海寻找党组织又未果，因此失掉了组织关系。1936年冬，他回到家乡大埔任百侯中学代理校长，与张鼎丞、方方以及大埔县县委书记肖明取得联系，又投身革命工作。新中国成立后，罗明出任南方大学副校长，广东民族学院院长，广东省民族事务委员会主任、省政协副主席、省人大常委会副主任，全国政协常委。1980年10月，经中共中央批准，罗明恢复党籍。2015年乙未岁梅雨时节，周旻并记。诗赞曰：

荆棘编制成桂冠，
安顺城头觅食难。
灵魂深处有明灯，
逆境丛生不胆寒。

虞愚（1909—1989），浙江山阴人。字佛心，号德元。民国十三年入武昌佛学院，从学于太虚大师。民国十八年转入厦门大学，专门研究哲学。时曾至闽南佛学院研读，并从吕澂学因明学。后以因明学之研究著称。出生于厦门的虞愚，幼年在厦门就读，初入厦门敦品小学，毕业后继入厦门同文中学。他在校期间因读章太炎、梁启超等人佛学著作，深受感动，向往研究佛学。弘一大师驻锡厦门万石岩，虞愚时往参谒请益。此前，虞愚在南京监察院任职时，在书法上得到院长于右任先生指点。此际参谒弘一法师，书法上得到法师的启迪。

新中国成立后，虞愚在厦门大学任教，后奉调至北京，担任中国佛学院教授。并任中国社会科学院哲学研究所研究员，为中国培育出第一个汉传佛教的因明学硕士。1989年7月28日，虞愚病逝于厦门。甲午岁立夏后二日周旻敬绘于厦门。诗云：

逻辑因明学问深，
几回巧遇大师门。
同文顶上忆故事，
墨痕犹在屋漏痕。

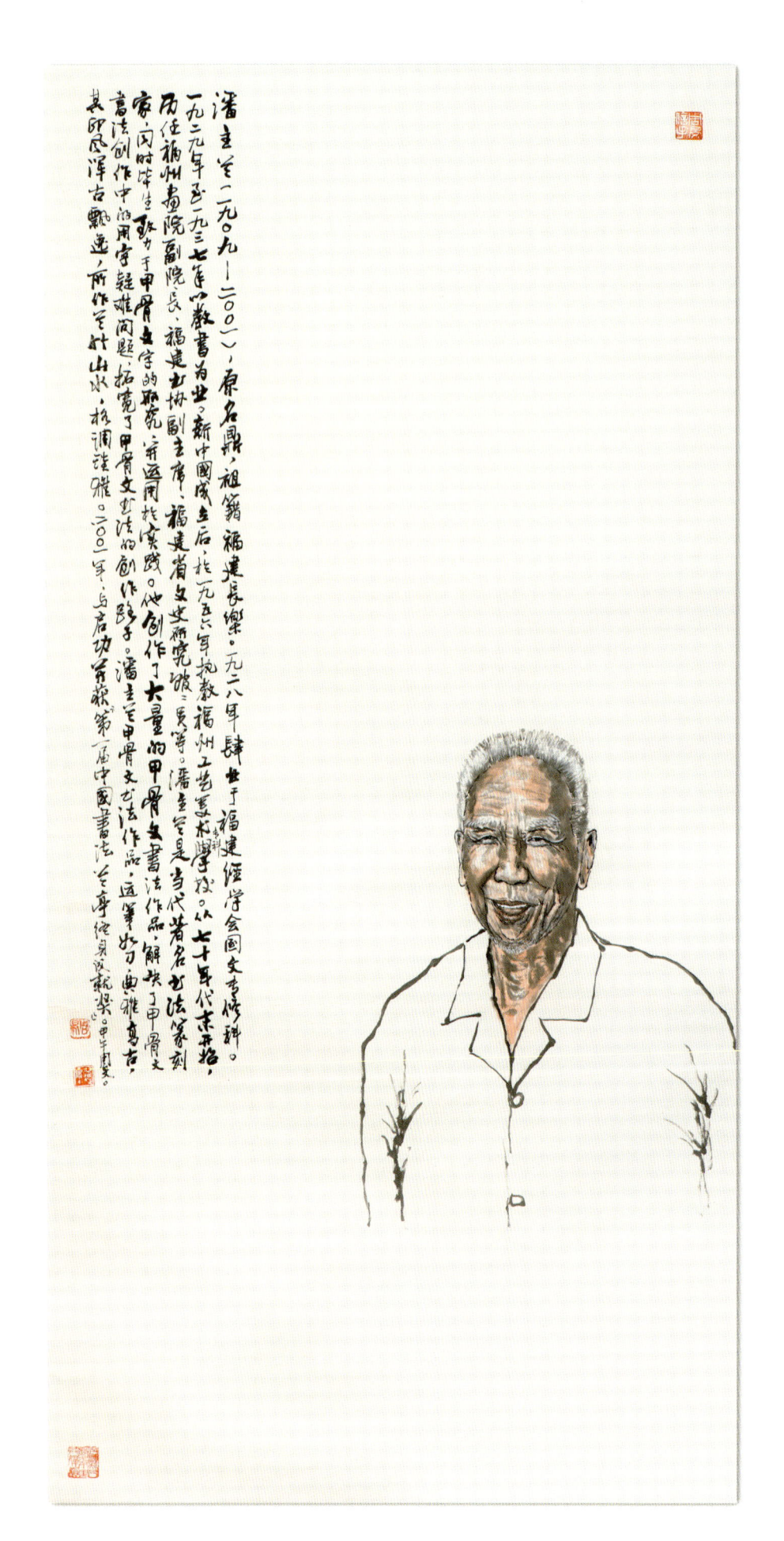

潘主兰（1909—2001），甲骨文书法家。原名鼎，祖籍福建长乐。1928年肄业于福建经学会国文专修科。1929年至1937年以教书为业。新中国成立后，于1956年执教福州工艺美术专科学校。从70年代末开始，历任福州画院副院长、福建书协副主席、福建省文史研究馆馆员等。潘主兰是当代著名书法家篆刻家，同时毕生致力于甲骨文字的研究，并运用于实践。他创作了大量的甲骨文书法作品，解决了甲骨文书法创作中的用字疑难问题，拓宽了甲骨文书法的创作路子。潘主兰的甲骨文书法作品运笔如刀，典雅高古，其印风浑古飘逸，所作兰竹山水格调淡雅。2001年，与启功并获"第一届中国书法兰亭终身成就奖"。甲午周旻并记。

高云览（1910—1956），归侨作家。出生于福建厦门一个开小酒店的华侨家里。幼年时家中生活贫苦，小学毕业后失学两年，中学一年是他的全部学历。在上海曾加入左联。1937年，高云览离开厦门，前往新加坡，长期在新加坡、马来西亚从事进步文化活动，曾得到华侨许东亮先生的帮助。新中国成立后，高云览把他在海外经营的公司连同轮船资产全部无偿献给国家。1956年高云览得肠癌，英年早逝。半年后，以厦门破狱斗争为背景的遗著《小城春秋》正式出版。甲午岁周旻并记。诗云：

左联烙印作主张，
救亡文字在战场。
南洋滋养才子笔，
小城春秋画卷扬。

刘亚楼（1910—1965），福建龙岩武平县客家人，一九二九年八月加入中国共产党，同年底参加红军。无产阶级革命家、军事战略家、中国人民解放军空军上将，中国人民解放军第一任空军司令员。抗战时期与解放战争时期屡立奇功，有"智将"的美誉。文革前夕病逝，享年五十五岁。二〇一五年周旻敬绘。

刘亚楼（1910—1965），空军上将。福建龙岩武平县客家人，1929年8月加入中国共产党，同年底参加红军。无产阶级革命家、军事战略家、中国人民解放军空军上将，中国人民解放军第一位空军司令员。抗战时期与解放战争时期屡立奇功，有"智将"的美誉。"文革"前夕病逝，享年55岁。2015年周旻敬绘。

黄祯祥（1910—1987），病毒学家，中国科学院院士。福建厦门人。生于鼓浪屿，1934年毕业于北平协和医学院，获医学博士学位。黄祯祥留学美国期间，首创了引起世界病毒学界瞩目的病毒体外培养新技术，为现代病毒学奠定了基础。此时，正值抗日战争阶段，中华民族处于危急存亡关头，他毅然谢绝美国方面的一再挽留，于1943年年末怀着忧国忧民之心，抱着科学救国的理想返回祖国，到重庆中央卫生实验院医理组担任主任。抗战胜利后，他回到北平任中央卫生实验院北平分院院长。北平解放前夕，他选择了留下来等待新中国诞生的道路。

黄祯祥第一次使病毒定量测定的显微镜观察法革新为肉眼观察法，首先发现自然界中存在着不同毒力的乙脑病毒体，并对其生态学与流行的关系、变异的规律进行研究。甲午小满后一日为鼓浪屿黄祯祥先生造像。周旻并记。

协和博士苦研读，
病毒犹须细分株。
归来万里心似箭，
修得本事救民族。

傅衣凌（1911—1988），中国历史学家。中国社经济史学主要奠基者之一。原名家麟，笔名休休生。福州人。1934年毕业于厦门大学历史系。1935年赴日本法大学研究院攻读社会学，1937年夏回国。抗日战争爆发后，积极投身救亡运动。1947年加入民盟，1950年回厦门大学工作，历任中国经济史学会副会长、厦门大学副校长、历史系主任、历史研究所所长等职，为全国政协委员，民盟福建省副主委。1980年加入中国共产党。

50年代以后，他以探究中国封建社会长期迟滞问题为核心，集中研究明清社会经济史，提出中国封建社会弹性论、乡族论、资本主义萌芽论等比较系统的独到见解，受到海内外学术界的瞩目和重视。著有《明清社会经济变迁论》、《明清封建土地所有制论纲》等。傅衣凌的研究将社会史和经济史相结合，吸取传统学术和西方社会学、经济学、民俗学的长处，注重民间文献证史，首先利用前人很少注意的契约文书、族谱、地方志来研究经济史。乙未岁夏日周旻并记于厦门。

郑乃珖（1911—2005），画家。福建福州人，号江声外史、沙堤璞夫、壁啸，晚年又号壁寿翁。郑乃珖是当代中国画坛承前启后、风格独具的名画家和艺术教育家。青年时期辗转于闽、粤、港、台及南洋，办展出集，声名鹊起。中年后客居古都长安，先为西北美协国画研究室专业画家，后任教于西安美术学院，桃李满天下。其间佳作泉涌，画坛为之震动。"文革"后退休回家乡福州潜心创作，绘艺愈加炉火纯青。其间主持美协、画院工作，建树颇多，德高望重，清名远播。郑乃珖兼擅花鸟、山水、人物，尤以工笔花鸟闻名当代。2015年春天为郑乃珖先生造像，周旻并记。

诗赞曰：

瑰丽凝笔端，
画艺识为先。
岁老根弥壮，
游鱼水净莲。

苏精诚（1912—1941），抗日英烈。福建省海澄（今龙海）县人。就读于厦门美术专科学校时加入少年共产主义青年团和反帝大同盟。1932年返回海澄组织游击队，并率队参加中国工农红军。同年加入中国共产党。1936年，在西北军中做统战工作。抗战爆发后任八路军115师教育股长，参加平型关战斗。1938年6月，调任119师385旅政训处主任等职。1939年2月10日，随386旅参加威县香城固战役，率宣传队至前线宣传鼓动激励士气，并参加战斗。6月，任旅政治部主任。1940年6月兼任太岳军区政治部主任。1941年1月28日，在山西韩璧战斗中牺牲。时年29岁。周旻敬绘，诗赞曰：

大道至简整衣冠，
先贤尽瘁赴国难。
英雄长留天地骨，
烛光泪眼婆娑看。

邓拓（1912—1966），中共宣传战线重要成员。原名邓子健、邓云特，笔名马南邨、左海等，福州人。长期担任人民日报社社长等中央主要宣传机构领导职务。后因多次未能领会毛泽东政治部署之意，而遭到训斥，并被撤销在人民日报社的实际职务，"文革"前夜因政治批判而自杀身亡。著有《燕山夜话》、《三家村札记》等杂文集。

1979年2月，中共中央为邓拓平反并恢复名誉。1979年9月6日下午，胡耀邦主持邓拓追悼大会，给予邓拓极高的评价，称其为优秀党员、忠诚的无产阶级革命战士。甲午周旻敬绘。

廖沫沙《挽邓拓》诗：

岂有文章倾社稷，
从来佞幸覆乾坤。
巫咸遍地逢冤狱，
上帝遥天不可闻。
海瑞罢官成惨剧，
燕山吐凤发悲音。
毛锥三管遭横祸，
我欲招魂何处寻？

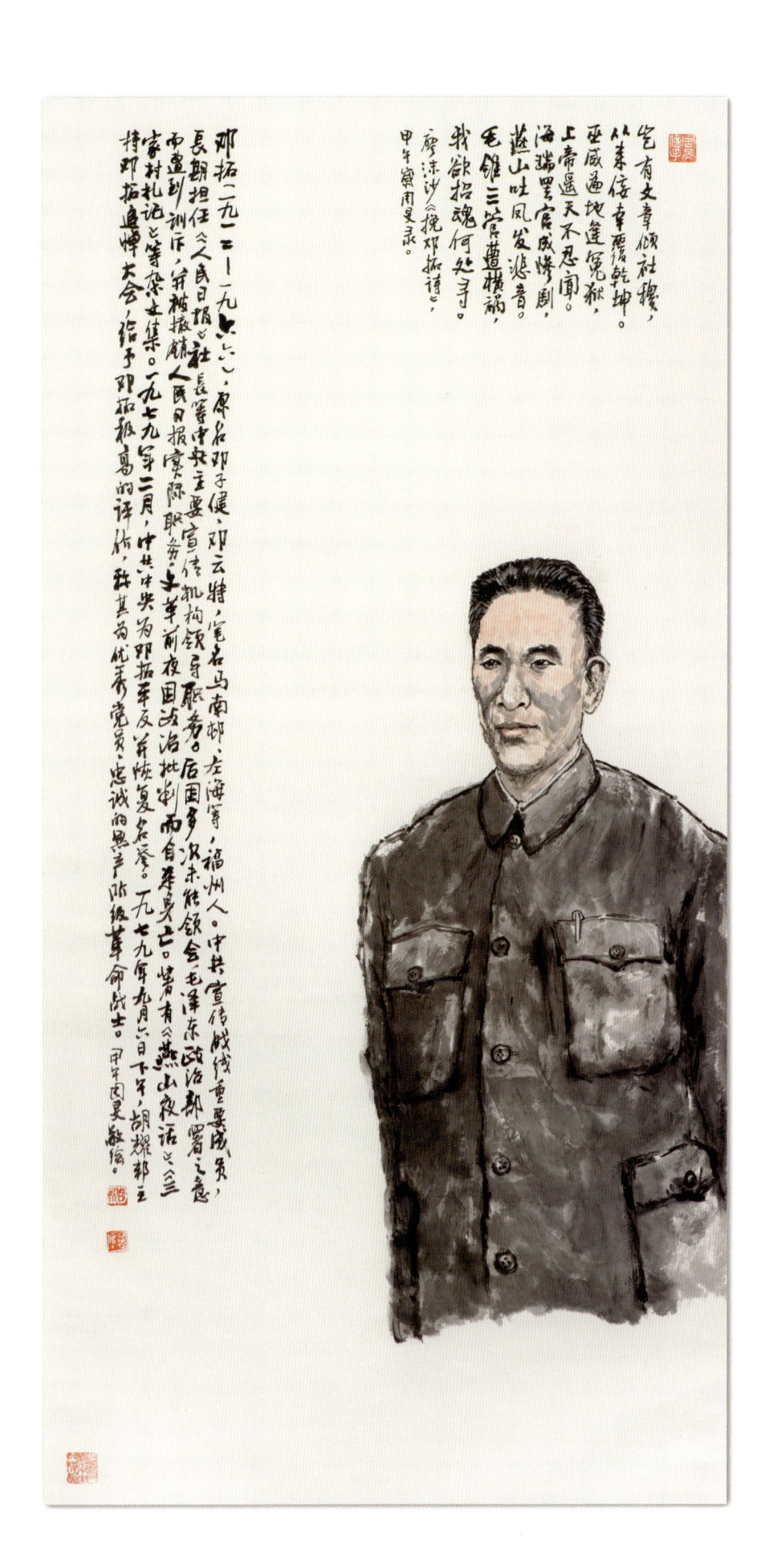

黄寿祺（1912—1990），著名学者。字之六，号六庵，福建霞浦县盐田人。民国元年生于清末秀才家庭。曾任福建师范大学教授、副校长。著名易学专家。著有《六庵诗选》、《周易译注》等。黄寿祺治学严谨，学识渊博，待人诚恳，诲人不倦。平时生活俭朴，乐于帮助别人解决困难，不图回报。所写诗句如"愿将暮齿为蚕烛，放尽光芒吐尽丝"等，可见其高尚精神。甲午周旻敬绘。

郑朝宗（1912—1998），别号海夫，福州人。1936年毕业于北平清华大学外国语文学系，曾留学英国剑桥大学。1938年以来，长期执教于厦门大学中文系。他从大学二年起就喜欢弄笔，常在《清华周刊》副刊及林语堂主编的《人间世》、《宇宙风》等刊物上，用笔名或真实姓名发表散文小品。回福建省工作后，省外刊物来约者大都不应。平生深愿本省文化恢复到严复、林纾时代居国内前列的水平。故常自充"叫旦之鸡"，不断呼唤后起之秀奋发图强，努力写作。他不是一个思想家，但他热爱真理，热爱祖国，每写文章总想灌注一点爱国主义或卫护真理的思想。这是自然的，因为他的一生，除近期外，几乎都是在万方多难和是非淆乱的环境中度过的。

郑朝宗先生首次在厦门大学开《管锥编》选读时，余曾任该门课程的科代表，听郑朝宗先生开讲"但开风气不为师"，首倡钱锺书研究，即"钱学"。郑朝宗先生描写鼓浪屿的美文，如《海色》、《天痕与天容》、《绝代佳人鼓浪屿》等发表在《厦门日报》副刊《海燕》上。甲午之夏，翻阅郑朝宗先生的旧作，感念师恩。郑先生说过："千千万万的智者和志士仁人，他们生前发出的光和热永存人间，虽然他们的名字不一定都挂在人们的口上。"甲午2014年7月30日凌晨周旻并记。乙未之夏为郑朝宗先生造像，周旻重绘于厦门。诗赞曰：

剑桥归来会群贤，
但开风气敢为先。
动容读罢《怀清录》，
犹记《管锥》诵真言。

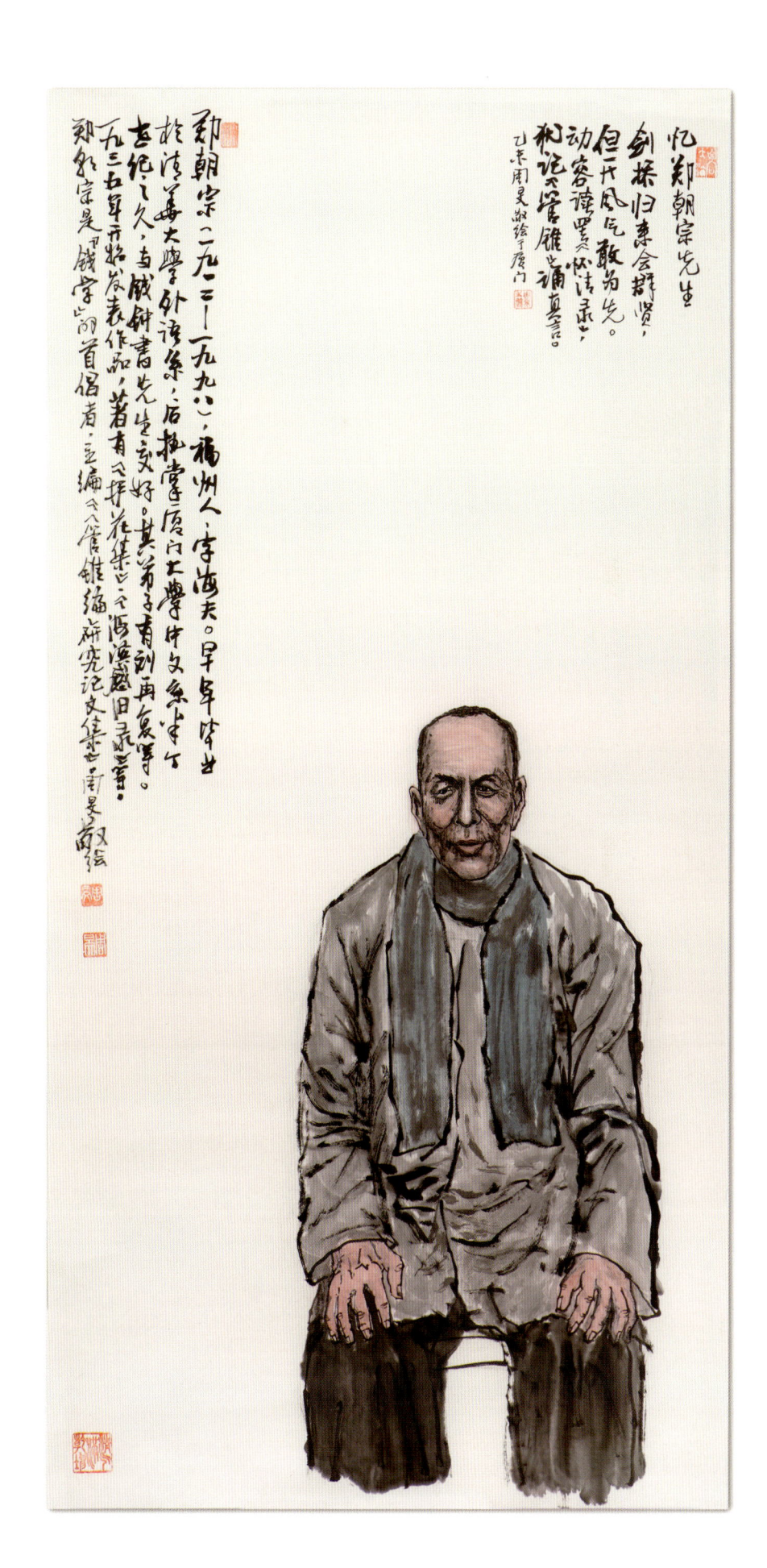

邵江海（1913—1980），歌仔戏剧作家、演员、导演、琴师、乐器工艺家，芗剧奠基人。祖籍福建龙海，出生于厦门，家里以卖油条鲨鱼肉等食物谋生。师承台湾温红涂等先生学习歌仔戏音乐艺术。1938年起，漳州地区国民党执政当局查禁台湾歌仔戏，包括台湾歌仔戏音乐、乐器。邵江海与师兄弟林文祥等合作，做了许多改革，发明六角弦这种新的胡琴类乐器代替壳仔弦，以皮面三弦代替台湾月琴，以洞箫代替台湾笛，成为新的伴奏组合，并发展出以杂碎仔调（后流行到台湾被称为都马调，非常风行）为主的系列改良调和演唱改良调的改良戏。著有《李妙惠》、《白扇记》等歌仔戏剧本多部。1958年起在漳州艺术学校教授歌仔戏。"文革"中受到迫害。乙未年元宵，周旻为歌仔戏名家邵江海先生造像，诗云：

杂碎调门抚酸辛，
颠簸之路思改琴。
唱到情浓伤心处，
山海腾挪扣弦音。

盛国荣（1913—2003），著名中医。福建南安人，福建中医学院教授。盛国荣祖辈八代行医，其父盛如珠为闽南名医。盛国荣幼承庭训，7岁读完《内经》、《神农本草经》、《伤寒论》等经典，并随父习医。

1929年的一天，有几位菲律宾华侨慕盛父之名专程上门求医，适逢其父出诊外乡天将黑仍未返，其中一位问盛国荣能否为人诊病，盛国荣说可代父诊之。诊毕，这几位华侨送7块大洋，盛国荣用这钱买了一部《辞源》。那年盛国荣16岁，从此开始了独立行医的生涯。

盛国荣先后担任福建中医学院副院长、福建省人大常委会委员、全国政协委员，是国务院特殊津贴专家。主要著作有《内经要略》、《温病要义》、《盛国荣医学论文集》等。擅长中医内科，从医执教七十多年。他的为人、行医、教学、出国传经、著书立论等事迹感人至深。周旻敬为名中医盛国荣先生造像，诗赞曰：

形气一体重转化，
中西互补取精华。
忘忧唯觉读书乐，
得趣无他独品茶。

刘云彪（1914—1942），福建省长汀县潞潭村人，1930年初参加中国工农红军，1931年加入中国共产党。1934年10月参加二万五千里长征，抗日战争开始后，任八路军115师骑兵营营长，参加了平型关战役、百团大战；1940年初任晋察冀军区骑兵团团长。

为确保平型关聚歼日寇，八路军总部决定在平型关战斗打响前，先期占领倒马关，以阻日寇东援，确保平型关战斗的侧翼安全。115师师长林彪命令刘云彪率骑兵营，于24日8时前务必占领倒马关。战斗异常激烈，骑兵营的战士们打退了日军的多次冲锋。至天黑，刘云彪指挥部队向敌人发起总攻击。日军陷入被南北夹击的境地，唯恐全部被歼，被迫放弃倒马关向南逃窜。我骑兵营胜利夺取了倒马关，使敌寇由涞源南进的计划遭受了严重打击，有力地掩护了主力部队消灭平型关之敌。此次战斗歼敌70余人，骑兵营伤6人，亡4人。倒马关一仗，打响了八路军抗日第一枪，拉开了平型关战役的序幕。

平型关大战后，刘云彪率骑兵营随115师副师长兼政治委员聂荣臻，在五台山区开展游击战争，建立八路军第一个敌后抗日根据地。

1941年，因长期的戎马生涯，刘云彪积劳成疾，染上了严重的肺结核；但由于战斗频繁，医疗条件困难，错过了最佳治疗期；1942年4月12日，刘云彪在河北新望县溘然逝世，年仅28岁。为纪念战功卓著的刘云彪，晋察冀边区于1942年6月做出决定，将新望县更名为云彪县。

为隆重纪念中国人民抗日战争暨世界反法西斯战争胜利70周年，民政部发出公告，公布第二批600名著名抗日英烈和英雄群体名录。刘云彪榜上有名。

多年后，时为骑兵营副营长的李钟奇将军赋诗纪念倒马关战斗：

卢沟烽火连中原，抗日首战平型关。
自古兵家争要地，铁骑飞驰倒马关。
孤军浴血战犹酣，六郎碑前敌胆寒。
莫道我比先贤勇，长城头上鼓角欢。

张秀寅（1914—1964），提线木偶表演艺术家。泉州观口人，中国木偶剧表演艺术家，父兄皆为泉州有名的线偶艺人。张秀寅幼年受家庭熏陶，父亲张炳七是清末民初极负盛名的木偶戏旦角，胞兄张秀津30年代是名噪晋江的木偶戏生行台柱，外祖父林承池是清末民初木偶戏的"嘉礼才子"。

张秀寅13岁拜谢有土为师，专攻提线木偶表演技艺。他学习刻苦，又有父兄悉心指教，小班出师即掌握了线偶的全部操作技术。年二十余岁，就能巧妙刻画生、旦、净、杂等各类人物性格。1960年，张秀寅身患半瘫之疾，仍然口述线规，留下宝贵的表演经验。乙未初夏周旻为提线木偶表演艺术家张秀寅造像。诗赞曰：

百态人生细定神，
旁观当时戏作真。
纵教四肢活生动，
不借提线不屈伸。

刘大中（1914—1975），著名计量经济学家，是《新帕尔格雷夫经济学大辞典》收录传记的唯一一位华裔学者。刘大中原籍江苏武进，生于北平，考入交通大学唐山工学院，1936年毕业，获工学学士学位。1940年获美国康乃尔大学经济学博士，后任教于清华大学。1946年，第一个做出中国的国民收入和生产核算账户的样本。1948年再赴美任职国际货币基金组织（IMF）。1954年与蒋硕杰一起提出外汇贸易改革建议，推动单一汇率。1958年在康乃尔大学任教授直至逝世。

1960年膺选台湾"中央研究院"院士。1968年担任台湾当局"行政院"赋税改革委员会主任委员，创设"财税资料处理及考核中心"，并修订《所得税法》和《奖励投资条例》，积极从事赋税革新工作。在台湾的土地改革和税制改革中，都发挥出了相当大的作用。

1948年10月下旬，胡适曾向翁文灏、蒋介石推荐过吴景超、蒋硕杰和刘大中。在胡适推荐的这三个人当中，刘大中和蒋硕杰后来都到了台湾，在台湾的土地改革和税制改革中，都发挥出了相当大的作用。

刘大中1975年因肠癌逝世于美国，其妻戢亚昭服药身殉于侧。其学术著作由"中央研究院"经济研究所编成《刘大中院士经济论文集》一书。

经世之学也量化，
智库研判展才华。
经济腾飞靠趋势，
学人趁势浪淘沙。

叶飞（1914—1999），解放福建的名将。生于菲律宾吕宋岛奎松省，祖籍福建南安。早年在厦门求学期间，因从事党的秘密工作，一度被捕入狱。后辗转至闽东游击区，在与上级组织失去联系的情况下，坚持艰苦卓绝的三年游击战争。1949年率中国人民解放军三野十兵团解放福建，战功卓著，1955年授上将军衔。新中国成立后，历任福建省军区司令员、福州军区司令员、第一政治委员中共福建省委书记、福建省省长、交通部部长、中国人民解放军海军司令员等，先后被选为中共第八届、第十届和第十二届中央委员，第六届、第七届全国人大常委会副委员长。甲午年周旻并记。

鲁藜（1914—1999），原籍福建同安内厝乡许厝村。童年随父母侨居越南，1932年回国，在厦门发表处女作《母亲》，1934年到上海参加左翼文学活动。1938年入延安抗大学习，发表《延安组诗》，被誉为"传遍世界的福音"。他的名作《泥土》影响过几代人，革命烈士张志新和公仆楷模孔繁森都将它奉为座右铭。鲁藜是"七月诗派"的代表。他的诗充满爱国主义激情，为海内外广大读者所喜爱。他擅长叙事诗、哲理诗，格调清新明丽，兼有浸润着现实主义和象征主义相交融的诗情韵味。1955年因受"胡风集团"的株连蒙冤入狱26年。

鲁藜名言如："老是把自己当成珍珠，就时时有被埋没的痛苦，把自己当作泥土吧，让众人把你踩成一道路。"1979年冤案平反，鲁藜重返文坛。曾任天津作协主席。甲午岁周旻敬绘于厦门。

杨成武（1914—2004），开国上将。福建龙岩长汀人。1929年参加闽西红军，1930年加入中国共产党。参加中央苏区历次反"围剿"，长征中多次率部担任前卫，指挥部队强渡乌江，抢夺娄山关，飞夺泸定桥，为中央红军主力越过大渡河创造条件，1935年9月又挥兵攻破天险腊子口，为红一方面军进军陕北打开了通道。1936年初任红一师政治委员，参加东征战役。抗日战争爆发后，任八路军115师独立团团长，独立第一师师长兼政治委员，晋察冀军区一分区司令员兼政治委员。率部参加平型关战斗和百团大战。指挥了著名的黄土岭战斗，击毙日军"蒙疆驻屯军"最高司令官阿部规秀中将。抗日战争胜利后，任晋察冀军区第三纵队司令员兼政委等职，组织指挥了清风店战役、石家庄战役、平汉北段战役等。中华人民共和国成立后，任天津警备区司令员，京津卫戍区副司令员，参加了抗美援朝，任中国人民志愿军第二十兵团司令员，率部参加了朝鲜东线的夏、秋季防御战役，创月歼敌最高纪录，获朝鲜民主人民共和国一级自由独立勋章和一级战斗英雄功勋荣誉章。1955年，被授予上将军衔。曾任中国人民解放军副总参谋长、代总参谋长，中共中央军委常委、副秘书长。"文革"中曾遭受林彪、江青反革命集团诬陷迫害，长期遭关押。1974年重新工作。1978年任中国人民解放军副总参谋长兼福州军区司令员。1983年6月至1988年3月任政协全国委员会副主席。1988年被授予了一级红星功勋荣誉章。杨成武与杨得志、杨勇并称为中国人民解放军的"三杨"。抗美援朝中，中国人民志愿军第六十八军一部在朝鲜北汉江以东文登川地区，为抗击美军坦克楔入而进行了防御战斗，史称"文登川之战"。杨成武为此赋诗云：

谈判无计挑战端，
坦克劈入文登川。
以劣胜优破甲阵，
智勇将士震敌寒。

高怀（1914—2007），书法家。字念之，号十庐。祖籍福建惠安，出生于厦门，生前寓居鼓浪屿。他的书法雄浑挺拔、厚重大度、刚健端庄，人称高怀体。无论书写招牌的榜书、登堂入室的联书，还是诗词作品、蝇头小行书等，都令人赏心悦目。高怀在20世纪40年代就驰名厦门，饮誉八闽，蜚声海内外。他与罗丹、虞愚并称闽南三大书法家。甲午岁夏为高怀先生造像，周旻并记。诗云：

岛上听潮走四方，
慢声细语问街坊。
毫端凝成刚健风，
人书俱老看苍茫。

李林（1915—1940），原名李秀若，福建龙溪县人。李林出生时被生父母弃于漳州塔口庵。40天后被养母陈茶领养，3岁随养父母侨居印度尼西亚泗水，以学名李秀若入读乃父创办的华侨小学，1929年随养父母回故乡，进集美学校读书。1933年就读上海爱国女中，积极参加学生抗日救亡运动，写下"甘愿征战血染衣，不平倭寇誓不休"的誓言。1937年全国抗日战争爆发后，李林坚决要求到前方杀敌。1938年春，李林改任整编后的独立支队骑兵营教导员，率部驰骋雁北、绥南与日伪军作战，屡建战功。

1940年4月，日伪军集中12万兵力，对晋绥边区进行扫荡，为了掩护机关和群众转移，李林不顾怀有三个月身孕，率骑兵连勇猛冲杀，将日伪军引开，自己却被困。她在腿部和胸部多处负伤后，仍英勇抗击，毙伤日伪军6人。被包围后，她用最后一颗子弹射进喉部，英勇殉国，年仅25岁。1940年4月26日，李林烈士牺牲于山西省朔州市平鲁区小郭家村荫凉山顶。李林牺牲的血衣几经辗转，送到了延安。

李林是第二次世界大战史上唯一的华侨抗日女英雄。甲午之夏周旻敬绘。诗云：

> 荫凉山顶望长空，
> 南洋侨女骑士风。
> 谁家不恋腹中儿，
> 只因殉国不改容。

钟理和（1915—1960），台湾作家。笔名江流，里禾，号钟铮，钟坚，祖籍广东梅县，出生于台湾屏东县农家。钟理和的父亲以种番薯闻名六堆客家地区。少年钟理和性格木讷老实，8岁入盐铺公学校毕业后，因体检不合格未能继续升学，转读私塾学习汉文，引发对文学的兴趣。钟理和成年后人才出众，容貌英俊，气质优雅。据说同年伙伴相亲时，往往不让他同行，因为他会吸引女方注意。后来他与同姓农场女工钟平妹的爱情遭到家庭和社会的反对。

1940年8月，他与钟平妹奔逃辗转到东北"满洲国"，曾进入"满洲自动车学校"。1941年迁居北平从事写作。1946年返台应聘内埔初中任教，后因肺疾恶化去职，返美浓定居。病中重订书稿不辍。1960年8月4日，钟理和肺病复发，当时他正在修改中篇小说《雨》，在病榻上的钟理和，仍以顽强、坚韧的毅力写作不辍。1960年8月4日，钟理和肺病复发，吐血而死，年仅45岁。

钟理和一生都在贫病交迫中度过，他临终前曾叮嘱长子铁民："吾死后，务将所有遗稿付之一炬。吾家后人不得再有从事文学者。"钟理和留下相当数量的优秀作品。钟理和作品的价值直到他去世后才逐渐引起人们的重视。为表彰其贡献，一颗小行星被命名为"钟理和"。这位被称为"在血泊里的笔耕者"，在他身上鲜明地体现出与台湾殖民地历史无法分开的、所谓的殖民地作家性格。钟理和的作品和经验代表的是一个无可抹灭的台湾人的历史。代表作有《夹竹桃》、《故乡》、《贫贱夫妻》、《雨》、《笠山农场》、《原乡人》等。2015年2月为钟理和先生造像，周旻并记。诗云：

夹竹桃丛听乡音，
咳血推敲文字真。
心酸写罢殖民史，
未焚手稿传到今。

谷文昌（1915—1981），原名程栓，河南省林州市石板岩镇（原林县石板岩乡）郭家庄南湾村人。他小时曾逃荒求乞，稍长当长工，学打石。1943年3月加入中国共产党，任过区长和区委书记。1949年1月随军南下。1950年5月12日东山解放。谷文昌任中共东山县第一区工委书记，后历任中共东山县工委组织部长、县长、县委书记及福建省林业厅副厅长、龙溪地区革委会副主任、龙溪行政公署副专员。

东山岛东南部，原有3.5万多亩荒沙滩，狂风起时飞沙侵袭村庄，吞噬田园。谷文昌先后8次组织干部群众筑堤拦沙、挑土压沙、植草固沙、种树防沙。但收效不大。1958年春，全县党政军民、男女老少齐上阵，掀起轰轰烈烈的造林运动，数天时间栽上20万株木麻黄树。岂料气温骤降，持续一个月倒春寒，树苗大部分冻死。谷文昌发誓："不制服风沙，就让风沙把我埋掉！"

1960年至1964年造林8.2万亩，全县400多座小山丘和3多亩荒沙滩基本绿化，141公里的海岸线筑起"绿色长城"。谷文昌还发动群众挖塘打井、修筑水库、开发利用地下水资源，使东山缓解了旱情。他带领东山县人民苦干14年，终于把一个荒岛变成了宝岛。他用自己的言行赢得了老百姓的信任和敬仰。1981年1月30日，谷文昌在漳州病逝。

2009年9月，谷文昌同志被评为"100位新中国成立以来感动中国人物"。习近平总书记在一篇题为《"潜绩"与"显绩"》的文章中，称赞谷文昌"在老百姓心中树起了一座不朽的丰碑"。2015年1月，与全国200多位县委书记座谈，在叮嘱大家要做心中有党、心中有民、心中有责、心中有戒的"四有"干部时，习总书记又一次深情谈起谷文昌。诗赞曰：

  殚心竭虑有担当，
  寄望沪沙木麻黄。
  荒岛绿化旱情缓，
  祭祖同祭谷文昌。

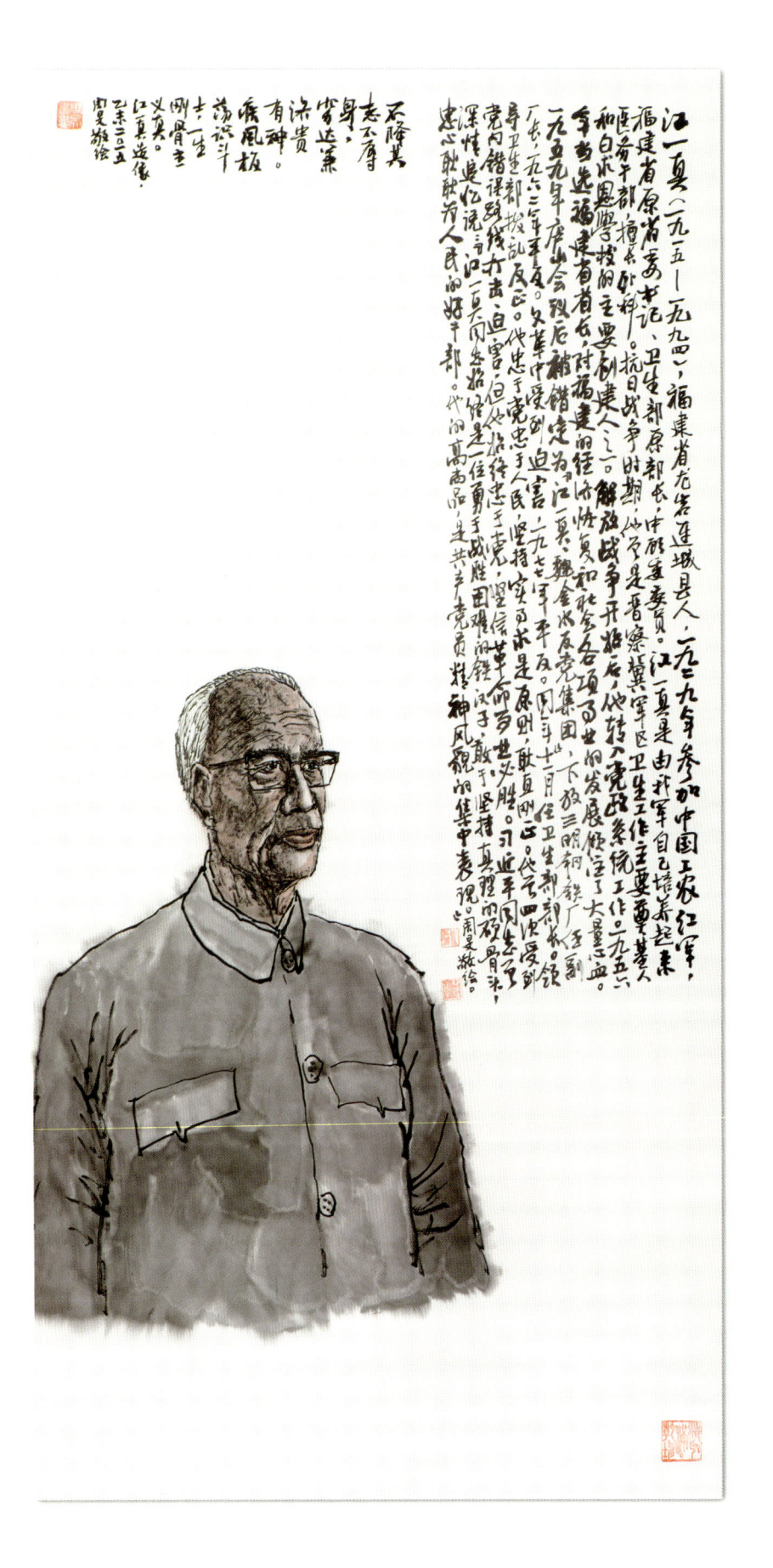

江一真（1915—1994），福建省龙岩连城县人，1929年参加中国工农红军，曾任中共福建省委书记，卫生部部长，中顾委委员。江一真是由我军自己培养起来的医务干部，擅长外科。抗日战争时期，他曾是晋察冀军区卫生工作主要奠基人和白求恩学校的主要创建人之一。解放战争开始后，他转入党政系统工作。1956年当选福建省省长，为福建的经济恢复和社会各项事业的发展倾注了大量心血。1959年庐山会议后被错定为"江一真、魏金水反党集团"，下放三明钢铁厂任副厂长，1962年平反。"文革"中受到迫害，1977年平反。同年11月任卫生部部长。他忠于党忠于人民，坚持实事求是原则，耿直刚正。他曾四次受到党内错误路线打击、迫害，但他始终忠于党，坚信革命事业必胜。习近平总书记曾深情追忆说："江一真同志始终是一位勇于战胜困难的铁汉子，敢于坚持真理的硬骨头，忠心耿耿为人民的好干部。他的高尚品格，是共产党员精神风貌的集中表现。"周旻敬绘并以诗赞之：

不降其志不辱身，
穷达兼济贵有神。
疾风板荡识斗士，
一生刚骨主义真。

卢嘉锡（1915—2001），物理化学家、化学教育家和科技组织领导者。卢嘉锡1915年出生于厦门市，台湾省台南市人。1895年甲午战争爆发，因愤于清政府把台湾割让给日本，其曾祖卢立轩携全家迁厦门。卢嘉锡自小勤勉聪颖，少年成名。他是中国原子簇化学研究领域的开拓者，曾任中国科学院院长等职。当选第七届全国政协副主席、中国农工民主党第十届中央主席和第八届全国人大常委会副委员长。

他是一位在国际科学界享有崇高威望的科学家，获得过一系列的国际荣誉和学衔。卢嘉锡认为：一个老师如果不能培养出几个超过自己的学生，他就不是一位好老师。新中国成立后，他培养出50多名博士生、硕士生以及许多青年学者，如田昭武、张乾二、梁敬魁、黄金陵、黄锦顺、吴新涛、潘克桢、陈创天等。甲午岁周旻敬绘并记。诗云：

　　日光岩上望台南，
　　少年立志酬家园。
　　原子簇中说物构，
　　引领科技靠登攀。

朱鸣冈（1915—2013），画家。安徽凤阳人，原籍江苏宜兴。鲁迅美术学院荣誉终身教授。抗日战争开始弃国画而画宣传画，宣传抗日救亡。1939年参加中华全国木刻界抗敌协会，从此进行木刻创作。1955年，鲁迅美术学院筹建版画系，木刻、铜版、石版，全由他一人负责，后来又担任版画系主任，成为鲁迅美术学院版画奠基人。"文革"期间，朱鸣冈被打成反动学术权威，撵下讲台干杂活。1985年朱鸣冈离休后易地安置在厦门，从事诗、书、画的创作与研究。

2013年在病榻前，他对前来看望的弟子说："生命有限，艺术无限，刻不动就画，画不动就写。"甲午岁周旻敬绘。诗云：

刀刻兼笔耕，
鲁艺上征程。
赤子救亡路，
淡泊心养成。

吴其韬（1916—2010），抗日战争时期"飞虎队"员。福建省福州闽清人，抗日战争时期，作为优秀飞行员，加入素有"飞虎队"之称的中国空军美国志愿援华航空队第五大队，击落过五架日机，四次成功飞越死亡之线"驼峰航线"，自身也曾被击落过三次，幸而大难不死，获得盟军司令部的特别嘉奖，被授予"飞行优异十字勋章"和"航空奖章"。

吴其韬之兄弟吴其璋，从马来西亚回国参加抗战，1942年调入孙立人将军印缅远征军战死，时年34岁。

1950年，已从香港辗转回到大陆的吴其韬，开始了长达20年之久的监狱生涯。1974年，从监狱出来，只能在杭州靠蹬三轮车谋生。

1980年，吴其韬恢复政治名誉。2010年10月13日，93岁的吴其韬老人逝世，结束了他从王牌飞行员到三轮车夫再到浙江大学技术人员的传奇一生。至此，飞虎队中国队员已全部凋零。甲午周旻为抗战"飞虎队"员吴其韬造像。诗赞曰：

驼峰护卫生死道，
滇缅激战鹰之豪。
战罢归来硝烟散，
几人记得吴其韬？

辜振甫（1917—2005），台湾知名企业家，首任海峡交流基金会董事长。字公亮，台湾彰化县鹿港人，祖籍福建省泉州市惠安县，辜家祖上到台已200多年。辜振甫政商关系微妙，被喻为早年鹿港红顶商人，早年曾坐过牢。曾任海峡交流基金会董事长等要职，亦为和信集团首脑。

1961年，辜振甫出任台湾工商协进会理事长，从而奠定了他在台湾工商界的领袖地位。辜振甫是岛内拥有头衔最多、最具影响力的企业家。1976年，辜振甫设立台湾经济研究所。其宗旨是为台湾工商企业界"提供各种经济预测资料，并就可能发生的迹象，预以各种适当的对策，期能于经济情势有任何转变时，协助企业有效把握契机，俾与政府之经济研究机构配合，而收相辅相成之效"。辜振甫聘请了蒋硕杰博士担任第一任所长，以期实现企业界出"财力"，学术界出"人力"为智库的主张。1985年3月辜振甫又将台湾经济研究所改组为产业咨询委员会，作为台湾当局有关财经问题的幕僚单位。委员会由辜振甫任主任委员，咨询委员中有官方、学术界和民间企业的代表，台湾首富王永庆以及林挺生、林永梁等著名企业家都名列其中，阵容十分强大。辜振甫作为台湾当局财经工作组的召集人之一，还推动台湾"中华经济研究院"的成立。这个机构成立于1980年，任务主要是对台湾经济、大陆经济、国际经济进行研究。

1993年4月27日，辜代表台湾海基会与祖国大陆海协会会长汪道涵在新加坡举行了"汪辜会谈"，达成"九二共识"。辜振甫最擅长的是搞经济外交，被誉为台湾的"经济外交"大臣。他精通日语和英语。曾为蒋介石做过日语翻译，并参与中日外交史上重要文献的翻译工作。这两项语言的利器为他开展经济外交提供了便利。辜振甫十分爱好京剧，曾拜余叔岩为师，还擅长油画，懂诗文，喜欢收藏文物。

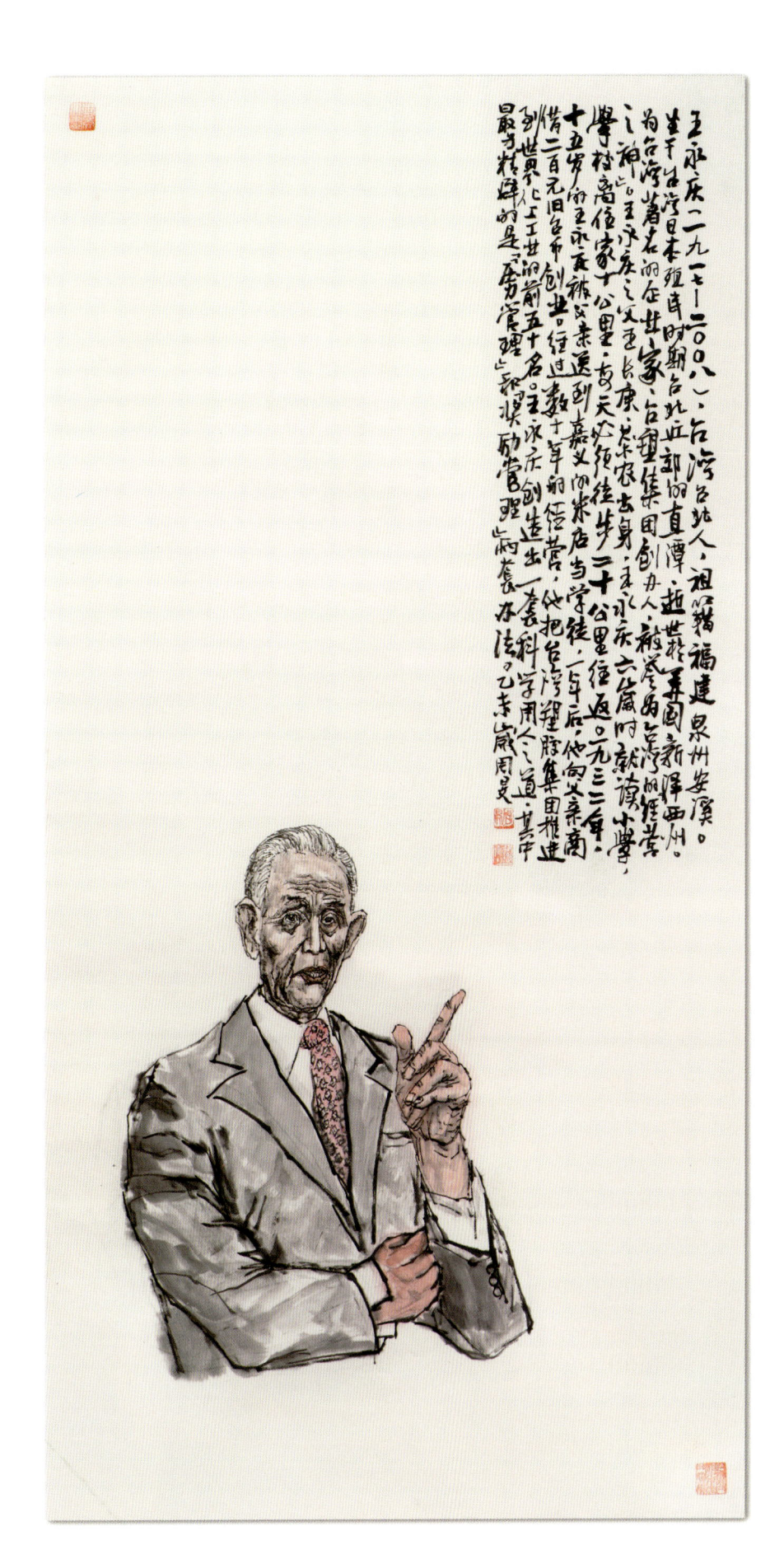

王永庆（1917—2008），台塑集团创办人，被誉为台湾的"经营之神"。台湾台北人，祖籍福建泉州安溪。生于台湾日本殖民时期台北近郊的直潭，逝世于美国新泽西州。王永庆之父王长庚，茶农出身，王永庆6岁时就读小学，学校离住家10公里，每天必须徒步20公里往返。

1932年，15岁的王永庆被父亲送到嘉义的米店当学徒，一年后，他向父亲商借200元旧台币创业。经过数十年的经营，他把台湾塑胶集团推进到世界化工工业的前50名。

王永庆创造出一套科学用人之道，其中最为精辟的是"压力管理"和"奖励管理"两套办法。乙未岁周旻记之。

蒋硕杰（1918—1993），第一位获诺贝尔奖正式提名的中国经济学家。湖北省应城人，辛亥革命元老蒋作宾四子。早年日本庆应大学预科毕业，英国伦敦大学政经学院哲学博士与经济学博士，其博士导师为奥地利学派的代表人物哈耶克（1974年哈耶克与瑞典经济学家缪尔达尔一同获得当年的诺贝尔经济学奖）。1945年冬蒋硕杰返回中国。1947年即其29岁时，就与马寅初等几位经济学界的泰斗一起，被北京大学经济学法学院院长周炳琳教授提名为中央研究院院士候选人。1958年被台湾"中央研究院"院长胡适亲自提名为台湾第二届"中央研究院"院士。蒋硕杰1946年出任北京大学经济学系教授，以后历任台湾大学教授、国际货币基金研究员、美国罗彻斯特大学与康奈尔大学教授等职。

1980年以后在台湾创立中华经济研究院，任院长、董事长等职。蒋硕杰教授一贯反对通货膨胀、反对各种经济管制以及人为干预市场。1954年至1960年，台湾当局根据蒋硕杰教授的建议，先是改采高利率政策以对抗通货膨胀，接着废除复式汇率，改采单一汇率，让新台币贬值到市场能够承受的价位。这样推动贸易自由化、鼓励出口、推进国内外工业合理分工的自由经济政策，为台湾的经济发展奠定了坚实的基础。

1974年至1978年，蒋硕杰和刘大中、邢慕寰、费景汉、顾应昌、邹至庄几位院士联名向台湾当局提出建议，为台湾走出经济困境和经济起飞作出了巨大贡献。蒋硕杰的货币金融理论在发展中国家和地区有着广泛影响，韩国实际上也采取了他的理论和政策，才取得了经济发展的奇迹。

20世纪80年代末至1992年5月，蒋硕杰教授几度应邀回到阔别40余年的大陆。他曾出席中国金融体制改革国际研讨会、在北京大学讲学，他的经济学专著在大陆也陆续问世，引起政经界的关注。

项南（1918—1997），20世纪80年代主政福建省的改革派元勋。福建龙岩连城人，1938年加入中国共产党。新中国成立后先后担任农机部副部长、福建省委书记等职。并当选中央委员和中顾委委员。1989年后担任中国扶贫基金会会长等职。1997年11月10日在北京病逝。

项南曾为了让外界了解经济特区，冒着政治风险邀请外媒记者前来采访和报道特区。他曾坚决反击"经济特区就是旧租界"的论调，在福建省冲破重重阻力，锐意改革。80年代主政福建省的改革派元勋项南，力倡"要允许改革犯错误，但不允许不改革"。他的从政生涯因此波澜起伏，他的身上集中了一个改革者的艰辛与荣耀。

1980年，项南书记曾经在厦门大学建南大礼堂作"大念山海经"的报告，推动福建改革发展。当时建南大礼堂座无虚席，余为座中一学生。

项南为时任福建宁德地委书记的习近平所著的《摆脱贫困》一书作序。2014年9月起，人民出版社陆续出版万里、习仲勋、谷牧、任仲夷、项南等五位改革元勋的画传。画传经过中央文献研究室、中央党史研究室等中央有关部门审稿。甲午岁周旻敬为项公造像。诗赞曰：

项公赞

解放思想穿迷雾，
播扬八闽开放路。
建南会堂一开讲，
余音绕梁伴征途。

林海音（1918—2001），台湾作家。林海音原名林含英，小名英子，生于日本大阪。原籍台湾新竹州竹南郡头分街（今苗栗县头份镇）。她提出"纯文学"的概念，提携了大量台湾的文学青年。成名作为小说《城南旧事》。

1921年，林海音随父母迁居北京，童年在古城北京度过，这里的一物一景深深地烙印在她的心上，成为她台湾之外另一个精神上的故乡。《城南旧事》正是林海音以其温婉文笔书写出属于她北京童年的似水年华。林海音16岁考入北平新闻专科学校，19岁毕业即任《世界日报》记者编辑。1939年5月13日和夏承楹在北平协和医院礼堂结婚，之后住进夏家永光寺街的大家庭。1948年，林海音30岁时回到台湾，并开始发表文学创作。1953年，受聘于《联合报》副刊，担任主编期间，以其敏锐的文学触感发掘相当多的人才。她重视台湾本土的作家如林怀民、钟理和等，是台湾文学的重要推手。

1990年，林海音回到阔别41年多的北京，她寄出全套的"纯文学"丛书和"纯文学"月刊给北京现代文学馆，成为两岸文学交流的桥梁。2015年春节周旻为台湾作家林海音造像，并以诗记之。

笔下忧戚庭院深，
城南旧事女儿心。
凝神阔别小英子，
渡海重来说海音。

杨夏林（1919—2004），画家。别名杨嘉懋，福建仙游人，著名山水画家。1945年毕业于重庆国立艺术专科学校中国画科，师从傅抱石、李可染、黄君璧等名家。历任重庆西南美术专科学校讲师及中国画科主任，南京中央大学医学院技师。1949年到厦门主持创办厦门鹭潮美术学校。曾任厦门鹭潮美术学校副校长，福建工艺美术学校副校长，福建省美协副主席，厦门市美协主席等职。

杨夏林擅长山水画，其作品多取材于厦门、鼓浪屿风光和八闽武夷胜景。杨夏林开创了闽南山水画新风貌，有"中国榕树之王"的美称。所画潮水海浪更是一绝。甲午2014年周旻为山水画家杨夏林先生造像。诗云：

榕髯垂阴游人醉，
笔底波澜丹青绘。
鹭潮园丁凝望眼，
后生能有几人随？

康良石（1919—2011），名医。厦门人，著名肝病专家。历任福建中医学院教授，厦门中医院副院长等职。多次受到国家、省、市人民政府表彰。

他为了多看一个病人，连最喜欢的歌仔戏都舍不得看。他是享誉海内外医学界的名医，可生病时护士为他测体温，他也不忘连声说谢谢。他悬壶济世65年，在去世前一周还在给患者看病。他被称为"肝病克星"，是国家首批五百名名中医之一。学术上多有建树，是我国中医肝病学科奠基人之一。

康良石说，早餐吃干饭，是为了节约上厕所时间，多为患者看病。甲午之秋为名医康良石造像，周旻并记。诗云：

传奇康老九十三，
医者仁心知暖寒。
早餐干饭多问诊，
奇迹最难也闯关。

柏杨（1920—2008），原名郭定生，出生于河南省开封市通许县，祖籍为河南省辉县。一生念过很多个学校，但从没有拿到过一张文凭，为上大学数次使用假学历证件。一生中娶过五个妻子，每一次婚姻都伴随着一段如烟往事。少年时代打过继母，青年时代从过军，和蒋氏父子都有过面对面的经历，多次企图自杀，无数次被学校和单位开除，曾遭遇十年牢狱之灾，在70年代几乎被枪决。1949年到台湾。1953年，发表平生第一篇文章。1960年，开始以"柏杨"之名写作杂文专栏。1968年，因"大力水手"事件，被判处死刑，后改判为有期徒刑12年，后又被减为8年。1977年4月1日获释。

从1950年到2004年，十年小说，十年杂文，十年牢狱，五年专栏，十年史学写作，十年人权，有华人处，就流传着柏杨的作品。柏杨1985年的著作《丑陋的中国人》，批判华人集体文化和性格上的缺点，引发全球华人社会热烈争论。该书在大陆拥有大量读者，引发了长期的争议和畅销，也曾经中断出版。《丑陋的中国人》风行大陆20年，而柏杨则一直以"深厚学养、坚韧的道义担当、直言针砭时弊"为三大利器，有"硬骨头的文人"之称。他同时是杂文家、作家、史学家和翻译家，可谓著作等身，共计有170多部小说、杂文和历史作品先后面世，在国内外享有盛誉，在台海两岸均拥有广泛的读者群，也形成深远的影响。人称柏杨为人文大师，柏杨自称自己是"野生动物"。代表作有《中国人史纲》、《丑陋的中国人》等。周旻并记，诗云：

笔端犀利书丑陋，
痛揭国人窝里斗。
未可忘却多愤青，
雄文千万未肯收。

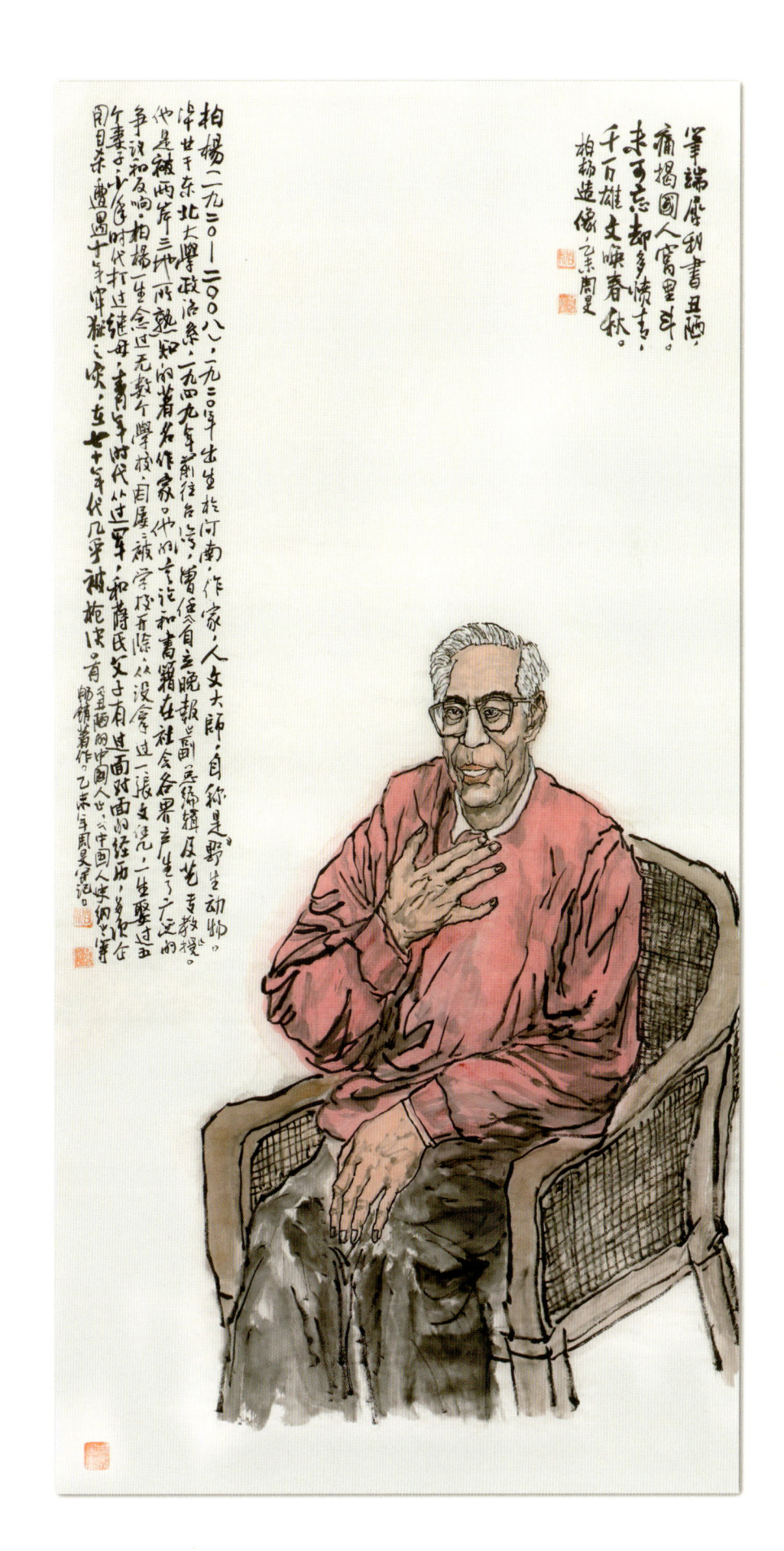

秦孝仪（1931—2007），台湾著名学者、政治家。曾任国民党副秘书长、台北故宫博物院院长等职，主持台北故宫博物院工作长达18年。1949年去台湾，曾担任蒋介石文学侍从20多年，并奉命记录了蒋介石临终前的口授遗嘱。

秦孝仪是国民党政府一名典型的御用文人，在从政的同时，致力于学术研究，著述甚丰。在两岸恢复正常交流后，秦孝仪积极推动北京故宫博物院与台北故宫博物院的互动，打开许多与大陆博物馆的交流管道，为两岸交流贡献良多。乙未岁梅雨初夏，周旻并记。

学问从来壮文胆，
生命褪色冷眼看。
执掌故宫十八载，
文物留缘系两岸。

张晓寒（1923—1988），著名画家。又名云松，江苏靖江人，幼时父亲去世随母改嫁，继父是退役北洋老兵，在县城开小饭店，张晓寒也在县城就读中小学，"文革"时张晓寒挨批斗，坐过一年半牢狱，罪状之一便是他母亲是地主婆，罪状之二，是张晓寒的姐夫是在解放战争中起义投诚的国民党少将军官，关系密切。张晓寒后来在全国政协俱乐部就职就是得到姐夫帮助，"文革"中也成了张晓寒的问题之一。

张晓寒早年考入从昆明迁往重庆的国立艺专国画系学习，师从潘天寿、吕凤子、李可染等一大批大师。在校期间，他结识了从厦门到该校学习的杨夏林先生，从此两人与厦门结下不解之缘。

1953年，张晓寒来到厦门，任教于厦门鹭潮美术学校，后为该校副教授、中国美协会员、厦门美协主席。

张晓寒在艺术上独辟蹊径，墨、色、水层层深入，异常滋润丰厚的南方色彩体现在他的作品之中。余曾在词学家黄拔荆先生家，见过张晓寒据黄先生《采桑子》词意创作的一幅山水画，清丽简约，氤氲之气扑面而来。在鼓浪屿工艺美校，张晓寒深受学生爱戴。甲午周旻敬为张晓寒先生造像。诗云：

清梦无痕度晓寒，
鹭潮有意催花暖。
身世由来如魔咒，
多少贤才困此端。

刘惜芬（1924—1949），革命烈士。福建省厦门市人。1938年5月，日军占领厦门，与同时代的厦门人一样，刘惜芬的生活发生了灾难性变化，她辍学了，靠帮别人缝补衣服贴补家用。1940年，16岁的刘惜芬为了谋生，考进了当时被称为慈善机构的厦门博爱医院当护士。

抗战胜利后，在地下党的教育和培养下，刘惜芬加入了中国共产党。此时，刘惜芬接受了一项特殊任务，打入敌人内部，为地下党组织和南下的解放大军收集传递情报。刘惜芬经常以交际花身份出入于位于海口的仙乐、中山路的百乐门，利用和国民党年轻军官跳舞、喝咖啡的机会，从他们口中套取军事、政治情报。刘惜芬还经常根据党的指示，打扮得很时髦，到位于虎头山的伪厦门要塞司令部去，有时找参谋，有时找主任，借机将情报从潜伏在那里的地下党同志手中带出送到游击队去。南下解放大军步步逼近厦门，国民党厦门警备司令毛森开始大肆捕杀共产党人和革命群众，刘惜芬不幸被捕，历经酷刑坚贞不屈。10月16日，在厦门解放的前一天，被国民党特务秘密绞死在厦门监狱后面的鸿山脚下。甲午之夏周旻敬绘于厦门。诗云：

黎明炮声压铁窗，
鸿山哀恸惜芬芳。
青春恰似鼓浪潮，
无语长歌颂华章。

张元豹（1926—1942），抗日英烈。化名黄石、阿进、黄诚，福建仙游人。1932年加入中国共产党，任县委委员，以教师身份深入农村，发动群众开展农民运动，组建农民武装开展游击斗争，迅速推动了仙游东南乡一带的工作局面。1933年调任共青团闽中特委书记，领导莆仙地区青年运动。

1934年，由于叛徒出卖在莆田城郊被捕。但他机智勇敢，在押解途中成功逃脱。随后经厦门辗转到马来西亚，在一华侨小学任教。1935年加入马来西亚共产党，任马共中央委员、宣传部部长等职，积极参加抗日活动，宣传中国共产党抗日主张，组织华侨支援国内抗战，投身国内抗日战争。

1942年再遭叛徒出卖，被日军逮捕。在狱中坚贞不屈，终在酷刑折磨下壮烈牺牲。2014年，民政部公布三百抗日英烈与英雄群体名录，张元豹名列其中。2015年4月敬为抗日英雄张元豹造像，周旻并记。诗赞曰：

青年运动起莆仙，
椰风苦雨志弥坚。
南洋高擎抗倭笔，
酷刑难改英雄胆。

李鹏远（1930—2015），台湾作曲家、综艺策划人。出生于重庆江北水土，1948年去台湾，获教授职称。1967年开始做广播电台空中歌厅节目制作人，长达30年之久；1986年开始做台湾电视节目制作人，时间长达20年。李鹏远先后为李翰祥、琼瑶、李冠章以及香港邵氏影业公司等电影作曲几十部，相继为东方、海山、四海、琼球、丽歌、台声等唱片公司作曲。1955年至1985年这30年间，培养出邓丽君、陈芬兰、凤飞飞、欧阳菲菲、张琪、谢蕾、青山、杨燕妮、崔苔菁、金晶、张小燕、包娜娜等学生和艺人。李鹏远25岁即红遍台湾以及东南亚、日本等地，被称为具有十项全能音乐才华。周旻记之，诗云：

一曲骊歌珠泪奔，
影视歌厅多栖身。
众星培训有平台，
还念导师好眼神。

陈景润（1933—1996），福州人，中国著名数学家。毕业于厦门大学数学系。1953年至1954年在北京四中任教，因口齿不清，被学校拒绝上讲台授课，只可批改作业。1955年2月经厦门大学校长王亚南先生推荐，回母校厦门大学数学系任助教。1957年9月，由于华罗庚教授的重视，调入中国科学院数学研究所。

1966年陈景润发表《表达偶数为一个素数及一个不超过两个素数的乘积之和》（简称1+2），成为哥德巴赫猜想研究上的里程碑。而他所发表的成果也被称作陈氏理论。这项工作还使他与王元、潘承洞在1978年共同获得中国自然科学奖一等奖。徐迟的报告文学《哥德巴赫猜想》发表后，陈景润成为中国科学春天的一大盛景。甲午之厦周旻为陈景润造像，诗云：

痴迷专注爱琢磨，
人尽其才伯乐多。
明珠摘取终有时，
科学春天从头说。

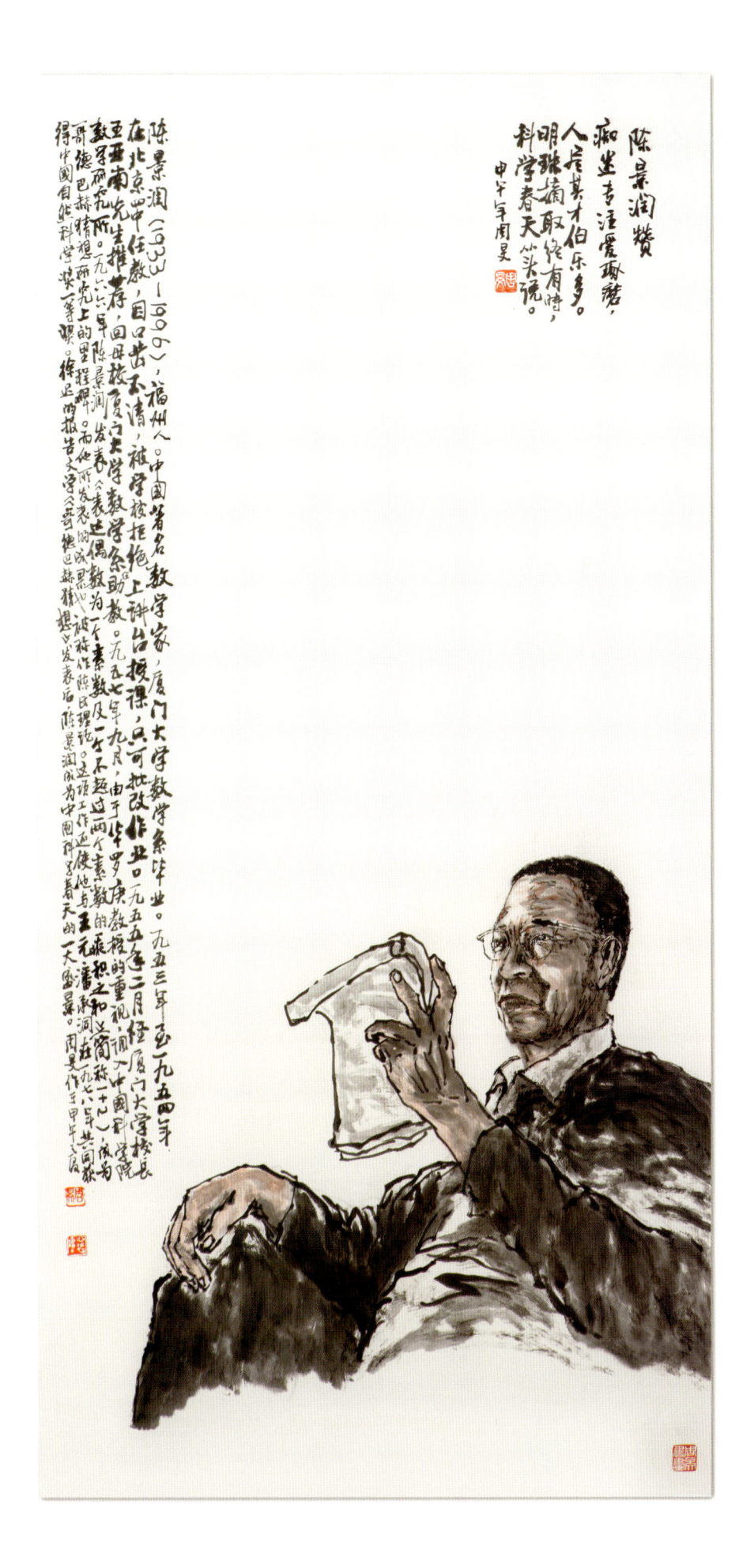

胡友义先生造像

游学筑梦君远行　觅得好琴囊中倾
四海集珍归故里　鼓浪听涛好音鸣

胡友义先生鼓浪屿人，倾注毕生精力财力研究音乐收藏古今知名钢琴风琴，晚年将其所藏捐为钢琴博物馆藏。前余曾在澳洲采访胡先生，感其桑梓情怀，郭有造像甲午岁周旻。

胡友义（1936—2013），收藏家。鼓浪屿人。倾注毕生精力、财力，研究并收藏世界知名钢琴、风琴。晚年赠其所藏，在鼓浪屿建成钢琴博物馆。数年前，余曾在澳洲采访胡先生。感其桑梓情怀，甲午岁周旻敬为胡友义先生造像。诗云：

　　游学筑梦君远行，
　　觅得好琴囊中倾。
　　四海集珍归故里，
　　鼓浪听涛好音鸣。

李维祀（1937—2011），雕塑家。辽宁黑山人。1956年入中央美术学院雕塑系学习。历任福州工艺美术研究所设计员，三明地区（市）群艺馆美术干部，福建省画院画师，厦门大学美术系副教授、教授，厦门大学艺术教育学院副院长，福建省美协副主席、顾问。作品《林则徐像》、《妈祖》和《林则徐充军伊犁》分别获首届和第二届全国城市雕塑优秀作品奖。出版有《李维祀素描集》和《李维祀的雕塑艺术》等。

中央美院毕业后分配到福州工艺美术研究所。1965年至1966年，两次到福安、宁德地区畲族和渔区采风深入生活。1966年"文化大革命"一把火烧掉数以千计的素描、速写。

从1972年始，每年组织一批美术教师和干部到老区、侨区、渔区体验生活、采风，画了大量速写。1977年至1979年先后在三明、厦门、青岛、淄博等地应邀举办百幅素描个展和讲座。1982年参加时宜先生主创的鼓浪屿皓月园《郑成功》雕像组，后到全国七省考查古代雕塑，画了一批研究型素描，《鲁迅在厦大》、《林则徐像》等若干草图。1984年《首届福建省城市雕塑设计方案展》有《鲁迅在厦大》、《林则徐纪念像》等方案参展，并参加首届全国展。李维祀的雕塑作品大多耸立在广场、山间、海岸，气势宏大，神情肃然。

1992年至1993年间，我随李维祀先生进修雕塑等专业研究生课程，他的工作室在厦门大学田径场西侧的印刷厂边，是一个简易的大棚。其时全国需多尊林则徐雕像，李先生一边讲课一边琢磨修改大小林则徐作品，我们进修的年轻教师大家两手泥巴做人物练习。怀念李先生，斯人已逝，风范犹存。乙未年周旻并记。诗云：

指使拙泥出精神，
掌握名人且作真。
抹砍勾斩皆如意，
祭出英雄传真魂。

三毛造像

不要问我从哪里来 我的故乡在远方

三毛（一九四三—一九九一），原名陈懋平、陈平。台湾著名作家。出生于重庆，成长于台北。中国文化大学哲学系选修生，西班牙马德里文哲学院毕业。是台湾七十年代至八十年代的著名作家。七十年代以其在撒哈拉沙漠的生活及见闻为背景，以幽默的文笔发表充满异国情调及风情的散文作品成名。其读者遍布全世界华人社群。白先勇认为：三毛创造了一个充满传奇色彩瑰丽的浪漫世界，里面有大起大落生死相许的爱情故事，引人入胜不可思议的异国情调，非洲沙漠的驰骋，拉丁美洲原始森林的探幽，这些前人所不能及的人生经验造就了海峡两岸的青春偶像。三毛于一九九一年住院时逝世。三毛用善良、忧伤、怜悯的目光关注自我，关注周遭世界，因此她的作品总是充满悲情的美丽。周旻为三毛造像并记。

三毛（1943—1991），台湾作家。原名陈懋平、陈平，台湾著名作家。出生于重庆，成长于台北。中国文化大学哲学系选修生，西班牙马德里文哲学院毕业，是台湾70年代至80年代的著名作家。70年代以其在撒哈拉沙漠的生活及见闻为背景，以幽默的文笔发表充满异国情调及风情的散文作品成名，其读者遍布全世界华人社群。

白先勇认为："三毛创造了一个充满传奇色彩瑰丽的浪漫世界，里面有大起大落生死相许的爱情故事，引人入胜不可思议的异国情调，非洲沙漠的驰骋，拉丁美洲原始森林的探幽，这些前人所不能及的人生经验造就了海峡两岸的青春偶像。"

三毛于1991年住院时逝世。三毛用善良、忧伤、怜悯的目光关注自我，关注周遭世界，因此她的作品总是充满悲情的美丽。周旻为三毛造像并记。

不要问我哪里来，
美丽悲情写尘埃。
故乡总是在远方，
别处生活梦常在。

杨德昌（1947—2007），台湾著名电影导演、编剧。祖籍广东梅县。1岁时移居台湾。1986年发行的作品《恐怖分子》获台湾金马奖最佳影片奖等多个海内外大奖。1991年独立发行的作品《牯岭街少年杀人事件》获第28届台湾金马奖最佳作品奖。2001年作品《一一》获得戛纳电影节最佳导演奖。2007年获得台湾金马奖终身成就奖。其作品深刻、理性，有强烈的社会意识，被称作"台湾社会的手术刀"，在世界影坛享有盛誉。1995年8月5日，杨德昌和蔡琴结束了十年无性婚姻。周旻为台湾导演杨德昌造像，诗云：

电影也作手术刀，
世态无非在小岛。
故事说到动情处，
流罢清泪再思考。

邓丽君（1953—1995），台湾著名歌唱家。原名邓丽筠，祖籍中国河北省邯郸大名县。出生于台湾云林县褒忠乡田洋村，在台北县芦洲乡眷村长大。是一位在亚洲地区和全球华人社会极具影响力的台湾歌唱家，亦是20世纪后半叶最负盛名的歌坛巨星之一。曾以柔情歌曲风靡华人世界，拥有亿万歌迷。时至今日，仍有无数歌手翻唱她的经典歌曲向其致敬，被誉为华语流行乐坛永恒的文化符号。1995年5月8日在泰国清迈因哮喘病突发猝逝。甲午周旻并记，乙未年重绘。诗云：

柔情唱罢春风里，
小城故事甜蜜蜜。
风华落尽失天籁，
天涯处处有歌迷。

后　记

解读那些波澜壮阔的历史大潮中的人物命运，总是令人难以忘怀。在创作画传过程中，我集中选择了一批历史清官廉吏加以刻画。读其事迹，感动其富有担当的家国情怀。在他们身上，那种达则兼济天下，穷则独善其身，甚至穷达都要兼济天下的历史担当和人格魅力，令人深深感佩。我努力将诗文书画印集于一体，集中刻画出闽台历史人物志，使之成为有新意、易传播的读本。画传特别注重观察和研究清官所影响的政治生态，对保卫和建设台湾有贡献的官员，对闽台历史文化制度建设有卓见的人士，以及在教育、科技、翻译、宗教、国学、中西文化交流方面有贡献者。遥祭先贤循吏，向有历史贡献的名人致敬，是希望当代得到更多的历史正气和文化的涵养。

从近三百年学术史看，面对亡国的压力，中国知识分子苦思国家前途，有的选择政治救国，有的选择学问救国。1910年，梁启超发表《中国前途之希望与国民责任》，力证中国不会亡。这篇文章激发了无数中国青少年的国家民族情感。而大学者钱穆曾在厦门集美学校任教，在那里把卷帙巨大的王夫之的《船山遗书》读完了。他深深为梁启超的历史论证所吸引，希望更深入地在中国史上寻找中国不会亡的根据。以钱穆先生为代表的学人，亦是学问示人，展现呵护文化传统的家国情怀。

提高文化自信，扬人之善，属于弘扬历史正气的行为，无论口头或者书面或者艺术的传播都有效果。唐代杨敬之很欣赏项斯的作品，便写了一首《赠项斯》诗，"平生不解藏人善，到处逢人说项斯"。杨敬之碰到了人，就赞扬项斯，介绍项斯的人品和才华，不知名的项斯从此名声大振。北宋陈希亮为官30余年，不论是在地方还是京城为官，陈希亮嫉恶如仇，不考虑个人的祸福进退，清廉有担当，为平民百姓称颂，使有的王公贵人害怕，因辛劳过度而逝世。苏东坡自称平生不为人作行状墓碑，但他十分敬佩陈希亮的为人，担心陈希亮的事迹失传于后世，而破例写下了《陈公弼传》。明代曾鲸为名人写真，郑樵作《通志》，何乔远作《闽书》，清代上官周《晚笑堂画传》为历史名人画传，连横作《台湾通志》，当代著名词学家黄拔荆先生作《中国词史》为历代词人立传，雕塑家李维祀先生广为林则徐塑像。如此等等，古往今来，记录和传播体现在历史名人的核心价值观中，已日渐影响主流意识形态。因此，传承历史文脉，弘扬历史正气，涵养后人道德情怀的善举，值得推举和学习。

感谢中共厦门市委常委、宣传部部长叶重耕先生对历史文脉传承的高度重视和大力支持。

感谢高为华先生为本书作序。作为著名艺术鉴赏家、中国十大收藏家、中国名家收藏委员会常务副主席，高先生潜心研究书画艺术，热心弘扬传统文化，在学术界和收藏界都享有极高的声誉。他将自己几十年收藏的重要藏品捐赠给国家，建设美术馆供大众欣赏，赢得政府和社会的普遍赞誉。高为华先生德高望重，极少为画家作序。他欣然为本书作序，也缘于他极为赞成对历史名人以艺术方式立传。他的指导和帮助让我受益匪浅。

感谢厦门大学周宁教授、盛嘉教授、谢咏教授，以及地方文史专家洪卜仁、龚洁、何丙仲、彭一万等学者在学术和艺术上提供的重要意见。感谢厦门市社科联陈怀群、黄碧珊、张钧等同志，厦门市社科院李桢、李文泰诸同志的帮助。感谢黄昱臻先生、王孝宝先生、白桦先生、黄文瑞先生、叶正先生、林虹女士等在作品拍照、图文编辑方面的帮助。

近年来，本画传收录的作品，在市民和高校师生中进行过多次巡展，受到普遍的欢迎和好评，同时，也使我有更多机会听取意见，提高作品质量。去年，《厦门历史名人画传》出版后，被福建省社科联评为全省社科普及优秀作品，在全省社科普及工作方面继续发挥作用。在此基础上，《闽台历史名人画传》在规模和深度上都有更多的拓展，综合吸收了学术界更多的研究成果，在艺术上也进行新的探索，对不少历史人物评传进行多次修改，对一些人物进行多次重绘。尽管做了一些努力，面对这项巨大的历史工程，作者能力水平有限，错误和不足在所难免，恳请得到批评指正。

周旻

2015年9月于厦门

图书在版编目(CIP)数据

闽台历史名人画传/周旻著.—厦门:厦门大学出版社,2015.9
ISBN 978-7-5615-5762-4

Ⅰ.①闽… Ⅱ.①周… Ⅲ.①历史人物-列传-福建省-画册②历史人物-列传-台湾省-画册
Ⅳ.①K820.857-64②K820.858-64

中国版本图书馆CIP数据核字(2015)第227474号

J0186-1-1
ISBN 978-7-5615-5762-4

官方合作网络销售商：

厦门大学出版社出版发行

(地址:厦门市软件园二期望海路39号　邮编:361008)
总编办电话:0592-2182177　传真:0592-2181253
营销中心电话:0592-2184458　传真:0592-2181365
网址:http://www.xmupress.com
邮箱:xmup @ xmupress.com
厦门集大印刷厂印刷
2015年9月第1版　2015年9月第1次印刷
开本:889×1194　1/16　印张:22
印数:1～2 300册
定价:260.00元
本书如有印装质量问题请直接寄承印厂调换